英雄劫

张锐强 著

湖南人民出版社 · 长沙

图书在版编目（CIP）数据

英雄劫 / 张锐强著. --长沙：湖南人民出版社，2025.3
ISBN 978-7-5561-3304-8

Ⅰ. ①英… Ⅱ. ①张… Ⅲ. ①将军—列传—中国 Ⅳ. ①K825.2

中国国家版本馆CIP数据核字（2023）第160806号

英雄劫
YINGXIONG JIE

著　　者：张锐强
出 版 人：张勤繁
选题策划：长沙经笥文化
责任编辑：张玉洁
产品经理：杨诗文
责任校对：夏丽芬
特邀编辑：章　程　吴　静　杨诗瑶
封面设计：东合社—安　宁

出版发行：湖南人民出版社［http://www.hnppp.com］
地　　址：长沙市营盘东路3号　　邮　编：410005　　电　话：0731-82683357

印　　刷：长沙鸿发印务实业有限公司
版　　次：2025年3月第1版　　　　　印　　次：2025年3月第1次印刷
开　　本：880 mm×1230 mm　1/32　　印　　张：10.25
字　　数：190千字
书　　号：ISBN 978-7-5561-3304-8
定　　价：52.00元

营销电话：0731-82221529（如发现印装质量问题请与出版社调换）

目 录

代序

资金有时间价值，故而借钱应当支付利息——或者执行合法的官方利率，或者遵照灰色的民间高息，两者的差别是社会信任程度的折射。这是人所共知的常识、社会通行的规则。

资金有时间价值，人与事当然更有。绍兴三十一年（1161）冬天，虞允文奉命到采石矶犒师，而那"师"（即败军）已经乱作一团。前任主帅王权战败解职，后任主帅李显忠尚未到任，败军群龙无首，而金兵马上就要渡江了。虞允文的上司、同知枢密院事叶义问已经逃离指挥岗位，而虞允文的任务只是犒师，并非督战。一般而言，犒师只需要面对主帅，并不是整支部队，而当时李显忠的就任还遥遥无期，虞允文完全可以发表一番慷慨激昂的演说后返回建康交差，或者前往芜湖催促李显忠就任，但他非要留下来组织抗敌。

一介书生，素不知兵，手下士气低迷，强敌又磨刀霍霍，虞允文当时的选择怎么说都是巨大的冒险：万一战败，即便侥幸活命，回去也可能被追责。毫不夸张地说，他的冒险（或曰担当）是为南宋政权续命。彼时的长江看似无甚战略意义，可一旦失守就会引起民众恐慌，形成类似群体性踩踏的灾难。

虞允文这个书生意气乃至带有一点书呆子气的举动很是紧要，集中于一个时间节点，历史压强巨大，就像于谦领导的北京保卫战，此为事件的时间价值；有些选择的历史压强很小，但受惠（其实也是受压）面积巨大，主要表现就是时间特别长，要蔓延于一线乃至一生，这个时间价值主要就体现在人上，比如钱镠：他坚持不称帝，一直臣服于中原。

在钱镠尊奉中原正朔的同时，牛鬼蛇神纷纷粉墨登场，四川、淮南、岭南、福建等地统治者纷纷称帝，且国号大得吓人：蜀、吴、汉、闽。虽则如此，牢牢占据两浙的钱镠依旧心如止水。肯定有无数人轻视小看，骂他胸无大志、缺乏气魄、不敢"亮剑"，但他们忘了（或者说根本不懂），"亮剑"要面对的未必都是外在敌，更多的时候还是心中贼。用今天的话说，就是"刀口向内"。

钱镠此人的时间价值巨大，宋高宗赵构体会最深，而江南百姓乃至中国历史也当感念。江南今日之富庶繁荣，多多少少受益于钱镠自保而不扩张的恩德，否则战端频开，人财物不知要靡费多少。

时间价值的俗称就是关键时刻。无论怎么表达，都是历史角度，难免有事后诸葛亮的嫌疑，因那些错误的选择都被生存者偏差过滤。读史多年，我发现最大的历史教训就是人们从来不能吸取历史教训，否则也不会有两千年间翻烙饼似的朝代更替。皇帝无法改变朝代更替，根由都在于贪婪与恐惧，而贪婪与恐惧不过是一枚硬币的正反两面，近看有分别，略微抽身端详，就知道其实是一码事。

简而言之，追求人和事的时间价值，就是要竭尽全力，在历史上把自己卖个好价钱。只此一生，必须努力。如何不做事后诸葛亮？答案是尊重基本规律：作战跟打架一个道理，要想击倒对手，拳头不仅要打出去，还得及时收回来。收回得越紧越快，出击就越有力。《将军令》《英雄劫》这两本书中涉及的有重要历史贡献的名将中，陈汤、王玄策是典型的攻击型选手，一个矫诏出兵，一个擅自借兵；有些则是成功的防御型选手，比如吴玠，牢牢守住蜀口，长江上游因而安全；比如李光弼，坚守太原与河阳，挡住安史叛军。韩信的攻击得心应手，但不懂收缩，终于败亡。

文武之道，一张一弛，本来说的是文王和武王的执政方略不同，但换成文化与武化也能成立。无论写作还是作战，都得一张一弛，不是吗？

国际局势正值山雨欲来之时，我理解的坚持战略定力，就是要懂得即便对于武化，也得张弛有度。该攻击就地动山摇，无坚不摧；该防守就潜龙在渊，稳如泰山。具体到个体的人生选择，既要大胆，又得小心，走好每一步。你当前的处境，都是十年前选择的结果，而要想结出十年后的善果，只有居敬持志、朝乾夕惕、破心中贼。此为这两本书的志望与意义。读者诸君，吾辈共勉如何？

承蒙浙江省作家协会会刊《江南》和广东省作家协会会刊《作品》不弃，以专栏的形式刊发了这两本书中的大部分文章，零星篇什见于《读库》《黄河》和《山西文学》等刊物，在此一并致谢。当然，还要向湖南人民出版社献上一束战地黄花——这说的真是鲜花，而非子弹壳。

是为序。

于谦：
被迫抄袭的诗人

一

　　1457 年的正月，虽然雪花飘飘，朔风扑面，但崇文门外的刑场上依旧挤满看客。两位少保同时问斩，委实稀罕。此二人颇有渊源，是进士同年：大学士、北直隶束鹿（今河北辛集）人王文；兵部尚书、浙江钱塘（今属杭州）人于谦。没错，后者就是在蒙古瓦剌部落消灭明军主力、虏获明英宗后打到北京城下的危急关头，成功地组织指挥了北京保卫战，保全了大明的江山社稷的那个业余诗人。

　　在悠远的诗歌长廊中，官员于谦尽管只是业余诗人，但也有一席之地。有个说法，中国文化的精华部分，往往来自业余选手。在生命的最后时刻，假设于谦吟咏诗作以明心志，会是这首著名的《石灰吟》吗？

　　千锤万击出深山，烈火焚烧若等闲。

粉骨碎身全不怕，要留清白在人间。

吟咏此诗昂首走向刑场，符合无数人的心理需求和审美取向。但是很遗憾，这不可能，因为《石灰吟》的作者（至少是原创），不可能是于谦。奇特的是，明明版权存疑，三百年来大家宁愿相信作者是他。而单纯从诗意与感染力的角度分析，假设作者是于谦，它能打一百二十分；如果并非于谦手笔，恐怕只能打一百分……

二

1398 年，于谦诞生于杭州府钱塘县太平里的于姓之家。这个家族景仰文天祥，常年供奉他的画像。年幼的于谦在这样的家庭氛围下耳濡目染，同时滋润于江南的柔美风物，茁壮地成长着，笔下也曾充满青春气息。那一派"鸳鸯飞入花深处"的"交颈绸缪无限趣"，拨动着少年的心弦，触发了莫名的愁绪，"如何得似鸳鸯鸟，双去双来到白头"的感慨也就水到渠成。他是个才子，永乐十六年（1418），虚岁二十一时，被翰林董镛收为乘龙快婿。

两年之后的 1420 年，于谦在准备人生的第三次远航。那是个秋夜，二十二岁的他提着灯笼，自信地走进杭州府贡院的科场。他个子很高，相貌俊朗，举手投足别有一番气度，在众多的考生中颇有点鹤立鸡群的意思。尽管周遭漆黑一片，但浓烈的桂花香无处不在，清香黏腻，更像暮春，而非仲秋。考虑到结婚前一年的科场失利，他心里不能说毫无压力，但总体而言还是自信满满。灯影幢幢中，他深信蟾宫折桂在此一举。果然，三场考完，他胜利突围，随即买舟北上，沿着运河赶赴北京，冲刺来年春天的会试。虽未正式迁都，但皇帝朱棣一直在北京，因而会试、殿试几年前已经北移。

乡试顺利，会试更加顺利：于谦高中会元，亦即全国第一。远大的抱负从此就要实现了吗？放榜之后，他多少有些飘飘然。然而事情并没有这么简单，被会元吊起的期望，很快变成了失望。他的殿试成绩并不理想：三甲第九十二名。会试通过便是人中龙凤，原本不必苛责，但对于会元而言，感觉自然不同。

然而只怕谁都没有想到，这张榜单上真正影响历史的却是三甲：不仅于谦的光芒将状元、榜眼、探花全部遮蔽，他的进士同年、三甲七十八位的王强，也创造了以二品官入内阁的历史纪录，并跟于谦一同上刑场，只不过要以"王文"为名。

这跟西点军校的将星云集之班颇为相似：1915 年，该校一百六十八名毕业生中有五十多人升为将军，而其中最为耀眼的将星艾森豪威尔，当时排名不过第六十一位。

三

会元于谦在宣德（1426—1435）初年成为监察御史。宣德是明代第五位皇帝明宣宗朱瞻基的年号，它刻在历史年表上最直观的痕迹，是文物宣德炉。明代有所谓的仁宣之治，但明仁宗实际享位不到一年，主要成绩都在于其子明宣宗。

虽以"谦"为名，于谦却从来未曾谦虚过。因皇权时代的官场，谦虚早已失其本意，主要含义是隐藏锋芒，后发制人。这从来都不是于谦的风格，他更习惯于担当，当仁不让。年轻时不免表现为冲动，而即便生理与经验全部成熟，也依然保有十足的冲劲。事实上他最初引起皇帝的注意，便在于此：相貌堂堂、身材伟岸的他，奏对时字正腔圆，声音洪亮，毫无唯唯诺诺的卑琐气息。这种青春气象立刻引起了年轻的皇帝也许是惺惺相惜的好感。宣德元年（1426），皇叔、汉王朱高煦在乐安州（今山东惠民）叛乱，明宣宗御驾亲征，随扈从征的御史于谦随即获得了精彩亮相的机会。身为文人，他上阵冲锋杀敌立功了吗？当然没有。甚至可以说，他不过是耍了耍嘴皮子。

草率的叛乱一触即溃，叛军遥见王师纷纷望风披靡，朱高煦只能投降。对于明宣宗而言，军事上的胜利只是第一步，政治宣判之后才算大功初成。这个政治宣判，不仅仅要说给朱高煦及其同党听，也要面对天下，为正式的司法审判定调，至关重要。这个任务谁能完成？他看了看应当属于多血质的御史于谦。

于谦敢说，于谦也能说。面对俯伏阙下的朱高煦，他面带严霜，声如洪钟，招招不离乱臣后脑勺，句句说到明君心窝窝。朝臣挺立，声震屋宇，叛贼俯伏，瑟瑟发抖，如此对比鲜明的场面给了朱瞻基极大的快感，彻底掌握大局的快感，他从此对于谦更加高看一眼。

平叛之后论功行赏，于谦获得的赏赐与大臣同等，但这只是小事。此后不久，他便奉命巡按江西。虽然品级未曾提高，但巡按御史是"代天子巡狩"，所谓钦差大臣。无论藩王大臣还是州县官员，政事得失、军民利病，都在他的监察之列。大事上奏请旨，小事立即裁决，自由裁量权比在天子脚下广阔得多。于谦深知干系重大，因而接到诏命便迅速沿运河南下，到南京后再沿江西流，很快便抵达池州府东流县（今安徽东至县东流镇）。驿船停泊后，他下去歇脚，见江边有一处景致，名曰菊江亭。原来此地西晋时属于豫章郡彭泽县，正是陶渊明曾经的辖区。他经常来此种植菊花，宋代随即建立此亭，以为纪念。

不为五斗米而折腰的人，清廉自不必提。于谦吟哦陶渊明的诗，内心满怀景仰。回到驿馆后，依旧感觉遍地都是菊花带着苦味的淡香，尽管时令根本不对。他心绪难平，随即展纸泼墨，写下这首《渊明像》：

杖屦逍遥五柳庄，一辞独擅晋文章。

黄花本是无情物，也共先生晚节香。

在五柳先生菊花精神的晕染之下，巡按江西、手握可以寻租的权力的于谦，刚正严谨，经受住了考验。这个考验的结果，大白于宣德三年（1428）：他的清廉得到公认，甚至能折服当时的"包公"顾佐。

四

宣德三年（1428），明宣宗发起了针对司法界的廉政风暴。因腐败现象越发突出，连都察院的长官、左都御史刘观都成了腐败分子。明宣宗忍无可忍，改派顾佐担任右都御史，将包括刘观在内的一批御史拿下。顾佐为人刚正不阿，极有个性，号称"顾独坐"：若非因公，平常座位都离大家远远的，以示与人保持距离，以免私谊影响决断。就是这么个人，谁都看不上，偏偏看重于谦。

直接上司赏识，皇帝也认可，不升官都难。宣德五年（1430），英法百年战争还在继续，圣女贞德被俘，西藏僧人在雅鲁藏布江上建成第一座铁索桥，郑和第七次也是最后一次下西洋，于谦忽然超升为正三品的兵部右侍郎：朝廷决定派员以各部侍郎的身份巡抚各地，于谦入选。当时一共派出六位巡抚，以各部郎官为主，于谦是特例。从永乐十九年（1421）入仕算起，不过九年时间，便从七品升到三品，绝对是飞升。照理，巡抚人选由吏部与户部或者兵部共推，然后奏请裁决，但明宣宗直接给吏部下条子，于谦随即以兵部右侍郎的身份，巡抚河南、山西。

巡抚听起来是巡行天下、安抚军民，其实是要总督税粮，而且还是临时办事性质，没有任期，也不带眷属。于谦安排妥当，随即从京师出发，折向西南，进入莽莽苍苍的太行山。山势高峻陡峭，悬崖壁立，景致也颇为奇特，有这样冷暖色调并存的《野景》：

千山万山白云起，三片五片红叶飞。

野寺萧条门半掩，夕阳满地一僧归。

白云红叶，夕阳野寺，闭眼默念诗句，便觉形象逼人。更何况还有这样充满生机与野趣的《村舍桃花》：

野水萦纡石径斜，荜门蓬户两三家。

短墙不解遮春意，露出绯桃半树花。

小溪石径，矮墙桃花。骑行于崎岖的山路，马背颠簸之中，于谦被这些或雄奇热烈或荒凉寂静的景致所打动、所温暖，不觉心潮澎湃。那年他正好三十二岁。在杭州府长大的学子，不可能不景仰岳飞。岳飞首次建节、受封为节度使时，不也正好三十二岁吗？有念及此，他内心隐约有了点"救时宰相"

的底气，对自己也有了更高的期许。然而御史指点江山，可以摇唇鼓舌；巡抚巡行两省，须有实在手段。扪心自问，自己有吗？

有！除了有对付奸邪的刀子嘴，更有面对苍生的豆腐心。于谦内心自答。到达属地，他便深入巡查，发现弊端立即纠正，碰到灾害赶紧上报，绝不搞报喜不报忧甚至妄称祥瑞以讨好皇帝那一套。具体而言，他巡抚两省前后十八年，有四项惠政。

第一项，扶危济贫。每年三月，青黄不接，百姓最为难过。于谦安排两省州县上报确定辖区之内的下等民户，对他们三月放粮，秋后偿还。年老有病贫困、实在无力偿还的，一笔勾销。要办成这事，州县粮仓得有足够的底子。州县官任期已满应当升迁的，要先盘查库存，不够的话不准离任，杜绝前任政绩满脸，后任债务一腔的弊端。他想得还格外细致，连救济粮的顺序都有考虑：先给豆类和高粱，其次给小米和麦子，最后给稻谷。因为断粮之初，农活较轻，重要的是续命，粗粮可以承担；清明芒种以后，农活越来越重，吃不好没劲干。

第二项，加强河防。黄河河南段经常决口，于谦命令根据地形构筑堤坝。这事儿涉及面广，必须最大限度地动员地方，因而每个乡里都要设亭长，由亭长督带施工。

第三项，种树挖井。晋豫两省很多地方缺水，挖井才能解决根本。他还命令百姓在道路两旁种树，既护路，给路人提供荫凉，客观上也改善了生态环境。

第四项，强化边防。当时山西就是边防前线，九边重镇中山西就有两个：偏头关镇和大同镇。前者在内长城；后者在外长城，孤悬塞外，道路遥远，按察官员经常走不到，容易形成监察死角。怎么办？于谦奏请单独派御史巡查。同时调查沿边将领擅自开垦的私田，将之收回国有。这样一来，戍卒的生活也能有所改善。

四项措施，惠及长远，但也立竿见影。《明史·于谦传》记载，因为他"威惠流行，太行伏盗皆避匿"。是这么回事吗？肯定不是。盗匪减少的真正原因，不是慑于于谦的声威，而是生计改善，没必要铤而走险。

然而这些真实的政绩，并没有让我更喜欢于谦。他在我心目中的形象依旧崇高巍峨，但只是可敬，并不可亲。甚至因为极度景仰，有些敬而远之：你如此高标绝世，晚生愚钝，反正如何学也学不到，不如一拍两散。

历史漫长而史书有限，很多人被浓缩精简为忠臣烈士。但我不只想看到忠臣烈士的刚硬，更想看到他作为业余诗人的柔软乃至缺憾。只有这样他才更像一个人，活生生的人。

五

初读于谦，有两个细节令我如鲠在喉。其一是北京保卫战之后，可谓受其知遇之恩的石亨为了投桃报李，推荐其子于冕为官，但于谦不仅没有顺水推舟地接受，反倒指责石亨行为不端，巴结上司。拒绝石亨的隐性贿赂可以理解，但方式一定要那么极端吗，非得当众让人下不来台？

其二发生于巡抚两省期间。某年黄河决堤，其妻董氏忽然寄来家书，自陈病势沉重，希望丈夫回来看看。妻子患有"气疾"，估计是哮喘之类的毛病，这不新鲜，但她此前从未提出过类似要求，故而这封家书多少有点儿遗书之意。于谦回去没有呢？没有。他回信告诉妻子，等局势稳定立即赶回去探望，而最终的结果大家可想而知。

身材高大、相貌堂堂的于谦，真爱他的妻子吗？巡抚豫晋十八年，从朝廷的角度看当然是勤政典范，但从个人感受出发，是不是追求功名过于极端？毕竟不包含利禄的功名也是功名。从固有的印象出发，我相信于谦不爱他的妻子甚至家人。未必是铁石心肠地真心不爱，而是在家国情怀的宏大叙事惯性下，自觉或不自觉地将自己和家人一同做了历史的成本、报国的成本。所以我想，这个业余诗人，一定没有给妻子写过诗。他帅气且是高官，将妻子抛之脑后，依旧可以夜夜笙歌，这类例子文学史上不胜枚举。果然，在妻子董氏去世之前，于谦诗集中没有直接向她表达思念的作品。在他笔下，家人是作为一个整体出现的。

暮春时节下了雨，雨滴在心上，软化了壮志，于谦的内心也不觉阵阵柔软：

暖风吹雨浥轻尘，满地飞花断送春。

莫上高楼凝望眼，天涯芳草正愁人。

花落春将尽，天涯芳草令人愁绪顿生，于谦的心思也不由得飞向了远方。这个硬汉竟然也会思念，至于对象，此处虽未明指家人，但彼处的指向则清清楚楚，就是乡国：

莫把层楼倚，楼高接远天。
东风乡国路，直在白云边。

十八年两地分居，每年只能在回京议事时见一次面，外加三年一次的朝觐，于谦对牛郎织女的故事自然会有更深的感触。因而他的《七夕》也是与众不同：

鹊桥千丈跨银河，夜静风恬水不波。
牛女相逢又相失，欢情不似别情多。

这样每年一聚、乍见又别，离别苦甚于相见欢，没有切身体会，怎么写得出来？

于谦和妻子育有一子一女。除了儿子于冕，便是女儿璚英（另有养子叫于康）。于谦对他们也充满着慈父情怀：

远别离，何时归？出门子女争牵衣。
借问此行向何处？底事欲留留不住。
父子恩情深更深，可怜不得恒相聚。
⋯⋯⋯⋯

这样的于谦，难道不是更可亲吗？通读其诗作，我不觉想起高仓健。那些隐藏很深的情感，在妻子去世之后终于爆发，比如这首《悼内（其四）》：

尘寰冥路两茫茫，何处青山认故乡？破镜已分鸾凤影，遗衣空带麝兰香。
梦回孤馆肠千结，愁对残灯泪万行。抱痛苦嫌胸次窄，也应无处着凄凉。

深夜独坐孤馆，想象着妻子遗留的衣物还带着麝兰香，不觉泪如雨下、心如刀绞，不恨别的，只恨自己心胸狭窄，容纳不下那么多的痛苦。

多么质朴的语言，多么真切的情感。

"曾经沧海难为水，除却巫山不是云"，这绝妙的诗句墨迹未干，元稹已结新欢，但于谦终身没有再娶，甚至也没有纳妾。无意批判元稹，续娶是他的权利，也符合人性，但是，我可以因此而喜欢于谦，亲近于谦。这个形象，不再是简单的、令人敬而远之的道德楷模。

六

巡抚于谦吩咐仆人在盆池中养鱼、瓦缸中种谷，然后入诗，表明此举的目的是"以观生意"。但细品诗意，我最直接的联想还是农时，他无比关切的农时。正如诗中所言："放鱼入海化为龙，移谷在地收万钟。龙飞九天雨万国，谷布下土苏群农。"

心怀苍生的诗人，眼里才会有"年年苦旱蝗"的《荒村》。荒凉败落的村庄里，"老翁佣纳债，稚子卖输粮"。老翁出去当用人，卖苦力还债，小孩儿不得不卖掉，否则凑不足皇粮。可尽管如此，牧民官依旧不肯上报灾荒，为之减税。这种情形，怎会不催生流民？

山西降雨量低，经常缺水。于谦心忧如焚地望雨，希望"挽将天上银河水，散作甘霖润九州"；望雨不来，只能斋戒吃素，"苜蓿盘中意味长，经旬不近酒杯香"，然后四更天到城隍庙祭祀诸神，或到晋祠祈雨；大雨落下，便有了兴奋的《喜雨行》。喜悦之余，他自谦"嗟予菲才忝巡抚，惭无德泽被苍生"，"但愿风调雨顺民安业，我亦走马看花归帝京"；天降瑞雪，他一连写下三首《喜雪》，庆幸"岁事丰穰应有兆，贮看喜色动天颜"；雪润麦熟，他也不忘提醒各地官员，"去年夏旱秋又水，谷麦无收民受馁。今年种麦十二三，纵有收成无积累"。除了交租，百姓男婚女嫁、人情往来、日常生活，都指着这点收成，不要盘剥他们，要"爱养苍生如赤子"，这样"庶令禄位保始终，更有清名播青史"。希望两省官员不要把这当耳边风，"琴堂公暇垂帘坐"的时候，"请诵老夫收麦诗"。听听，想想，做做。

苦口婆心的语气，丝毫没有刚硬的感觉，与印象中的于谦完全不同。他真心实意地"悯农"，明白"无雨农怨咨，有雨农辛苦"，"可怜小女年十余，赤脚蓬头衣蓝缕。提筐朝出暮始归，青菜挑来半沾土"。十几岁的小女孩，衣衫褴褛，早出晚归，给农忙的父母做饭。生存艰难，饭后相视，双双落泪。于谦感慨"有口难论辛苦多，嗟尔县官当抚摩"，希望县官能真心体谅他们的苦楚。

自然，丰收的景象，是他最乐于见到的：

　　暮云收尽雨初晴，马首关山路几程？落日旌旗迎使节，西风鼓角动边城。
　　溪流清见行人影，霜信寒催过雁声。最喜田家生事足，村村笑语乐秋成。

尽管有落日旌旗、西风鼓角和霜信雁声这样寥落的字眼，但全诗的气氛却是热烈的。因为庄稼丰收，村村笑语，父母官与民同心，感同身受。

两省巡抚并无独立的衙门，只能与布政使合署办公。当然，于谦坐办公室的机会并不多，诗句给人的印象是他似乎每天都在路上。他并非从来不坐衙视事，主要因为交通条件限制，路途显得格外漫长。他不断穿行于太行山间、黄河岸边，晓行夜宿是家常便饭：

鸣驺拥道出边城，月淡星疏骑火明。

驿路经行三十里，漏声犹自报残更。

天不亮从太原出发，月淡星稀，队伍的灯火显得更加明亮。他们沿着驿路骑行三十里后，夜漏报时还是五更天。虽然贵为巡抚，但有时想顺道登楼看看风景都来不及。美景近在咫尺却无法欣赏，他怅恨难消，也只能写下《欲登楼未果，先赋一律以见意》："欲上层霄豁远眸"的巡抚竟"中州不尽登临兴"，可以想见他是何等勤政，又是何等自律。按照道理，工作安排考虑到各地节令并不为过，但他却不，大暑天从太原南下开封，谁都知道那时节越往南越热。对他来说，"三晋冲寒到，中州冒暑回"都是常事。

对于国人而言，历史有种难以言说的魅力，有抱负的读书人尤甚。晋、豫两省恰是黄河文明的重要发源地，有无数的古迹可以凭吊。大宋故都的汴城八景，留下光武帝创业传说的扳倒井与招抚岗，豫晋咽喉、太行八陉之一的天井关，曹操起家的许昌，无不触动于谦的诗思。这些感慨，可用《过荥阳》一诗道尽：

鸿沟迢递接荥阳，芳草弥漫古战场。

说尽兴亡无限事，数声啼鸟在垂杨。

但岳飞这个宏大的题目是无法略过的。必须写上浓墨重彩的一笔：

> 匹马南来渡浙河，汴城宫阙远嵯峨。
> 中兴诸将谁降虏？负国奸臣主议和。
> 黄叶古祠寒雨积，青山荒冢白云多。
> 如何一别朱仙镇，不见将军奏凯歌。

正所谓一语成谶，"中兴诸将谁降虏？负国奸臣主议和"，不就是于谦平生功业的预言和写照吗？

七

诗酒风流，古往今来都是文人的标配，读李白的文集，酒香或许不亚于诗香，但于谦诗中的酒局很少，偶尔的醉酒，甚至都像道德砥砺：

> 床头有酒且须斟，囊里无钱不用寻。
> 钱多自古坏名节，酒量何妨江海深。
> ⋯⋯⋯⋯⋯
> 醉时歌，歌有节，
> 酒阑客散我还醒，却上高楼对明月。

醉后作歌，还不忘一语双关地说"歌有节"，告诫酒友不妨饮酒，但不要贪财。他自己呢，酒阑客散之后独上高楼，接受明月纯洁的淘洗。

　　孤身在外，又没有灯红酒绿、依红偎翠，公务之余的巡抚大人，如何安放一腔热血的基础——无穷的精力？很简单，读书。他感觉书像故人一样可亲：

　　　　书卷多情似故人，晨昏忧乐每相亲。

　　　　眼前直下三千字，胸次全无一点尘。

　　　　…………

　　读与写是诗人的左手与右手，除了读书，便是作诗。《秋夜》《秋风》《秋光》《秋波》《秋峰》《秋林》《秋花》《秋声》《秋鸿》《秋月》，仅从题目便可以想象这些作品的质地。诗人以塞外穷秋为对象，渲染"枝垂硕果霜初落"的清寂、"白蘋红蓼倩精神"的热烈，体现"冷艳不同桃李笑"的品位、"生平不为稻粱谋"的高标，抒发"莼菜鲈鱼忆故乡"的情怀。这些诗句固然清新，却带着清苦的底色。

　　太原邻近边塞，冬日苦寒。于谦床头搁着一壶酒，因为没有朋友到访，也就一直没动；等他想起，已经没法喝，因为上了冻。他苦中作乐，写了一首《酒冻戏题》，自我解嘲。巡抚豫晋之初，这些苦寒他自然不会当回事儿，语气颇为乐观：

寄语天涯客，轻寒底用愁？

春风来不远，只在屋东头。

除夕之夜，一人独在太原，孤寂冷清可想而知。但他提醒自己，寒冷孤单不必在意，春天很快就要到来，春风已经吹到房屋的东头。这所谓的"东头"当然不是实指，而是家与国的借代。

独自在外做官，所有的节日当然都不会有家人陪伴。这甚至会让他忘记节日，直到爆竹响起，才恍然惊觉，写下这首《元日寓太原分司，独坐感怀》：

客中况味似枯禅，岁月无情任转迁。

不是五更闻爆竹，那知今日是新年。

正月初一，原本应当热热闹闹，给父母请安，接受孩子的拜年。高堂开颜，幼子承欢，那种人间平淡的和美，竟如此奢侈。于谦内心充满遗憾，但未明说，仅用"枯禅""无情"和"独坐"三个词，隐约托付。

为了江山社稷而抛家别业，于谦一度坚定无比。即便旅途寥落，他写在驿壁上的诗句无人应对，自己独唱独和，依旧充满"煌煌使节下并州"的自信，期待凭借自己的努力，"北连河朔烽尘静"。然而时间不断地冲刷，必然会消磨英雄壮志。他对家人的思念和眷恋日渐浓烈，登上太行山峰，极目远望，自然而然地想起双亲：

> 马足车尘不暂闲，一年两度太行山。
> 庭闱飘渺孤云下，游子思亲几日还？

天冷的时候，人本能地寻找温暖，而最温暖的，毫无疑问是这个字眼——"家"：

> 碧纱窗外北风多，镇日轻寒可奈何？
> 岁月无情人自老，江山如故客重过。
> 桃花深院飘红雨，杜若芳洲泛绿波。
> 漫说故园春景好，不堪归计又蹉跎。

漠漠轻寒，桃花已谢，年华流逝，诗人思归，这种思绪在《立春日感怀》中表现得更加强烈直白：这边是"关河底事空留客，岁月无情不贷人"的感慨，那边是"一寸丹心图报国，两行清泪为思亲"的壮怀与矛盾。

这样的诗句，足以让作者从史书上勤政典范的标本，瞬间复活为血肉丰满的诗人。

八

于谦从不掩饰回到朝堂的渴望。正统三年（1438），天空终于闪过一线机会，推动者是他曾经的同僚魏源。

于谦与魏源都是宣德五年（1430）去的河南，他任两省巡抚，任务是总督税粮；魏源则担任左布政使，任务是赈济灾民。魏源长于谦十六岁，中进士早十五年，算是官场前辈，而今论体制却是下级，尽管大家都是三品官。这种情况，一般而言难免别扭，尤其在还需要合署办公，抬头不见低头见的时候；然而于谦的人品与能力折服了魏源，他决心帮于谦一把。

正统二年（1437），早已回到朝堂的魏源以刑部尚书的身份整饬大同、宣化诸边。抵达边地后，他调整将领、充实部队、增修亭障，有不少大动作。而他的动作越大，说明先前的漏洞越多。正统三年（1438），他觉得宣大军务废弛，宣大巡抚、右金都御史卢睿有责任，但又到不了问罪的程度，因而奏请朝廷将卢睿召回，将于谦调来担任副都御使，镇守宣化、大同，参赞机务、整顿军马。

比起山西、河南，宣化、大同离北京近得多。可以肯定，魏源此举虽有私谊，但更多的是公心。于谦本来就是兵部侍郎，对军事素有见解，正统元年（1436）便察觉京营各部战斗力堪忧，建议朝廷将部队分为三拨，轮流整训，以便对付瓦剌。此事依旧未能获准，魏源还因此遭到弹劾，说他临边擅自易置大臣。

可以肯定，这次不成功的推荐对于谦而言是个巨大的刺激，他就是那种越挫越强的性格。他并非仅仅要回家，更是要到天子跟前，发挥更大的作用，甚至进入翰林院：

> 亲朋且莫唱离歌，垂老其如远别何？
> 白发渐从愁里长，青春半向客中过。
> 山寒日落人烟少，月冷江空雁阵多。
> 今夜客窗孤枕上，可能无梦到銮坡。

何谓銮坡？翰林院的借代。唐德宗率先将翰林学士制度化，并将学士院挪到金銮殿旁边的金銮坡，使翰林学士有了内相的雅称，号称"天子私人"。于谦作此诗时，尚未明确形成非一二甲不入翰林的惯例，因而他直接表达了想进入翰林院的意愿。他就是这样不加遮掩，不讳直言。

可惜的是，这番迫切等来的不是如愿，而是三个月的牢狱之灾和降职。这是三年之后的正统六年（1441）的事情。当年正月，于谦在衙署内看到邸报，三年前他未能成功取代的卢睿，奉命与王翱一起离开朝堂，分别代替金濂和陈镒镇守宁夏与陕西。邸报上说得明明白白，"岁一更代"，即任期一年，到期更换。看到这里，急于回京的他不觉双目圆睁。因为文臣镇守与巡抚虽然名目不同，但性质一样，通称"镇巡官"。陈镒与金濂中进士的时间虽然比于谦都要早几年，但出任镇巡官的资历却要短得多。陈镒宣德十年（1435）以右副都御使的身份镇守陕西，金濂更晚，正统三年（1438）才以金都御史的身份参赞宁夏军务。而今他们都可以一年还朝，已经镇巡十一年的于谦怎能不火急火燎？

于谦立即上疏推荐两个替代人选，请求回京。但这封奏疏刚到朝廷，具体负责文件上呈下达的通政司长官、右通政李锡便上疏弹劾他"方命不忠"。"方"即"妨"，说于谦违反命令，这显然有点上纲上线，因而朝廷起初并未理会。只是消息传开后，六科十三道御史纷纷上奏弹劾。众怒难犯，朝廷只得将于谦记过。

于谦万万没有想到，他等到的不是回京喜讯，而是记过处分，他实在无法理解那帮人的逻辑。镇巡官既然没有明确的任期，那他何时请求回京都不违反法条，更何况他已经在外十多年。冲动之下，他又做了一件只有诗人才能做出来的事情：赶回朝堂，当面辩理。时间是当年三月。

除了奉诏，外官入京只能有两种情况：一是朝觐，以辰、戌、丑、未年为朝觐之期，限当年十二月二十五到京；二是运粮总兵官和各省镇巡官的入京议事，定在每年八月。当年是辛酉年，三月也不是巡抚入京议事的时间，于谦此举显然出格。朝堂讲究的是典章制度，并非诗词格律，于谦立即陷入风暴眼，六科十三道御史群起而攻，说他擅自回朝。

于谦随即被投入大牢。经过审理，他的进士同年、大理寺卿王文（初名王强）的审判结果是判处徒刑，罚金赎罪后官复原职。彼此虽有同年之谊，但王文此举并未枉法。按照《大明律》，官员擅离职守不过"笞四十"，打四十竹板，罚金了事。然而御史们还是不干，又弹劾右都御史陈智以及王文枉法。朝廷虽然没有追究陈智和王文，但于谦也无法结案。

于谦虽有小过，但官声向来不错。人才难得，很多人还是愿意帮他一把。当年五月，天已盛夏，右都御史陈智上奏说天气太热，监狱里犯人太多，要加紧审理结案才符合人道，奏章中列有于谦的名字。于是朝廷决定，将于谦降为正四品的大理寺左少卿。又过了三个月，户部尚书刘中敷上奏说山西连年旱灾，局面不稳，需要大臣前去安抚。于谦随即接到朝命，以大理寺左少卿的身份，继续巡抚晋豫。

九

于谦这三个月的牢狱之灾，《明史·于谦传》归因于太监王振捣鬼。说是于谦从不阿附王振，碰巧又有个御史姓名跟于谦类似，得罪过王振，王振混为一人，便唆使党羽弹劾，罪名是他因为久不升迁而心怀怨望，擅自举荐两个官员代替自己。后来王振发现是个误会，晋豫两省的官民又联名上书，周王、晋王也为之辩白，于谦这才重获自由。

于谦会阿附王振，给他送礼吗？当然不会。他有他的讲究：

> 绢帕蘑菇与线香，本资民用反为殃。
> 清风两袖朝天去，免得闾阎话短长。

"两袖清风"这个词，元代的魏初、明初的陈基都曾经用过。古人的袖子很长，里面缝着一个口袋，可以放书信、扇子和银两，武侠小说里还有袖箭，所谓袖里乾坤。如果啥都没有，那只能是两袖清风。不过魏初与陈基的两袖清风只是生活清苦的客观陈述，于谦第一个将它与官员操守联系起来，从此赋予它崭新的意义。所以说，于谦的功绩并不仅仅在于北京保卫战，那是他的历史贡献，两袖清风则是他的文化贡献。他的作品如果只留下一首诗，应该是这首《入京》，而不是版权有瑕疵的《石灰吟》。

但这事儿还是不能指责王振。最先归咎于王振的应该是于谦的儿子于冕，他在《先肃愍公行状》中直接指认王振，《明史》本传不过是原样抄录。然而于冕的说法看似言之凿凿，但时间却对不上：他记在正统十一年（1446），其实发生于正统六年（1441），具体时间和详细经过《明英宗实录》记载得清清楚楚、明明白白。众所周知，实录根据起居注而来，而起居注是史官每天都要记载的，系年可靠性毋庸置疑。

正统六年（1441），贤明的太皇太后张氏尚在，老资格的杨溥也还是首辅。王振虽然迅猛爬升，但尚有忌惮。他真正肆意妄为、操弄权柄，还要等到太皇太后病故以后。当然严格说来，这事儿也不能说跟王振毫无关系，否则就这种"笞四十"的小过，于谦不至于被判徒刑还不能结案。内在根由是王振为了立威，诱导明英宗重典御下，理由是防止臣下欺诈。而年幼的英宗面对年龄都比自己大一两倍的前朝老臣，的确需要树立自信。因而那段时间常有大臣因为小事被下狱。很明显是在为于谦复出而努力的户部尚书刘中敷，自己就被多次论罪，两次论斩，同年冬天，他还被枷在长安门外十六天。

于谦的擅自还朝可谓政治瑕疵，却符合他的性格。因为此举，我对他平添无数好感，以至于让我重新审视前文中的一个情节：他的夫人董氏去世后的第四年即正统十年（1445），考虑到这个波折，谁还能责怪他当时不回家探望？更何况皇权时代的法纪多有不合理之处，完全遵行原本也算不得什么美德。而即便从朝廷的角度考虑，处处循规蹈矩，也很难做出真正惠及苍生的政绩。擅自回朝的于谦和保卫北京的于谦是实实在在的同一个人，并无人格分裂。

一〇

作为北京保卫战的首要功臣，说于谦是以一己之力而保全江山社稷，并不过分。然而此事光耀史册、尽人皆知，更关键的是，在此期间他完全是古典的儒者（古典的儒者并非书呆子，而是既通诗书又懂实务。说大一点儿，就是出将入相。于谦和王阳明、曾国藩、李鸿章都是代表），并无诗人气象，因而我没有详细叙述的兴趣，那没有意义，也有损文德。简略而言，就是明英宗在王振的撺掇下，草率地亲征瓦剌，结果被包围在土木堡，全军覆没，自己被俘。留在京师的兵部侍郎于谦当仁不让，力排众议，决意抗战。他们拥戴留守京师的郕王朱祁钰为明代宗，最终将瓦剌挫败。面对已有定论的史实，浅薄的后来者或许会有事后诸葛般的轻视，但当时于谦面对的可不是结局已定的剧本，一切都充满着危险的未知，因明军主力被歼，京师空虚，皇帝已成人质，调兵筹粮，排兵布阵，困难重重。而且在此期间，他并不是在兵部衙门坐而论道、纸上谈兵，而是一直驻扎在城外的大营之中，现场指挥。面对九门紧闭的都城，他跟将士们一样，都得怀着破釜沉舟的决心。

明英宗为何如此鲁莽地亲征？的确有王振撺掇的诱因，但更大程度上还是他迫切希望做出点儿成绩。他幼年即位，一直活在太皇太后张氏和内阁辅臣的阴影之下，好不容易亲政，怎能毫无作为？普通人都要刷存在感，何况从小便被吹捧为天之骄子，握有四海、英明神武的皇帝？

论功行赏，于谦被升为从一品的太子少保，仍以兵部尚书的身份总督军务。景泰元年（1450）正月，在初春的荒寒之中，兵部衙门里的于谦不断咳嗽。虽已赶走瓦剌，但危机并未彻底消除，关键点当然还是军事。想来想去，他请旨令宿将杨洪和石亨等人提出有针对性的建议。杨洪提出的四条建议无甚新意，唯独石亨有个点子跟他不谋而合：石亨认为三大营官军二十多万，只分东西两个教场操练，"人马数多，布阵窄狭，难于教演"，建议在东直门、西直门和阜成门外重新建立教场，各选"游兵一万、哨马一万、敢勇一万"训练。

京军三大营，即五军营、神机营、三千营，本为明军精锐，而今都是残兵败将，不堪大用。于谦的目光远比石亨深远，决心旧瓶装新酒，另起炉灶，推行"团营法"：从三大营中挑选精锐士兵，名曰"选锋"，分营团操。因分营团操而命名的团营，听起来像是个叠床架屋的新招牌，但其实编制结构和指挥体系都是新的。团营制中的各营，实行兵种混编，各营可能同时编有马、步、车和火器，甚至车营都配备火器。这就有点今天诸兵种合成的集团军的意思；至于指挥体系，卫所制中的最小编制结构是小旗十人、总旗五十人，团营制中最小的作战单元则是相当于总旗的队，每队五十人。

团操即加强训练，但为什么要强调分营？这其中有个令人难以想象的弊端：京营数十万大军，即便南京时代，也都是集中训练，只分东西两个教场，一大一小。主帅的大营居中，五军分列左右，外面是三千营的骑兵，再外面是神机营的火器，最后是步兵长围，动不动就是一二十里。之所以如此，是担心三大营分别操练，战法不能相通，临敌难以协调。听起来言之凿凿，十几万大军如此集中，的确也更有沙场秋点兵的恢宏气势，但就当时的技术条件，实在无法保证准确观察基础上的精准指挥。团营制强调的是更加有效的协同，兵力精简，阵法也是战役级别的合成演练。用今天的话说，团营制强调师旅级的战术，到了戚继光时代则更加细化，强调班排一级的战术素养养成，出现了步兵班的配置雏形。

于谦通盘考虑成熟，随即画好图样，请准施行。次年四月，先行组建三营，共六万人；十二月增加到五营十万人；又过了一年，达到十营十五万精兵的规模。他干得热火朝天，石亨则气得鼻子冒烟。为什么？他觉得权益受到了侵犯：这是武将的一亩三分地，文臣不该过多干涉。

团营的管控体制跟先前的京营一样：文臣、内臣和武将各有一人。但先前的文臣总督或者提督时，一切都有惯例可循，没必要管得太细，他们也没有那个能力、精力。但于谦不行，团营制是新生事物，他不能恐怕也不敢放手。说大一点关系到江山社稷，说小一点至少关系自己的声誉名望。而他盯得越紧，石亨就越发不满。

石亨作战是一把好手，贪污也是一把好手。两个共事的同僚如果都很有能力与主见，便很容易产生工作矛盾；如果一个贪一个廉，工作矛盾则会自然而然地升级为个人仇恨。这就是石亨当年对于谦的真实感受。尽管明朝右文抑武，从一品的总兵官见了正二品的兵部尚书也要行跪拜大礼，但石亨只是不服，毕竟他也曾在北京城下亲冒矢石。他一度上疏辞官以示抗议，但未被允许。

一一

一旦急务完成，日常工作中的于谦立即不自觉地展现出诗人气质。他敢于担当，处处当仁不让，难免遭遇攻击。不时有人指责他动不动就奏请施行，好像他就是内阁一样。这种指责每多无端，而他辩驳不及，竟还这样拍着胸脯感叹：

此一腔热血，竟洒何地！

这话充满着政治不成熟，官僚说不出来，只有诗人会说，因为它会提高攻击的级别，从客观的观点之争进入主观的目的之争：你满腔热血，难道对手就是一腔冷血？观点的对手往往由此演变为行动的敌人，互不相容。

造成这种尖锐矛盾的不仅仅是于谦的性格，还有朝廷的制度因素：内阁大学士无宰相之实，但有宰相之形；而对明代宗影响力极强的于谦，偏偏因为级别太高，已是一品官，不能进入内阁，否则就真的成了宰相，而这违反祖制。内阁设立之初，阁员都是五六品官，后来虽有六部尚书担任内阁学士的例子，但那是学士升为尚书，而不是尚书进入内阁。于谦的进士同年王文以二品官入阁，已经破了纪录。

尴尬的是，内阁虽然长期运行，但跟巡抚一样还是临时差遣，没有制度化的品级与工作流程。因杨士奇、杨荣、杨溥（人称"三杨"）地位特殊，明宣宗曾立下规矩：所有奏章经通政司进呈皇帝过目后，交由"三杨"提出初步处理意见，所谓"票拟"，再请皇帝批示，所谓"批红"（实际多由司礼监的太监代笔）。但这个惯例仅限于"三杨"。后来"三杨"只剩下杨溥时，经过礼部的专门奏请，在内阁多年的陈循才得以参与其中。在这种情况下，于谦当然不会全听内阁的摆布。类似的矛盾，其实直到张居正变法时依旧没有解决。尽管当时已经明确内阁地位高于六部，且有了"内阁首辅"

的正式名义，首辅张居正却依旧屡遭攻击。

于谦的性格当然不怕攻击，所有的指责他都可以毫不客气地怼回去，但时间一久，难免影响心情。景泰三年（1452）新年，虚岁五十五的他写下了这首《新年客怀》：

> 客邸光阴似水流，又看五十五春秋。
> 深惭一品三孤秩，敢望千金万户侯。
> 辇路尘清残雪在，御炉香暖瑞烟浮。
> 老来况味俱萧索，只有归心不自由。

诗中已有退意，希望重归田园。老年人睡眠少，更兼为国事操心，难免失眠。有天半夜在庭院散步，本想平息情绪，结果越散步越精神，越清醒，越有感触，只能提笔赋诗，感慨"盛世妨贤成底事"，表示"湖山有约在渔樵"。

这首诗不甚好，但让我想起岳飞的《小重山》。将军词人感慨"知音少，弦断有谁听"，尚书诗人又何尝不是如此？于谦素有痰疾，总是咳嗽，干脆告病请辞。明代宗不准石亨辞职，当然更要慰留于谦。他下令再派一人到兵部以尚书的名义协助于谦工作。这样兵部一度有两位实任尚书，跟吏部一样。不仅如此，明代宗还亲自伐竹取沥，送给于谦治病。

一二

最后一次展现于谦诗人气质的依旧是一句话,这句话最终导致了他生命的灭失。

景泰八年(1457)正月十六晚上,京师的月亮一派惨白,如地上的雪一般阴冷。兵部直房内,忙了一天的于谦正准备躺下休息,儿子于冕突然神色慌张地跑进来,匆匆告变:石亨、曹吉祥和徐有贞(即当初主张南迁避敌而被于谦斥为可斩的徐珵)派兵拥戴南宫的上皇即英宗复位,今晚行动,请父亲早做准备。

于冕无论如何也想象不到,父亲的反应竟然如此镇定。于谦想都没想,便挥挥手道:

小子何知?国家大事,自有天命,汝第去。

你小孩子哪里懂得国家大事,一切自有天命,回家去吧。

等儿子离去,于谦旋即平静地躺下,简直有魏晋风度的意思。除却诗人,谁能如此?

于谦是真正的平静。因他此前已有耳闻。明代宗病势沉重,无法视朝,这不是秘密。几天前也就是上辛日那天,他理当到南郊亦即正阳门外寰丘的大祀殿合祭天地,但病体不便行礼,便将石亨召到斋宫的病榻之前,殷殷嘱托,让他代为行礼。于谦很清楚这个举动意味着什么。这些年来,皇帝对自己虽然倚重，但并非没有提防。自己和石亨实际上是皇帝手中互相制衡的砝码。国之大事，在祀与戎。皇帝身体不好或者假装身体不好时由勋臣代行祭祀天地之大礼，明代中晚期经常发生，但这一次却是首开先河。此时选择石亨，显然并非灵机一动。

其实今天朝臣们已经争论了整整一天，你一言我一语，唇焦舌燥，焦点便是劝皇帝立储。英宗之子朱见深本是皇太后指定的太子，明代宗将之废除后改立自己的儿子朱见济，而朱见济三年前已经病死。而今皇帝病重，立储自是当务之急。两天之前，大学士陈循等人已经奏请复立朱见深，但未被准许。今天王直和胡濙两位元老再度召集群臣，决心继续奏请。

恢复朱见深的太子之位，可谓顺理成章。多数人都同意，包括于谦。反对意见也不是没有，以于谦的同年、大学士王文为代表。最终决定，请大学士商辂撰写奏疏，同意者联署。大明二百七十七年，只出过两位连中三元的奇才，商辂是其中之一。这样的人，自然文采飞扬，奏疏可以入情入理地打动君王。商辂精心写好，众人联署。这不是简单的签名，还得写上职务与兼职，格外漫长，故而完成之后已是下午三点，来不及上奏，决定来日办理。于谦本想养精蓄锐，明天随同群臣进谏，谁知石亨等人竟然等不及，连夜就要动手。

这也好理解，对于投机者而言，迎太子复位与拥上皇复辟，功劳分量大有不同。

文牒兵符就在手边，但于谦根本没有动过调兵阻止的念头。上皇复位可以说顺理成章，这是天下大事，也是帝王家事，臣子怎能干涉？而发动此事的主角，个个都视自己为仇人，他心里很清楚，等他们得了势，不会有自己的好处，但他以诗人的善良，天真地认为总不至于死，最多不过是削职为民，他正好借机回乡，重温田园之乐。

又或者，他是儒者的气节，虽千万人吾往矣。

于谦安静地在兵部度过此夜。天亮之后，已经虚岁六十的他整整衣冠，按照惯常的节奏，不紧不慢地上朝。他无论如何也想象不到，那将是他经历过的人世间最后一个月圆之夜。土木之变发生于十五，南宫复辟发生于十六。十五的月亮十六圆，这话对英宗成立，对诗人于谦，却不。

复辟完成，除了元老胡濙、王直，以及为人谨慎号称"板张"的户部尚书张凤，尚书与阁臣全被逮捕。他们是少保于谦、王文，大学士陈循、萧镃、商辂，尚书俞士悦和江渊，主要目标是于谦和王文，罪名是言论不轨、谋立外藩。召亲王需内府出具金牌信符，派人出京得有兵部开出的马牌，以便使用驿站。虽然找不到这些证据，但也难不住徐有贞。他说："虽无显迹，意有之。"（虽没有明确动向，但他们有这个意思。）于是有司在罪名之前，加了个"意欲"字样。这实在是秦桧"莫须有"的升级版。王文也是当过都御史的人，懂得法条，因而高声辩驳。于谦明白这是徒劳，便笑着劝同年道："这都是石亨他们的意思，说得再多又有何用？有事没事，他们反正是要我们死。"

阁臣、尚书虽然多被论罪，但只有于谦和王文被处死。

对王文之死，当时的舆论并不同情。因他为人刻薄，貌似刚严，其实交通宦官，而且在迎接英宗从草原回朝和改立太子的问题上，都态度暧昧。至于于谦，有个细节很能说明当时的悲哀情势。石亨等人拥戴英宗在奉天殿仓促登基时，明代宗正在乾清宫西暖阁梳洗，准备上朝。听到前面上朝的钟鼓声，他竟怀疑是于谦异动，本能地问道："是于谦吗？"

以于谦的秉性风格，很难不给人专权的印象。明代宗都这么看，当时的舆论可以想见。这固然是于谦的悲哀，又何尝不是明代宗的悲哀。它遵循的不仅不是诗歌逻辑，更不是制度逻辑，而是延续数千年至今的隐形文化逻辑。

一三

回到最初的话题：《石灰吟》是于谦的作品吗？恐怕不是。

《石灰吟》最早的版本，见于姚广孝的《双莲忠禅师传》。里面记载元末明初的信忠禅师，曾经以石灰为题，吟出这个偈语：

工夫打就出深山，烈火曾经煅一番。

粉骨碎身都不问，要留明白在人间。

虽然字句略有不同，但最核心的要素或曰诗眼已经形成。姚广孝是明成祖朱棣发起靖难之役时的核心谋士，在于谦结婚那年即永乐十六年（1418）已经病死，很显然，他没有机会剽窃或者模仿于谦。

既然如此，怎么会归入于谦名下呢？是不是他抄袭独占？也不是。于谦可不是宋之问那样为了诗句不惜牺牲外甥生命的名利之徒。况且他虽然充满职业诗人的性格，但从来不以诗人自命。实际上他是被迫抄袭的，是后人将抄袭的嫌疑强加到了他的头上。始作俑者当是著名画家沈周，他的《客座新闻》中有这样的记载：

> 少保大司马，钱塘于忠肃公谦，景泰初，监修京师时，见石灰，因而口占一绝云："千槌万凿出深山，烈火坑中炼尔颜。粉骨碎身皆不顾，只留清白在人间。"后公因主易，储惨，致大祸。此诗预为之谶也。

沈周跟于谦的年代很接近，以时人记时事，自然受人信任。此后若再有人出来争抢《石灰吟》之版权，便会遭遇痛击。这个争抢者，是侯甸的《西樵野记》。他在书中说，为国捐躯的"李都宪"曾经写有这首诗：

> 千锤万凿出深山，烈焰光中走一番。
> 粉骨碎身都不怕，只留清白在人间。

都宪即左右都御史，明代中期以后总督、巡抚常带的职衔，以免与巡按御史冲突。《西樵野记》内容多涉幽怪，《四库全书总目》将之列为"小说家类"，应当不可靠。可尽管如此，文坛领袖王世贞依旧在《弇山堂别集》中专门辩驳，指出本朝没有这样一个出战牺牲的守边的李都宪，有为国捐躯的都宪，但不姓李，也没听说留下这样的诗句，这首诗的版权没有争议，就是于谦。

王世贞对于谦分外景仰，为他写过很多文章。以王世贞嘉靖、隆庆年间文坛领袖，后七子之一的身份，这个论断有了点一言九鼎的意思。从此以后，《石灰吟》的版权再无争议。明清两代于谦诗文集共有八种重要的版本，明代梓行的五种版本中，只有天启年间的《忠肃公集》附录《补遗·诗》中收有《石灰吟》，而附录部分尚有清人补刻的嫌疑。清代三种重要版本中，除四库本《忠肃集》外，于继先编纂于康熙年间的《先忠肃公年谱》、光绪年间钱塘嘉惠堂丁氏刻的《于肃愍公集》均收录有此诗，且定名为《石灰吟》。

这首版权（或者说原创）存疑的好诗，为什么在于谦名下显得众望所归？这跟冕故意将于谦入狱三月的时间推迟五年，有异曲同工之妙。只不过冕多少有点私心或曰无奈，他实在无法在君与父之间做出抉择，只能"嫁祸"于王振。但关于此诗的版权，大家只有公谊，或者说完全出于家国情怀：古往今来，我们都不自觉地在英雄的塑像上涂抹颜色，以便让它变得更加严正肃穆、伟岸卓群。

但以讹传讹至今，于谦跟《石灰吟》已经彼此成就：如果作者不是于谦，没有于谦的壮烈作为映衬，此诗必然失色许多，能否流传下来都成问题，很可能只是一个比较巧妙的佛家偈语，淹没于典籍之中；而于谦没有此诗，形象也会约略逊色。就像一张照片，造型与结构完美，但色度不够饱满。

"赖有岳于双少保，人间始觉重西湖。"除了北京，杭州是我去过次数最多的城市，每次去，都要在西湖徜徉半日，但多次拜谒岳飞，却从来未曾顾及于谦。因为在我心目中，他只是个英烈人物，可敬但不可亲，正如《石灰吟》的思想性高于艺术性：是一流好诗，但还算不得超一流。而今读了他的众多诗文，知道他曾经擅自还朝，方才明白，他虽然只有业余诗人的段位，却充满职业诗人的神采。他的行为本身，便是一首伟大而且感人的诗。

下回再去杭州，一定要去三台山看看，因为那里埋葬着于谦的尸身与英魂。

（刊于《江南》2022 年第 1 期）

虞允文：一介书生守大江

上阕：文学青年的远方渴念

一

金国第四任皇帝完颜亮恐怕无论如何也想象不到，他对汉文化的迷恋、向往会葬送自己的政权与性命，与此同时却又在文化意义上成就了两个人。这两人一明一暗，明的叫虞允文，四川仁寿人；暗的叫辛弃疾，山东济南人。

二

那是1161年。在金国，是正隆六年；在宋国，则是绍兴三十一年。在必须使用"正隆"作为年号的山东，局面一片鸡飞狗跳，或曰生机勃勃。济南农夫耿京与李铁枪等六人揭竿而起，很快便星火燎原，聚集起大量人马，先后攻占泰安、莱芜和郓州（今山东东平）。此时一个操济南口音的二十多岁的小伙子，也率领两千多人，南下郓州前来投奔。

这小伙子身材魁梧，脸膛黝黑，满身勇武，竟还深通文墨。老乡见老乡本来就亲，更何况耿京身边正好缺个文人。他立即决定把这个小伙子留在身边，作为掌书记。

这小伙子就是辛弃疾，当年二十一岁，籍贯济南府历城县。他是生在金国也长在金国的，其祖父辛赞还曾任金国的高官开封知府，他本人也参加过两次进士科考。第二次科考就考中的说法虽严重存疑，但无论如何，只要按部就班地继续考下去，以其文才，高中只是时间问题。二十一岁正是好年华，他为何非要吃金国的饭，砸金国的锅，或者说突然改弦更张，心向宋国？家庭教育是内因，金国横征暴敛是外因。

那时金国已立国四十余年，照说应当步入正轨，治理日渐成熟，怎么会突然横征暴敛，导致民变？因为皇帝完颜亮对汉文化实在迷恋、向往，决定撕毁绍兴和议，南下侵宋。

金兵南侵并不新鲜。但这次南侵跟以往还真是不同。先前的南侵只是占便宜，即便将宋高宗追到海上的建炎三年（1129），战略目标也只是灭掉赵氏，并不打算直接统治黄河以南的大片版图，如果成功，还会再扶持一个傀儡政权，代替已经下台的张邦昌。因为他们不习惯南方的炎热，也因为他们只对宋国的各种财宝器物有兴趣，尚无法接受和理解其内涵丰富的文化。

时移世易，这次完颜亮决意要争夺正统地位。也就是说，他的战略目标是一口吞掉宋国。他要直接统治，绝不假手他人。

好端端的，为何会产生这样的巨变？这就要说到完颜亮这个人：明明当了十二年皇帝，却没有谥号，以致我们今天还只能直呼其名。只因他是篡位而来，最终帝位又被别人篡夺。

时间是 1149 年的九月，地点在京郊良乡。一队人马迎着晴朗的秋日，缓缓南下。领头的那位官员身材高大，体格健壮，相貌英俊。路边菊花盛开，果实累累，正是秋高气爽的时节，他却心事重重。他就是完颜亮。平章政事、右丞相、都元帅的官职刚刚被撤，要到开封领行台尚书事。不过他的满腹心事跟贬谪关系不大，主要因为刚刚结束的那桩密谋。就在前两天，他在中京跟留守萧裕已达成共识，必须迅速除掉当朝皇帝金熙宗完颜亶。完颜亶越来越糊涂，动不动便借酒杀人，无论官职大小。

篡位当然是件大事，会压得人心情沉重。偏偏此时，有使者骑着快马从上京疾驰而来，带来了最新诏命：立即掉头，返回上京。

看起来是件好事，但完颜亮却感觉后背发凉，不只是因为心里有鬼。过去这些年里，死亡的威胁阴影不散，他内心从来没有过真正的安全感，而今恐惧已达极致。他很担心末日降临，但还好，等待他的并非屠刀，而是先前的官位。他奉命继续任平章政事。

恐惧与反心相互激发，都是不可逆反应。就像伤口，即便愈合，也会留下疤痕。三个月后，完颜亮最终还是除掉了完颜亶。当时辛弃疾只有九岁，已经快四十岁的虞允文也还没有通过进士科考，但已当过地方官，具体职务和任所不明。没有考取进士还能任官，是因为其父是官员，所谓荫庇。史书记载，母亲去世后，虞允文格外悲痛，考虑到父亲有病无人照顾，因而没再寻求出仕，直到七年后送走父亲。

三

　　篡位成功后的完颜亮一定变得格外疑神疑鬼。他有些沮丧地发现，杀掉完颜亶并未能找回那种童年般天然的安全感。死亡的威胁似乎从未远去，甚至更加浓烈。他甚至走路都要猛然回头，看看身后。没别的办法，只好继续杀人。

　　宋金是冤家对头，但也有点难兄难弟的意思。金太宗完颜晟与金太祖完颜阿骨打的关系，跟宋太宗赵光义与宋太祖赵匡胤一样，都是亲兄弟。宋太宗在烛影斧声中得了哥哥的帝位，就把印把子攥得牢牢的，宋太祖的世系因此不显。但靖康之变中，宋太宗的子孙几乎全被掳掠到了北方，赵构这根侥幸的独苗，又在惊吓中丧失生育能力，文化意义上绝了后。因而坊间有传言，金太宗长得很像宋太祖。什么意思？宋太祖转世成为金太宗，要向弟弟寻仇。

　　这传言当然无法坐实。但如果继续推导，那么宋太宗对金太宗的报应，附会在完颜亮身上就格外合适：他即位次年便大开杀戒，宗室大臣动不动就被灭门，金太宗的子孙被杀七十多人，几乎绝后。此举震慑力极强，甚至完颜亮篡位时的核心盟友萧裕都无法心安，再度谋篡，结果也被杀掉。

完颜亮不仅嗜杀，还格外好色，无论看上谁的老婆、女儿，哪怕是宗族亲戚，也都要搞到手，充满动物性。

然而嗜杀好色与大方风雅，竟然在完颜亮身上完美结合，成为他的一体两面。他自幼聪明好学，曾拜汉儒为师，广泛结交有文化的辽人，谈诗论文，品茗弈棋。长时间的浸淫熏染，使得他儒服雅歌，风度翩翩，不只是像，实实在在就是个文学青年，"一吟一咏，冠绝当时"。他的词句工整有味，且气魄宏大，据说为藩王时给人题写扇面，便有"大柄若在手，清风满天下"之句。

如果说这两句诗可信度较高的话，那么下面这首估计就不那么可靠。说的是某日完颜亮进入妻子的房间，看见瓶中怒放的木樨花流光溢彩，便索笔题诗曰：

绿叶枝头金缕装，秋深自有别般香。
一朝扬汝名天下，也学君王著赭黄。

在金熙宗时代，完颜亮只能夹着尾巴装孙子，写这样露骨的诗，那还不是找死。但无论如何，他的文学青年心性已定，无法改变。文学青年喜欢什么？除了美人，就是远方。

对，就是遥远的宋国，我们称之为南宋。

引起文学青年对远方向往的，自然是诗。确切地说，是柳永的词《望海潮》：

东南形胜，三吴都会，钱塘自古繁华。烟柳画桥，风帘翠幕，参差十万人家。云树绕堤沙，怒涛卷霜雪，天堑无涯。市列珠玑，户盈罗绮，竞豪奢。

重湖叠巘清嘉，有三秋桂子，十里荷花。羌管弄晴，菱歌泛夜，嬉嬉钓叟莲娃。千骑拥高牙，乘醉听箫鼓，吟赏烟霞。异日图将好景，归去凤池夸。

读到这首词，完颜亮顿时两眼放光：三秋桂子，十里荷花，如此盛景，岂能错过！

为什么说写木樨花的那首诗不大可能是完颜亮的手笔？因为木樨就是桂花，北方比较少见，连同荷花在内，至少很难见到连片成方的，所以才能引起文学青年完颜亮的无限向往。

四

完颜亮决意去西湖观赏荷桂时，早已迁都，从上京迁到中都。中都不是先前的中京，而是宋国的幽州燕山府，即今天的北京。完颜亮迁都至此，将其改名为中都大兴府，原来的东京辽阳府、西京大同府不变，上京名号去掉，以原来的中京大定府为北京大定府，宋国的都城东京汴梁则被设为南京开封府。

迁都的引子很有文学色彩。完颜亮令人在上京种了两百株荷花，结果全部死掉了。酒酣耳热后，他故意询问原因，内侍梁汉臣附和说此地太冷，荷花种不活；燕山府暖和，那里才可以。完颜亮一听立即点头：好吧，那咱们就去燕山府种荷花。

花蕊实际是植物的性器。好色之人爱花，可谓标配；醉话也是圣旨，那就迁都。

这是1153年的事情。完颜亮还同时出台了很多政策，比如去掉酷刑，恢复殿试，以词赋、法律取士。规定县试三人取一、府试四人取一。有这么多大动作，自然要更改年号。完颜亮选择的是"贞元"。古人以"元亨利贞"象征四季，完颜亮用这个年号表达改变天道人事的决心格外适合，只是三百年前唐德宗已经"注册"，且连续使用二十一年之久。年号是帝王的标志，而帝王都希望自己的标志独一无二。北宋开国后，宋太祖发现自己用的"建隆""乾德"这两个标志都是炒冷饭，非常生气，提笔便给宰相赵普画了个大花脸，发出"宰相一定要用读书人"的浩叹。只是"建隆""乾德"都是地方割据政权使用过的，"贞元"则不同，饱读诗书的完颜亮对此应当清楚。一意孤行也罢，意志坚定也罢，反正他就是还要再用。

完颜亮在中都大动作不断，而他向往无比的杭州，正在重修镇压江湖的六和塔。1153年，虞允文在四川终于通过进士科考。宋代进士科考政策倾向寒门，势家子弟要参加"别试"，与此同时还大幅扩招。然而利弊相因，此举固然有效打破了阶层固化，但也助长了三冗中的"冗官"。南宋初期战乱频仍，交通不便，行在接待能力也有限，朝廷下令各路分别举行科考，称为"类省试"。局势平定后类省试纷纷撤销，唯独四川连同陕西一直保留。因为从四川去一趟杭州，确实不易。

虞允文通过的就是这种考试。按道理，下放到省里举办的科考，权威性自然不如中央政府。他们按照十四比一（后来改为十六人取一）的录取比例通过后，即便不去参加殿试，至少也能获得第五甲、赐同进士出身，第一名起初是特赐进士及第，后来秦桧当政时降为赐进士出身。秦桧这样做，据说是因为绍兴十七年（1147）四川类省试榜首何耕是张浚的同乡，且殿试时"以策忤秦桧"。但南宋朝廷对四川类省试过于优待，也是事实。由于秦桧是铁铸的奸臣，因而史书便记载为"秦桧当国，蜀士多屏弃"。反正虞允文只能当彭州通判以及黎州（今四川汉源）、渠州（今四川渠县）知州。虽然也是州长，但地方偏远，按照当时的观念，就是不受重视的二等官员。

如果说文学青年完颜亮正向往诗意的远方，书法家赵构还真的只苟且于眼前。尽管秦桧翘了辫子，他上朝时再也不必在靴子里藏匕首，但还是特意下诏禁止议论边事。强调"偃兵息民，讲信修睦"是他本人之意，秦桧只是附和赞同，不能因为秦桧的生死而影响国策。

只要和平或苟且得以继续，别的方面自然都可以调整。比如秦桧不重视四川士子，那么赵构不妨予以修正。于是虞允文便接受了召见，最终被留任为京官，从秘书丞开始，逐渐升为礼部郎官。

这就使得虞允文跟完颜亮的命运，有了交集的可能。

五

南方得过且过，北方摩拳擦掌。完颜亮的嗜杀好色只是果，因则是长期的威胁压抑，缺乏安全感。他的荷尔蒙一定充沛，生机勃勃，否则说不出这样的话："吾有三志，国家大事，皆我所出，一也；帅师伐远，执其君长而问罪于前，二也；无论亲疏，尽得天下绝色而妻之，三也。"

这话如此直白，简直令人瞠目结舌。但一般人读史多为猎奇，没有能力或兴趣深究其中的真实含义。这话其实话里有话，但我们只能暂且放下。

三大目标可不是酒话，吹吹牛就能放下。迁都只是第一步。如此重大的决策，自然不可能是种荷花那么简单。随着版图的急速扩张，上京已经显得偏远，对西部比如陕西的辐射能力可以想象，且上京还带着完颜亶强烈的个人气息。他就是在那里将部落酋长制完全转化为君主制的。只有脱离上京，才能彻底摆脱他的阴影。

然而仅仅迁到中都还不够，完颜亮的目标毕竟是整个中国。他不满足于割据一隅，而是要统一天下。但这事成了才算丰功伟绩，不成只能是痴心妄想。

　　五胡十六国时代，少数民族政权便对汉文化和正统地位兴趣浓厚。最有代表性的当然是后秦的苻坚。尽管这种争夺给了他致命的打击，后来者依旧乐此不疲。而进入辽金时代，表现出这种兴趣的，完颜亮还是第一人。因而迁都中都后，他立即改革官制，取消中书省和门下省，尚书省直接对皇帝负责，同时废除元帅府，设立枢密院，以免将帅尾大不掉，行台尚书省也一同废黜。没有门下省和中书省的制衡，尚书省一家独大怎么办？恢复辽代的登闻检院制度。民间若有疾苦冤屈，可以向登闻检院投书揭发。

　　这套体制改革下来，君主集权已基本成型。女真部落带有一定原始民主色彩的决策机制，至此完全更改。

　　枢密院和登闻检院都是再正宗不过的汉制，但完颜亮心态开放，并不忌讳。与此同时，他还仿效宋国的货币制度，发行纸币交钞、铸造铜币"正隆通宝"。这是金国建立近四十年来首次发行主权货币。在此之前，他们一直使用宋、辽铸造的钱币。

　　货币并非仅仅是主权的象征，也是战争的一部分。

　　做完这一切，完颜亮一定长长地出了一口气。自从抵达中都，他便没有了完颜亶的鬼魂如影随形的感觉，行动越来越舒展，对南方的渴念也就越发强烈。在他眼里，香山红叶的吸引力哪能跟西湖荷花、白堤垂柳相提并论。不过他向来"深沉有大略",能沉得住气,并未大肆表白,只是继续推进女真人的南迁,将大量的猛安谋克从东北一隅迁往内地。如何安置呢?括地。官方政策是收取原先被侵害的官地,以及闲散的牧地,但真正执行的结果却事与愿违。若非如此,也不会出现"按下葫芦浮起瓢"的民变。

完颜亮即将南侵最明显的动作,发生于正隆三年(1158)的十一月。完颜亮借口汴京大内失火,命左丞相张浩、参知政事敬嗣晖前往营建修复,由梁汉臣负责监视。整个工程气魄宏大,原来的宫室全部拆除重建,运一木之费达二千万,牵一车要五百人。宫殿遍饰黄金,间以五彩,一殿之费以亿万计。即便如此,修成之后只要梁汉臣说某处不合法式,还得拆掉返工。经过此次整修,汴京焕然一新,只等完颜亮拎包入住。

接到汴京工程进展的报告,完颜亮心里美滋滋的,次年元月便下令统计各个猛安谋克中的军事力量,二月又令人在通州大造战船兵器。按照二十岁到五十岁的男子全部纳入军籍,修长者为正军、矮弱者为副军的政策,得到正军、副军各十二万,战马五十多万匹。

这些工作规模大、耗时长、牵扯面广,肯定会引起广泛关注,如何保密?这是个问题。

六

绍兴二十九年（1159）元月，宋国突然接到金国内容颇
为奇怪的外交照会：他们居然要关闭几乎所有的榷场，即在
边境所设的互市市场。

根据斯波义信的研究，宋在对辽贸易中每年有几十万贯
匹的顺差。宋金贸易额虽难以查考，加藤繁却认为，在生丝
以及丝织品中，金处于顺差地位。他们主要以此从宋获取茶
叶。宋最希望得到战马，却受到诸多限制，因而宋军主要装
备蜀地过来的小马。至于丝织品，对于宋而言，其实无关紧要。

总体而言，榷场的设置对金更有利。毕竟宋商业发达，
金还是以发展农牧业为主，经济的繁荣程度不在一个等级。
金不但需要宋的部分奢侈品，更需要他们的货币，因为金没
有自己的铜钱，而宋的货币是硬通货，信用程度最高。宋金
边界不仅有合法贸易吸收铜钱，甚至还有直接的铜钱走私。
当时的朝廷很是为难：铜钱大量外流，导致"钱荒"，已严
重影响经济。铜的产量毕竟有限。因而朝廷曾有禁令，严格
限制船只"出北界""往山东"。而今警察抓赌，赌客的钱
无论在不在桌面，都按照赌资处理，当时对违禁的船只也一
样，规定"铜钱入海五里，尽没其资"。

宋有钱荒，金也有钱荒。即便金国吸收了颇多宋国的铜
钱，市面上也很少流通。因为无论官府还是百姓，都将之视
为财富，舍不得拿出来。无奈之下，宋在两淮地区用铁钱代

替铜钱，后来又发行纸币"淮交"，在荆湖路发行纸币"直便会子"（即湖北会子，简称"湖会"）。完颜亮为什么要发行交钞？制止铜钱外流。

权场更是吸收宋国铜钱的重要战场，货币战争的战场。按理说，权场应该往来自便，双方的商人都可自由出入，金国却一直限制自己的商人（尤其是大商人），不准离开己方权场到对方的权场交易，迫使宋国的商人过来。这样既可以收税，还能吸收铜钱。

但此时此刻，金国却以"其间多有夹带违禁物货，图利交易，及不良之人私相来往"的原因，决定废除密州（今山东诸城）、寿州（今安徽凤台）、颍州（今安徽阜阳）、唐州（今河南唐河）、蔡州（今河南汝南）、邓州（今河南邓州）、秦州、巩州（今甘肃陇西）、洮州（今甘肃临潭）、凤翔府等地的权场。这份名单实在太长，几乎是当时金国合法口岸的全部；仅仅保留一处开放，即设在泗州（今江苏盱眙）的中心权场，但每五日开一次，还不如民间的乡村大集。

权场是宋金双方各自在自己境内设置的，上述名单都是金国的权场。他们单方面关闭，却并没有要求宋国采取对等措施。当年元月，完颜亮还下令修改私相越境法，规定凡私自越境，一律杀头。

金国的权场关闭，宋人进不去也就看不见；严控出境，他们的消息则流不出。但这实在太刻意，因而很多官员判断金国要背盟，赶紧向皇帝示警。

人们往往相信他们愿意相信的东西，对于不愿意相信的，哪怕是事实，也会本能地排斥。宋高宗赵构就是。面对案头堆积如山的报告，他心里虽不断打鼓，却还是不愿相信。我们当然不能事后诸葛亮般对此大张挞伐。作为君王，这种慎重的确可以理解。和战毕竟是国家大事，号令一出则血流成河。怎么办呢？他决定派使者过去实地看看情况。这个使者名叫王纶，当时头顶同知枢密院事的官帽。

七

作为盟友，宋金自然保持着正常的外交活动。固定的互派使者每年两次，一次是新年的贺正旦使，一次是皇帝寿辰的贺生辰使。除此之外，皇帝驾崩或即位也要派出使者，有专门事项则随时可以。使者抵达对方国界，便由专门的接伴使接待，一直送到都城，交给馆伴使。接伴使和馆伴使全程陪同，一来保证安全，二来也是监视。

王纶是以奉表称谢使的名义出使金国的。他抵达中都后，受到的接待很是热情。那是一种刻意的甚至张扬的热情，毕竟完颜亮还没有做好全部的准备工作，最紧要的征兵也差最后一步。这种热情自然而然地遮蔽了王纶的视野，他回来后如实报告金国"恭顺和好"。丞相汤思退向来主和，闻听报告，立即向高宗致贺。

如果完颜亮知道这些，一定会得意地笑。当然不会大笑，而是微笑，或者哑然失笑。王纶一离开，他便下令签发中都、南京两路以外的十五路汉军，每路汉军一万，共得兵二十七万，仿唐制分为二十七军，百户为谋克，千户为猛安，万户为统军。又征调水手三万人，用于操纵战船。

虽是文学青年，但勇武气概还是第一位的，这样的事，完颜亮肯定要亲自上阵。他特意挑选强健能射的五千金兵，分为五队亲自检阅训练，号为"硬军"或"细军"。高大的阅兵台上，猎猎战旗迎风飘扬，数千人马阵形严整，完颜亮壮志凌云："取江南，有此五千人足矣！"

此情此景，让一个人心忧如焚。说起来多少还有点无间道的意思：此人本为宋国叛臣，投金后当了高官，而今却为桑梓之地心忧不已。他是谁？福建邵武人施宜生。

施宜生起初因赃去官，沦落到了盐贩子范汝为的军中。范汝为作为乱世盗贼被韩世忠剿灭后，他无路可去，只能北逃。一时的逃跑导致半生的怀念，这首《感春》应当是他心念故园情绪的集中体现：

感事伤怀谁得知，故园闲日自晖晖。
江南地暖先花发，塞北天寒迟雁归。
梦里江河依旧是，眼前阡陌似疑非。
无愁只有双蝴蝶，解趁残红作阵飞。

侍读学士施宜生作为使者抵达杭州后，馆伴使是"庠序旧识"、吏部尚书张焘。虽是当年的老同学，有很多心里话，但毕竟身边耳目众多，施宜生也不敢袒露。张焘似乎捕捉到了他的心理波动，遂以"狐死必首丘"撩拨其桑梓之情。那个瞬间，施宜生心里一定在流泪，但他丝毫不敢表露，直到那天到浙江亭观潮。

使者抵达后，先住在郊外的班荆馆，这是接伴使的终点，馆伴使会陪同他们到都亭驿（即国宾馆）下榻。标准流程是在国宾馆内住八天，然后就出北门，次日在赤岸设宴践行，将使者交给送伴使。当时的国宾馆在候潮门里，出来即可观潮。那天张焘陪他们观潮，趁金国的翻译不在，施宜生的眼睛盯着潮水，自言自语道："今日北风甚劲。"说完转身向侍从要笔："笔来，笔来！"

施宜生看似要写什么，其实是提醒张焘"必来，必来"，就是金兵一定会来的意思。耳目时刻在侧，只好这样。

搜尽奇峰打草稿，西湖山水美不胜收，必然会有画工写生。那段时间，有个画工显得格外认真，登高望远，踏山觅水，寻找杭州的特色，然后一一记下。他也是完颜亮派出来的，最后复命上交的作品，令完颜亮眼前一亮。完颜亮凑近一看，再抽身品味一二，感觉美不胜收，却又不无遗憾：景色如此壮美，却没有朕的光辉形象，这怎么可以，把朕画进去！

帝王时代的 PS，不过如此。

等看到巨幅画屏上伟岸的自己，完颜亮心绪难平，又挥笔在旁边题诗一首：

> 万里车书尽混同，江南岂有别疆封。
> 提兵百万西湖上，立马吴山第一峰。

诗句写成，旁边自然喝彩声声。完颜亮抬起脑袋，眼神迷离地看着远方，他一定还下意识地吸了吸鼻子，本能地寻找荷桂的芳香。

八

采石矶大战的主角儿虞允文其实登场时间很晚。作为使者最先发出战争预警的，也不是他，而是后来实际上临阵脱逃的叶义问。

有传言说施宜生最终被完颜亮烹杀。他以生命为代价的示警，赵构当然不能只作耳旁风。绍兴三十年（1160）二月，赵构又派同知枢密院事叶义问以报谢使身份前往金国，感谢金国刚刚派人前来吊祭皇后。三个月后，叶义问归来，证实了施宜生传递的情报。高宗虽不愿相信，还是不得不部署应对，将专悍贪横的镇江都统制刘宝罢去，以宿将刘锜为威武军节度使充镇江都统制；以忠州防御使、淮南四路马步军副总管兼黄州知州李宝为两浙西路副总管、平江府（今江苏苏州）驻扎兼副提督海船，加强海道防御。同时传令沿边将领明确防区，加修壁垒，积储粮草，设置民团，寓兵于民。

仗没打起来，使者还得继续派，这就轮到了虞允文。当年十月，他以起居舍人借职工部侍郎，前往金国。重臣出使，显得重视。起居舍人品级太低，所以要给个临时官帽，所谓借职。

虞允文的名义是贺正旦使。朝贺新年，自然得提前出发，这样才能赶上正旦。之所以派他出使，很大程度上是因为他此前已经发出战争警示，他坚信金人必定败盟南侵。

热战虽未爆发，冷战却不可停止。赵构同时批准户部发行以铜钱为本位的纸币会子。会子流通于两淮和行在，读史者历来称赞此举方便了商贸流通，却不知其背后还有防止铜钱外流的意义。自然，减少铜钱外流、抑制钱荒，也有利于商贸流通。

从杭州前往北京，自然要取道运河。虽然使者的活动范围受到严格控制，但运河上来来往往的运粮船只还是无法掩盖。金人在通州造船的动静尤其大：聘请福建人作为技术指导，在离海两百八十里处造船，临时开河相通，役夫累死于道。

看到这些，虞允文虽有预感，但还是暗自吃惊。当然，他丝毫没有表露。

对方的馆伴使从接伴使手中接过责任，便安排宴会欢迎。席间少不了觥筹交错，也少不了宾射。六艺之中便有射艺，本为君子之道。《周礼》中更是以宾射之礼，"亲故旧朋友"。一句话，就是大家先喝喝酒，然后射箭，增进友谊。六艺虽为古道，但宋人的箭术怎能跟金人比肩？尤其是虞允文这样的文臣。

大家的眼睛都看着虞允文。虞允文微微一笑，起身接过弓箭，原本就伟岸的身材顿时显得更加高大。只见他双腿分立站稳，开弓搭箭，仔细瞄准，然后释放，随即一箭中的。

金国官员越惊异，虞允文越满不在乎："这没什么。我这水平，在同僚中并不突出。"

这个刚刚借职工部尚书的起居舍人，要绵里藏针地显示实力，警告敌人。

宋金的关系对双方而言都是最重要的外交关系。虞允文要朝见，完颜亮要接见。一个资貌雄伟，一个体魄健壮。虞允文绵里藏针的表现，完颜亮早已得到过详细汇报。此刻你惊异于我的神采风度，谈吐风雅有致，完全没有蛮夷之邦的鄙陋；我惊异于你的不卑不亢，好像我未曾将你的皇帝赶到海上。

当时场面上的话不仅仅是外交辞令，简直就是江湖黑话。一个心怀鬼胎半遮半掩，一个心知肚明屡屡试探。完颜亮虽有表演天赋，耐心终究有限。等虞允文辞别南归，便明确告诉这个身高六尺四寸、显得格外有精气神的宋国文官，自己将"看花洛阳"——洛阳牡丹不是天下闻名嘛。

虞允文闻听大惊："陛下是要迁都南京吗？"

完颜亮高深莫测地笑笑："巡幸看花，卿勿多疑。"

虞允文："此等大事，难免引起外间猜疑。我国将不得不部署应对，以保障陛下南方之安全。"

完颜亮笑眯眯地摇头摆手："帝王巡幸，自古有之。朕对南京周围的景致一直很是向往。大内已营缮完毕，二月前后朕将前往河南。淮右有很多闲地，朕亦将前往田猎，预计带兵不过万人。卿回去晓谕有司，不必惊惶！"

九

"独立东风看牡丹。"诗是好诗，事却是坏事。金人准备南侵的消息令赵构格外沮丧。但他还是不肯死心，两个月后的绍兴三十一年（1161）四月，又打算派同知枢密院事周麟之以奉表起居称贺使的名义前往金国，名义是贺金迁都，实际则要金国澄清一个事实："你们究竟迁不迁都于汴？校猎淮右，是不是要屯兵于宿州（今安徽宿州）、亳州？外交讲究对等。如果你们屯兵宿州、亳州，我们肯定也要采取相应措施。"

根据绍兴和议的精神，双方都不在边境地区布置重兵。宋高宗很担心出兵两淮会成为口实，因而想把这个话说开。但周麟之先主动请缨，后推三阻四，最终未能成行。

周麟之的口才很好，上回出使应对得当，受到的赏赐格外丰厚。他以不合常例为由辞谢，完颜亮说："一时赏赉出自朕意，哪有什么常例不常例？叫你拿着你就拿着！"回到杭州，他上缴赐物，高宗又全部赏给了他。因此周麟之起初视为美差，但是获得首肯不久，各地探马相继来报，说完颜亮已经大举兴兵，即将南下，周麟之立即改口，反复对赵构说再派使者毫无必要。

高宗大怒，立即将他贬出朝堂。

这边使者还没出发，那边使者已经抵达。一个月后，完颜亮手下的签书枢密院事高景山作为贺宋生日使抵达杭州，副使是右司员外郎王全。史载完颜亮"深沉有大略"，怎么个深沉法？在高官和下人跟前，完全是两张脸。他"御下严厉，虽亲王大臣，不假颜色"，一点儿面子都不给。但对敢喊他小名的故旧下人则顺手赐予官职。身边总带着珠宝，预备赏赐这样的人。

高景山和王全出发之前，完颜亮对他们的交代就很奇怪。按照道理，主要诉求应当由正使在陛见递交国书时提出，但完颜亮却特意对王全说："汝见宋主，即面数其罪，索其大臣及淮、汉之地。如不从，即厉声诟责之，彼必不敢害汝。"然后又嘱咐高景山，回来后详细禀报王全的话。虽然正使、副使本身便有相互监督的职责，但这样的安排，依旧不免刻意。

宋高宗在紫宸殿接见了他们。高景山递交国书后说口才不好，希望由副使代为奏报，得到同意后立即招呼王全，而王全则屁颠儿屁颠儿地马上就要进去。这哪儿能行？侍卫要听圣旨，可不是高景山的呼唤。宋高宗见状赶紧传旨宣召王全，结果王全开口就是一记闷棍："你们在边境地区买马置鞍、组建骑兵，并隐匿金国逃人，什么意思？淮河不适合作为两国边界，因为偷渡者太多，难以禁绝。汉水以东、长江以北，虽有界线，但南北逃民相互煽惑，惹是生非，因此国界还要重新划分。八月初十之前，要从左仆射汤思退、右仆射陈康伯、知枢密院事王纶中选择一人，到南京听大金皇帝当面宣谕。宿将杨存中'最是旧人，谙练事务，江以北山川地理，备曾经历，可以言事，亦当遣来'。"

高景山此番前来完全是探路先锋的做派，毫不掩饰地派人测量沿途水闸的宽狭。运河上的船闸极多，如果不掌握数据，船只难免会被卡住。宋人尽管都知道他们来者不善，但他们这样赤裸裸的程度还是超乎想象。紫宸殿中的气氛顿时紧张，王全说完，全场死寂。

王全见状又加了一句："赵桓今已死矣。"

那年宋高宗已经五十四岁，老油条当然不会为此脸红。王全最后一句话恰恰给了他脱身的机会，他立即起身离去：听到前任皇帝、哥哥的死讯，他啥都不能再做，只能哭丧。

但王全哪里懂得，赶紧吆喝道："我是来处理两国事务的呀。"言外之意："你们怎么能把我晾在一边？"

这里终究是紫宸殿，不是菜市场。带御器械李横制止道："不得无礼。有事朝廷理会。"

最终里面传旨下来："本来要赐使者茶酒，因听到渊圣皇帝讣音，圣躬不安，茶酒宜免。使者未尽事宜，可书面呈奏。"

完颜亮确实得抓点赵构的把柄。人家每年厚礼卑辞朝贡，你总不能一手收钱一手打人吧。即便没理由，鸡蛋里挑骨头也得挑出来。事已至此，大家都已明白战争不可避免，朝廷不得不做战争动员。宰执召三衙的长官赵密、成闵、李捧以及太傅杨存中到中书都堂商议军机，虞允文等一干侍从官一同参加。

那时完颜亮早已抵达汝州。汝州有温泉，叫温汤，他就住在那里。宰执担心他会取道荆襄顺流南下，因而决定将成闵麾下侍卫马军司的部队全部派到上游布防。

虞允文一听就急了："不必发兵如此之多，敌必不从上流而下。恐发禁卫则兵益少，朝廷内虚，异时无兵可为两淮之用。"

然而高景山尚未辞行，成闵已奉宋高宗面谕，率军三万前往武昌。当地则迅速造寨屋三万间准备安置。宋代实行募兵制，将军士兵全部拖家带口，三万兵就得有三万间房安置。

虽是一介文人，但虞允文的判断很准确，两淮才是主要方向。最终成闵所部又匆匆东下，而且还带着原来驻扎在鄂州（今湖北武昌）的军马。有人建议令他直捣汴洛，围魏救赵，但这种开拓进取型的策略，在消极防守的国策之下，可以想见地未被采纳。成闵自然是急于东归的。人人都想离朝廷近一点儿。因而他没命地催促部队，结果途中遭遇雨雪天气，粮草不济，士卒折损不少。

也不能只怪朝廷杯弓蛇影，民间的骚动更为剧烈。高景山回去时刚刚抵达盱眙军，完颜亮的使者便腰悬金牌赶来，让送伴使、右司员外郎吕广不必再送，就此回去传达通知：完颜亮本打算八月迁都南京，而今既已修缮完毕，六月即将迁都。

盱眙军即今天的江苏盱眙县，紧靠宋金边界，对面的泗州已是金国领土。当泗州方面通报将有金牌使者前来，盱眙军中的百姓大为惊恐。这事儿实在罕见。绍兴十一年（1141）金牌使者后面可是跟着大军的。不能犹豫，立即逃亡。一顿饭的工夫过去，使者宣谕完毕，虽然真相大白，但逃亡并未中止，因淮南转运副使杨抗已传令坚壁清野。两相叠加，淮南的官吏老幼，顿时逃亡一空。

战争创伤形成的巨大阴影，如果没有切身体会，再生动的语言也是苍白的。而民间如此惊恐，更是对政府不动声色的巨大嘲讽。

完颜亮为什么要半道遣回送伴使？不想让他们看到虚实。但你能遣回送伴使，我就不能派出正式的使者？周麟之没胆量，那就派个有胆量的。谁？户部侍郎刘岑。

刘岑显得确实很有胆量。高宗跟他商议时，他竟这样发狠："臣受国家厚恩，且已年老，不惜一死报国。如果到时候和议不成，臣愿血溅完颜之衣！"

很显然，刘岑也不想或者不敢去，只不过他采取了跟周麟之截然相反的表达方式。他知道皇上不可能把这样的人派出去，最终果然派了枢密院都承旨徐嚞。

然而赵构没有想到，对方居然再度挡驾，地点还是盱眙军。

徐嚞刚刚抵达盱眙军，泗州方面就传来消息：翰林侍讲学士韩汝嘉将携带金牌前来宣谕。徐嚞随即派人预约，在淮水中流会见；等韩汝嘉径直登舟渡过淮河，他又打算在岸口的亭子相见；然而韩汝嘉不管不顾，率领八个随从直接进了驿馆。此前已有两度使者风波，此刻又一再被晾，徐嚞越想越怕，只能身着正式的朝服，跟着进了驿馆。

一进去韩汝嘉便吩咐关门，令徐嚞和副使张抡跪下听旨。说来说去，只有一个意思：蒙古犯边，完颜亮将于十一月北上征讨，不过一两年后还要回来。你们派使者问候起居，很好，但不是我们上次要的大臣，所以这次不必相见。九月之前，派他们前来听候面谕。

徐嚞战栗不已，啥话都不敢说。副使张抡仗着胆子问道："蒙古小邦，何烦皇帝亲征？"韩汝嘉哑口无言。张抡又道："口说无凭，请贵使写道文字，我好回去复命。"

韩汝嘉虽以倨傲姿态出尽大国强者的风头，但回去之后还是少不了当头一刀。

一〇

要亲征蒙古，自然也就不能南下，但即便聋子也能听出来这是谎言。只是此后居然还有漫长的等待。这漫长的等待可不是等待戈多，充满紧张悬念。大家简直恨不得金兵快点儿打过来，但是等了很久。为什么？完颜亮的后方不稳。

女真人南迁已引起民怨沸腾，大规模征集兵马粮草，进一步加剧了矛盾。搜刮有多厉害？赶制弓箭数量太大，箭翎羽毛、弓弦兽筋奇缺，"箭翎一尺至千钱"，只好宰杀耕牛以供筋革；突然集中五十六万匹战马，草料不够，便"就牧田中"，吃掉青苗；拆毁百姓房屋，以木料造船；"煮死人膏以为油"，作为防水油料；至于军费，不好意思，"又借民间税钱五年"。

搜刮这么多，军队的后勤保障一定很好吧？这又是想当然。军士出征之前，衣甲、鞍马、弓箭、刀枪、粮草都要自备一份。官府搜刮所得，只用于战时消耗。就这还是改进过的。灭北宋时，官方完全不提供后勤支持，一切都要因粮于敌，也就是打劫。至于军饷，抢多少是多少。

于是契丹人率先在北方揭竿而起，声势浩大，完颜亮多次派兵征剿，均未得手。而在宋金交界处，更是烽火连天：

当年八月，南京路单州（今山东单县）百姓在杜奎领导下起兵攻占州城。

宋淮阳军魏胜率义士三百渡淮，攻占涟水军（今江苏涟水），击败前来围攻的金知海州（今江苏连云港）事高文富，乘胜追至海州城下。

九月，大名府（今河北大名）百姓王九率众占领府城，自称河北等路安抚制置使，遍告州县勤王，众至数万，定为十三军。

耿京与辛弃疾，前面已经说过。

太行山百姓在陈俊等人领导下大规模起事。

华州蒲城农民追随杨万、李孝章等人，围攻蒲城达四个月之久。

兰州汉军千户王宏得知宋军已攻占秦州，遂与其徒鲁孝忠杀掉金兰州刺史温敦乌页，率骑兵五百、步兵二百，重新归宋。

············

完颜亮自然是看不见这些星火燎原的叛乱的。或者说，他完全视而不见。在他眼里，这些都没有什么，不应当影响他宏伟计划的推进。那时的他，内心激情澎湃，眼前只有杭州的花花世界。而大军集结的场面也确实雄壮，足够振奋人心，甚至产生精神催眠作用，让他进入妄想状态：毡帐连天蔽日，军士旗甲鲜明，粮草堆积如山，战船帆樯林立，鼓角响遏行云。而他自认为对宋国的战术欺骗也足够高明：从暂时巡幸到确定迁都，从八月迁都到六月迁都，再从六月迁都到北征蒙古。等九月前后，宋国的宰执枢密等官员过来，再一并扣下，然后发动大兵……惊天伟业，在此一举！

美梦被无端叫醒，感觉自然不只是煞风景，简直就是后背一刀。

完颜亮的嫡母皇太后徒单氏依然对南征嘀嘀咕咕，在他刚刚杀掉金牌使者韩汝嘉之后。为什么要杀掉韩汝嘉？因韩汝嘉曾多次出使，这次阻止徐嚞北上虽然不辱使命，回来后却坚决反战，认定双方国力不对等，妄战必败。

徒单氏这个态度是一贯的，完颜亮也是清楚的。她不仅反对南征，当初还反对迁都。绝大多数人都想安安稳稳地过日子，不想打破和平。她多次明里暗里表达过意见，完颜亮虽不高兴，但也只能忍受，不像对别人，要么杀，要么骂。但徒单氏千不该万不该，在马上就要"旌麾南指，刘琮束手。今治水军八十万众，方与将军会猎于吴"的关键时刻，向奉命征剿契丹而前去辞行的枢密使布萨师恭妄议朝政、表达反对。

徒单氏是完颜亮的嫡母而非生母，简而言之，完颜亮是王妃生的，而徒单氏则有王后身份。无论生母嫡母，母子名分还是铁板钉钉，崇敬景仰汉文化的完颜亮自然知道分量，此前对她一直恭恭敬敬。然而眼下是啥节骨眼，布萨师恭又是什么身份使命，你心里就没点数？

完颜亮眼前一黑，有种心灵再度被摧残的感觉。就像当初在完颜亶手下，过着有今日未必有明日的生活。不，比这个还要早，早到他的童年时期。

无法忘记童年生活被完颜亶无端打乱时的深刻感受。那个长他三岁的从兄，无端夺走了父亲完颜宗干对他的关注。作为太祖爷爷阿骨打的嫡孙，完颜亶在生父死后，跟随以收继婚的形式再嫁完颜宗干的母亲到了完颜亮的跟前。戎马倥偬的完颜宗干，军务之余回到家中，明显对完颜亶更加关注，就连给他们请的老师都不一样。毕竟完颜亶是有资格继承帝位的。

嫡庶分野自然是个巨大的伤害。这伤害同样存在于自己的生母和徒单氏之间。她们俩关系还算融洽，但作为儿子的完颜亮则要敏感得多。他自以为才兼文武，相貌堂堂，完全有资格即位，但完颜亶不仅夺去帝位与父爱，甚至一度还要剥夺他的性命。是可忍，孰不可忍？

杀掉完颜亶并非报复的中止，而是报复的开始。不但要夺去他的性命，还要夺去他的声名：必须向世人证明、向历史昭告，最有资格当皇帝的是完颜亮。因他一切都比完颜亶强。前面提过的他看似荒唐的三大愿望，固然是其本心，但又何尝不是对完颜亶的反动：你虽是皇帝，但先有辅政大臣干预，后有皇后指手画脚。此情此景，专柄国政、攻城灭国岂有可能？你当不了老婆的家，我偏要占尽天下美色。

杀戮是他减压的一种方式。用敌人的鲜血洗掉自己的恐惧。多年过去，完颜亮以为伤口早已愈合，但今天才发现还有血丝渗出，经年未散的不安全感再度涌上心头，他那双有神的大眼瞬间瞪圆，厉声命令侍卫：立即除掉皇太后，立即！

众侍卫虽成群结队、正大光明地进入太后宫中，执行的却是不折不扣的暗杀。他们口称有诏，让太后跪受；正在摴蒲（掷色子）的太后刚一跪下，脑后就挨了一闷棍。最终徒单氏和其侍女十多人一同死去，还被"投骨于水"。一个月后，未能顺利剿灭契丹的布萨师恭也被杀掉。

侍卫回来缴令时，完颜亮心里依旧愤愤不平。抬头看看周围，八月的开封日光亮堂堂的，宫殿旗甲好像也被照透，有似火的热情。但景致越是如此，他越发感觉孤独，知音难觅。

普天之下，怎么就没有一个人能懂我，哦不，朕呢？

定定心神，完颜亮又发布一道命令：着东京副留守高存福，悉心观察留守完颜褒的动向。自从正隆元年（1156）担任东京留守兼辽阳府尹，完颜褒已在那里经营六年。完颜褒刚刚奏报谋克括里起兵造反，正组织军队剿灭。尽管对完颜褒一直不甚放心，去年秋天已经派高存福前去担任副留守予以监视，但此时此刻，完颜亮的疑心突然更加强烈。

完颜亮没有忘记，他对自己这个也算雄才大略的从弟，有事实上的夺妻之恨。

一一

对于宋国而言，那一年的秋风真是强劲，不只是人，几乎城池都要被吹倒，只因秋风裹挟着金国的雄兵数十万。那是九月间，金军兵分四路南下：东路水军由海道攻击杭州；西路军右翼从凤翔攻击大散关，试图入川，左翼由蔡州攻击荆襄；这些都是牵制，主角是完颜亮亲自率领的中路军，从寿春（今安徽寿县）渡淮南下。

战役在陕西最先打响，否则起不到牵制作用。虽然总攻命令已下，战车已隆隆向前，但完颜亮决定还是要把战术欺骗外加讹诈进行到底。因而派出使者，腰悬银牌而非金牌，赶往泗州通知宋国，让称贺使徐嚞、张抡"于十月二十日以前须到得来；如敢依前不遣，自今以后，更不须遣使前来，当别有思度"。

先前不让人家来，而今又让其快来，否则"当别有思度"。什么意思，吃准了赵构软弱，继续糊弄。然而这个命令未能准时送达，因被宋军的探马夺取。事实上在淮东前线是宋军先动的手。尽管盱眙军知军周淙已退到天长，但淮河渡的监军夏俊还是带领一百八十人果断拿下了泗州。泗州军民根本不愿抵抗。如果说魏胜是百姓，那么夏俊可是正经的朝廷命官。

当此时刻，依旧没有人注意到侍从官虞允文，朝廷上下的注意力都集中在一个人身上。谁？江淮制置使刘锜。

二十年前在顺昌（今安徽阜阳），刘锜野战击败金国的精锐骑兵，一战成名。金人对他格外忌惮，据说不许擅自提他的名字，否则杀头。自然，此战不见于金国正史的记载。此次出兵之前，完颜亮对宋将的情况摸得很熟。他每说一位宋将的名字，便有将军自信地表示可以迎战；但说到刘锜，下面鸦雀无声。完颜亮只好道："那就由朕亲自对付。"

岳飞已被冤杀，韩世忠也已病故，宋朝眼前能指望的，也只有世家宿将刘锜。刘锜对此心知肚明，尽管已经病重，还是赶紧从驻地镇江渡河，向扬州进发。守江必守淮，这是常识。

考虑到"军礼久不讲"，为鼓舞士气，刘锜"乃建大将旗鼓以行，军容整肃，江浙人所未见也"。当时他身体不好，每天只能喝粥，自然也"不能乘马，乃以皮穿竹为肩舆。镇江城中，香烟如云雾，观者填拥"。

所谓"大将旗鼓"，就是节度使的全副仪仗，即"旌节"，《宋史》中有记载："宋凡命节度使，有司给门旗二，龙、虎各一，旌一，节一，麾枪二，豹尾二。"全套旌节共五类八件，都是黑漆木杠，做工考究，装饰精美。沿途所至，宁可"撤关坏屋，无倒节理，以示不屈"。当然，还少不了将军发布命令的战鼓。自从靖康年间李纲奉命收复太原而出京师，便再也没有这样隆重地搞过。

仪式感永远是重要的，这庄严肃穆的氛围感染了诸位将领。刘锜顺势激励他们反攻开封：望诸位杀敌立功建节，报效朝廷！来年重阳，在京师隆重犒赏！

大将出征，州官当然要饯行。但面对隆重的场面，刘锜却不肯停下。他对镇江知府只是举袖一揖：不暇茶汤，诸位祖坟在西北的，可以准备行具，相继而来，洒扫祭拜！

到底是大将，虽在病中，还有点灭此朝食的气概。刘锜知道这话会迅速传遍大街小巷，可以起到安定人心的作用。举国上下一致看好他主持川陕前线战事，最终将金军彻底击退，收复诸多失地的名将吴璘，对他知根知底，跟王刚中闲聊时却直言刘琦"有雅量、无英概，天下雷同誉之，恐不能当逆亮"。

淮东先前是韩世忠的防区。他长期驻扎山阳（今江苏淮安），绍兴和议之前被迫后撤，刘锜而今要前往填空。他身体虚弱，每天只走一舍（即三十里），每到驿站必停，经盱眙、泗州抵达淮阴。出发的同时，他命令自己的副帅建康府都统制王权赶往淮西迎敌。王权接到命令泪别妻妾，然后以犒军为名，用船装载大量的金银财宝，停泊在新河，随时准备逃跑，自己则驻扎和州（今安徽和县）。刘锜命令他前往寿春，他不愿执行，再三请留，实在不得已，这才每三天发一军，慢慢吞吞地抵达庐州（今安徽合肥）。

宋军北上有点逆风而行的意思，远不如金军顺风南下迅速。

完颜亮素来有两张脸。不吃尚食局进奉的鹅，以示简朴，故意穿着破旧的衣服召见外臣或者起居官；偶尔看见老百姓的车陷入泥淖，赶紧令侍卫帮忙；还让尚食局进一些军食，他先把军食吃个大半。如果说这些都是作秀，那么此刻进入宋境的纪律严明就真诚得多："金兵所过，皆不杀掠，或见人，则善谕之使各安业。有军人遗火焚民居草屋一间者，立斩之，乃揭榜以令过军。"

为什么？这次南侵跟以往不同，他要夺取正统地位，得摆出吊民伐罪的姿态。

绍兴和议之后，金在下蔡（今安徽凤台）设置寿州，宋则在原来的寿春县设置寿春府和安丰军，双方隔河对峙。王权大军不敢靠前，淮河自然守不住。完颜亮渡河后得知王权率军五万驻扎庐州，便给俘虏一点钱，让他带信过去，敦促王权放下武器。不过这个俘虏还没跑回庐州，王权已开始部署撤退，沿途结虚寨作为疑兵。

当然，逃跑需要理由。王权的理由听起来格外专业，格外冠冕堂皇，叫诱敌深入：他向朝廷保证，等金兵进到一定程度，他将转头正面猛攻，调集步军司左军统制邵宏渊出其右，池州都统制李显忠出其左，三面包抄，一举破敌。

完颜亮得到报告，心情格外愉悦。正巧途中抓获一只白兔，便得意地对宠臣李通道："武王白鱼之兆也。"

武王伐纣之前，兴兵渡河时曾有白鱼跳入舟中，所谓白鱼入舟。那个时刻，什么事情都要也必须都能正面附会。完颜亮格外需要心理暗示。进入庐州后，他亲自召见被掳掠来的数十个城外百姓，和颜悦色地安慰勉励，每人赐银十两，让他们各安生业，而百姓们自然将头磕得山响，口中连呼万岁。

那个瞬间，完颜亮几乎飞起来，却不知道自己尚未渡河时，从弟完颜褎已在千里外的东京辽阳起兵称帝。

一二

完颜褎即位多年后改名为雍。他在完颜亮跟前，是完颜亮在完颜亶跟前的再版。

因才能被完颜亮看重，忠诚又被其怀疑，完颜褎只能在西京、上京、燕京、济南府和东京轮流任职。完颜褎的妻子乌林答氏很漂亮，他任济南府尹时，突然接到诏命，让乌林答氏到中都为人质。乌林答氏知道此举意味着什么，没到中都便投湖自尽。具体的自杀地点，跟完颜亮被完颜亶突然召回而吓得要死的地方相距不远，都在良乡。

张金吾编辑《金文最》时，收录有一篇《上雍王书》，说是来源于明人孙惟熊的《采璧》，"未详何本，姑录之，以俟续考"。根据内容和语气，这篇文章就是乌林答氏留给丈夫的绝命书。她恳求丈夫不要"作儿女之态"，要"卧薪尝胆"，居官需"修德政，肃纲纪，延揽英雄，务悦民心"，等待时机夺帝位，"一怒而安天下"。因为这篇文章，乌林答氏得以跻身金代女作家行列，最终被追认为皇后。

完颜褎打落门牙肚里咽，终于等到了报仇的时机。此刻完颜亮举国南征，内部乱成一团。反正脑后已经竖起屠刀，完颜褎便顺势向完颜亮学习。只是骡马时代信息太慢，完颜亮尚不知情。

下阕：书生意气的挺身而出

一三

宋军都是不战自逃吗？当然不是。血性汉子总是有的，不止夏俊和魏胜。

成闵手下的中军统制赵撙本来奉命驻扎于德安府（今湖北安陆），闻听金兵攻击信阳（今河南信阳）军，不待命令便主动亲往增援。等他抵达，金兵已经退走，向东攻击蒋州（今河南潢川）。蒋州本名为光州，前两年改名，以避金国皇太子完颜光英的讳。同时附近的光山县也改名为期思县。此时此刻，这个马屁换来的竟是个响亮的耳光。却说赵撙，闻听金兵已经渡淮南下，立即决定向北攻击蔡州，以捣其虚。经过苦战，他顺利得手，最终被列入中兴十三处战功之十。

鞭打快牛，"巧者劳而知者忧"，赵撙又率军向东南驰援，先后收复褒信县（今河南息县包信镇）和蒋州。此后蒋州的守军都是他的部下，先前的守军呢？从这里败退之后，将在虞允文的指挥下，建功于采石矶。当然，这是后话。

即便是王权的部下也有好样的，那就是御前破敌军统制姚兴。

王权败退的第一站是含山。因此地有著名的昭关，就是伍子胥很难过去的那个关口，故而紧要。王权跑得很快，当金军铁骑追来时，只有姚兴所部三千人在尉子桥（今安徽含山北部）抵挡。姚兴以寡敌众、死战不退，战事格外炽烈，从辰时杀到申时，即从早晨七点到下午五点。他连续三四次冲入敌阵，杀敌数百，最终陷入敌阵，壮烈殉国。

王权当时在干吗呢？"权置酒仙山上，以刀斧自卫，殊不援兴。"刚刚退到和州，席不暇暖，闻听敌兵将至，又假称奉命弃城守江，便率领亲兵登车船径直渡大江，屯于采石矶东。

如果是有计划的撤退也还好，实际完全是溃散。城中的粮草器械丢弃满地。金军根本没想到对手会拱手放弃这个咽喉要地，等看见城中火起，立即引兵进城。溃败的宋军和百姓"自相蹂践及争渡溺死者，莫知其数。将士愤怒号呼，指船诋詈，皆以权不战误国为言"。幸亏殿后的统制官时俊在道旁布置弓弩，射住敌军骑兵，这才稍微稳住局面。

王权基本没有作战，但这次过江"得生者什四五"，损失近半。

淮西一溃千里，淮东呢？

一四

金军大举南下淮东，本来很为粮草头疼，但是战马跑着跑着，突然间就有惊喜：驿路两旁，每十里便有一座烽火台，台下都有数千束草，还有大量的刀枪。原来这都是根据淮南转运副使杨抗坚壁清野的命令而安排的，意图是抗敌，结果却是资敌。而刘锜进兵时本以为各处皆有防备接应，结果却是四壁皆空。所以当时群言汹汹，都说杨抗跟金人有密约，是奸细。

能打仗的将军跟不能打的自然不一样。换成张俊或者刘光世，肯定只派部将向前，自己在后面坐镇，刘锜可不是这样的。他子嗣不昌，唯一的儿子刘淮当时尚在幼年，因而很早便将从子刘汜带在身边，作为接班人培养，时任中军统制。此刻他将刘汜和镇江府左军统制员琦留在盱眙，自己则率军直抵淮阴，也就是最前线。

清河口（即清口）可以沟通运河，是战略要地，当时已被金军占领。刘锜以偏师屯驻楚州（今江苏淮安），主力则控扼淮阴运河两岸，与之对峙。宋军"数十里不断，望之如锦绣。金人以铁骑列于淮之北，望之如银"。刘锜曾派小部队过河攻击，当然未能得手。

忽一日，清河口有一小舟顺流而下，刘锜派人拦截，发现船上只有几包小米，立即意识到是敌军的投石问路之举，以探水势。果然，很快便有"金人各抱草一束作马头以过舟，舟约数百艘"。刘锜招募水性好的人潜入水下，凿沉好几艘敌船，虽令"金人大惊"，但终究无济于事。

但这员老将很快便接到了金牌，当初岳飞曾经接到过的那种金牌。因"淮西敌势甚盛"，朝廷令他"退军备江"。应该承认，这既是保卫长江，也是要保卫刘锜。这员老将可谓宋军的战神，不容稍有闪失。金兵既已占领淮西，那就随时可以径直向东，切断刘锜的后路。

刘锜自然不会溃退，但尽管如此，还是引起淮甸百姓的惊恐不安。他们本来将刘锜视为心理依靠，而今不免崩溃逃跑，途中践踏淹死者甚众。而刘锜之所以能顺利过江，起因还在于二十年前韩世忠所部对滁州百姓造成的戕害。当然，也可以理解为战争本身的戕害。

完颜亮渡淮之后，便令万户萧琦率军十万，取道定远、滁州向扬州攻击。萧琦进展顺利，滁州遥遥在望。滁州西部不仅有"野渡无人舟自横"的西涧，更有天险清流关。这是南唐修建、抵御北方军队的险要关口，但金军如入无人之境，并未遇到有效抵抗，滁州知州也不战而逃。等越过滁州进至瓦梁，萧琦被滁河所阻，没法渡过，便找到乡民问路。

这个乡民叫欧大，不是没有名字，只因贫贱，名字不配记下。这可是敌国兵马，他帮不帮忙呢？没怎么犹豫，欧大便决定帮，而且理由多少还跟岳飞的冤死有点关系。

当年岳飞被冤杀时有一条所谓的"罪状"，就是淮西之役时"拥重兵"而"逗留不进"。这是绍兴十二年（1142）春夏之交的事情。张俊受到攻击时，向朝廷求援，但柘皋大捷后完颜宗弼暂时退兵庐州，张俊误以为金军全部回撤，便令刘锜先行撤退，同时照会岳飞"前途乏粮，不可行师"，自己和旧部杨存中"耀兵淮上"，打算独吞战果，却不料金军卷土重来，将王德和杨沂中击败。岳飞的增援没有赶上，而韩世忠的援兵抵达战场后成为孤军，也吃了败仗。

当时韩世忠麾下的数百名骑兵便是从这里经过的。返回时将居民的房屋拆毁，用来架设浮桥逃跑。欧大吃过官军一次亏，不想再吃金军二回亏，赶紧带着他们取道竹冈镇向六合县城而去。只是虽然有路，但比较绕，多费了半天时间，刘锜、邵宏渊和六合县城内的百姓反倒因此获益。

这个细节颇为生动，很值得说说。史书上没有将欧大的目的拔高到激于义愤或忠诚王室。他的目的越单纯，战争的残酷、生民的无奈也就越真切。

一五

萧琦的第一个对手是邵宏渊。警报传来时，他正在真州（今江苏仪征）饮酒，据说已经喝醉；得到消息，立即放下酒杯，率部向西迎敌。城西有胥浦桥，据说当年伍子胥即由此进入吴国，而今双方正好在此相遇。邵宏渊命令三名将官在桥上坚守。金军弓矢如雨，宋军伤亡惨重。城中老弱纷纷逃跑躲避，只有些强壮者胆大，爬上城头眺望。

金兵猛攻胥浦桥不下，便抱着草包渡过河去，桥上的三个将官全部战死，邵宏渊只好退入城中。金军攻势猛烈，他抵挡不住，便毁掉运河上的船闸闸板，率军退到扬子桥。

胥浦桥之战唯一的价值在于无意间给刘锜撤退争取了一点时间，否则刘锜很可能会陷入战略包围。但由于报捷得法，这一仗也被列入中兴十三处战功，排名第八。

扬子桥在扬州城南二十里，桥前就是瓜洲渡口，对岸则是镇江的西津渡，都是战略要地。萧琦显然没有直接强渡长江的胃口，他也没有进入真州，而是直奔扬州而去。刘锜进城立足未稳，萧琦大军已屯于平山堂下。城内军民一片恐慌，纷纷逃命。刘锜也赶紧出城，拆毁南门外的民房搭成浮桥，经东门退出。

欧大竭力避免的灾难，扬州百姓最终无法幸免。

刘锜此举是单纯的逃跑吗？不能说完全没有这个因素。若在二十年前，他体格健壮，精力充沛，未必会做此选择。

但更主要的原因还在于，真正的要害并非扬州，而是瓜洲。他如果株守扬州而丢掉江岸的瓜洲，局势将不可想象。

果然，萧琦紧追不舍，双方首尾相接，直奔瓜洲而来。真正玩命的时候，必须亲信上。刘锜赶紧命令员琦率部邀击。十月二十六，员琦与统制官贾和仲、吴超等人在皂角林迎战金军。中军第四将王佐指挥步卒百余人在皂角林内张开强弩，设好埋伏，员琦则率部与金军激战。敌众我寡，员琦等人身陷重围，下马跟金军死战数十回合，且战且退，将金军诱到埋伏圈内。此时伏兵突起，强弓劲弩齐发，金军像麦子一样被大片割倒。考虑到运河河岸地势狭窄，骑兵优势无从发挥，金军只能撤退。员琦则趁势率军掩杀，将其统军高景山阵斩，就是上回那个倨傲的使者。

此战被列入中兴十三处战功之六，马马虎虎还说得过去，毕竟斩了敌军的高级将领，又保住了瓜洲不失。

刘锜在瓜洲渡坚守了四天。为稳定军心，他特意从镇江接来家人。瓜洲狭小，部队难以展开，有些部队的火头军都设在南岸，做好饭后送过江去，局势格外紧张。此时诏命传来，令刘锜专心守江。刘锜随即决定将刘汜留在瓜洲，部队交给部将李横指挥，自己返回镇江。行前他吩咐在地势高的地方布置信号兵，若敌军来攻，即举白旗；双方交战，则同时举起黄旗和白旗；一旦获胜，立即举红旗。

那时刘锜已基本卧床不起。马匹不够，其幼子刘淮还叫人背着。沿途百姓以及军属看见他如此"瘦悴"不堪，皆面带凄然。他强支病体一边走一边安慰大家说，江北有大军，可保无虞，各位尽可安心回家，照顾老小。

在淮东大军退过长江的同时，淮西局势越发急迫。

一六

庐州以南有个战略要地叫濡须口，是淮河水系经巢湖沟通长江的咽喉要道，故而当年曹操与孙权要在此血拼。得知王权退到濡须的消息，中书舍人、权直学士院虞允文不觉心里一惊。他本能地判断这家伙靠不住，赶紧带着侍从数人去见宰执大臣，警告说王权"已临江口，必败国事"。然而尚书右仆射朱倬和参知政事杨椿依旧被王权所谓的诱敌深入所迷惑。虞允文只是侍从官，地位虽尊却没有实权，自然无可奈何，只得怏怏地向后转。

宰执的态度最终保住了王权的脑袋，当然，这是后话。当时的他们跟虞允文同样无法想象，王权不仅连和州都丢下不管，甚至退到采石矶东后还隐瞒不报。

既然是渡口，当然两岸都有。和州一带长江基本呈南北走向，采石矶这个地名自然会有东西之分。完颜亮大军抵达采石矶西的杨林渡数日，王权跟左朝请大夫、太平州（今安徽当涂）知州王傅还隐瞒了这个消息。州学谕汪馀庆与教授蒋继周实在看不下去，一起来找王傅，将知州大人好一番数落，这才激发出王傅的责任感。而他不报则已，一报则"一日发八奏"。

同一消息非要切成八段，自然都是鸡零狗碎，徒然惊扰后方。为什么非要这样？官样文章，便于脱罪。

那段时间，杭州城内的气氛颇有些荒诞。不断有使者飞马报捷。他们背插红旗，口中高喊捷报之地，特征明显，自然会成为街谈巷议的热点。只是捷报虽多，但人们还是从中品出了怪味儿：老是报捷，地点却一天比一天近，什么意思？

恰在此时，王傅的第一份奏报抵达，结果如同惊雷。只说金人已攻采石矶，却未说明东西，你想想朝廷会是何等惊惶？中书与枢密院号称二府，消息最为灵通。其中的小吏赶紧带领家人逃亡，城内顿时四面恐慌；很快第二份奏报又飞马赶到，说金人已到杨林，但还是没有说明是西岸的杨林渡。有司不知其具体位置，只能派人从闾巷间寻找当涂或者历阳人询问。二更时分，终于找到一个人，确认杨林是采石矶西的渡口，总算惊魂稍定。

宋高宗不善于作战，但善于长跑。"散百官浮海避敌"是他的拿手好戏，这回本来还想再用，但左仆射陈康伯力陈不可，杨存中也表示愿意率军死战，这才将他稳住。

陈康伯真是好样的，别人纷纷遣散家小，他偏偏将家人从老家信州弋阳（今江西弋阳）接来杭州。在派知枢密院事叶义问前往镇江设立督视府（即行府）的同时，陈康伯推荐虞允文作为行府参谋军事，先行赶往建康。

说是御驾亲征，但完颜亮殒命之后，赵构才抵达建康。

不过他终于做了一个决定：让岳飞、张宪的子孙从各个拘管的州军恢复自由，连同蔡京与童贯的家人。而六年之前，朝廷还应岳飞曾经的幕僚姚岳所请，将岳州改为纯州，岳阳军改为华容军。姚岳此举的目的大家都清楚，因而"士论鄙之"。

一七

奉命跟虞允文一同先行前往建康的，还有户部侍郎刘岑，就是以豪言血溅完颜之衣而婉拒出使的那位。

接到诏命，虞允文立即动身。他站在船头，本能地抬眼北望，自然看不见敌情我情。凉飕飕的河风鼓起官服，他抬手理理胡须，转身进入舱门。那个瞬间，他和推荐者陈康伯都没有想到，历史已悄然扳动紧要无比的道岔。

从杭州前往建康，首先要过镇江。而抵达镇江，少不得看望大帅刘锜。

刘锜的失败是显而易见的。廉颇确实有衰老的时候，更进一步说，建炎以来，岳飞、韩世忠、吴玠以及刘锜等诸位将领所鼓舞起来的血性，已被政策消磨一空。政策有滞后性，但趋势一旦形成，也就难以逆转。

当虞允文问起作战经过，刘锜连连摇头："没啥好说的。我只好交还制置使和招讨使这两枚大印。"

虞允文道："太尉此言差矣。国事如此，您这样就能心安吗？"

这话并非责难，而是对病重的老将的激励。刘锜闻听，"惭不能答"。

因虞允文战后的确夸大过战功，坊间也不乏微词，但我觉得这实在不必苛责。当周麟之和刘岑不敢出使，刘锜这样的宿将节节败退时，我们还能奢望一介书生做什么呢？如果不以为然，那不妨对照一下同为文人的叶义问的表现。

叶义问以知枢密院事的身份出使金国回来后，便建言备边，说得头头是道。前两天刘锜报皂角林之捷，上有"金兵又添生兵"字样。叶义问读到这里，居然回头问侍吏："生兵是何物？"闻者皆笑。因生兵无他，就是生力军。他由此得到了"兔园枢密"的美称。兔园是汉代梁孝王刘武修筑的园囿，从游乐引申为不学无术。

尺有所短，寸有所长，这个也不必责难，关键看临战表现。叶义问乘坐大船，"以二校执器械，立马门左右"，威风凛凛地抵达镇江后，得知双方已在瓜洲对峙，便"惶遽失措"。当时"江水低浅，沙洲皆露"，他赶紧令民夫"掘沙为沟，深尺许，沿沟栽木枝为鹿角数重"，如果金兵渡江，以此作为障碍。民夫闻听纷纷大笑："枢密肉食者，其识见乃不逮我辈食糖粃人。一夜潮生，沙沟悉平，木枝皆流去矣。"

什么意思？这玩意儿一点作用都不会起，潮水一来，立即遁于无形。

随即瓜洲渡的战事炽烈起来。最初的瞬间，叶义问倒没忘记职责，指挥所部打算渡江增援，但那些勇气只够开到江心。还没到北岸，便"惧怯见于颜色"，命令掉头向西，借口到建康府调集兵马。开到镇江三十里外的下蜀镇时，接到急报，瓜洲失陷。刘锜威名赫赫，刘汜却不争气，"性骄惰，不习军事"。当时多位将领战死，他却率先逃跑，最终全军崩溃。

叶义问闻听大惊，本能地打听这里有无直通浙东的道路。诸位将领闻听立即鼓噪："枢密不可回。回则不测。"就是六军不发的感觉，叶义问这才没有转身就跑。

一线宿将如彼，枢密院长官如此，夹在中间的参谋军事并无实权，过分奢求，是不是求全责备？

一八

江风猎猎，吹动金军的大纛。完颜亮亲自率领的硬军驻扎在和州鸡笼山，据称是道家第四十二福地。左边清一色的紫丝铠甲，右边清一色的黑丝铠甲，军容严整，刀枪明亮，看着格外神气。虽然完颜褒之变的消息已被确认，但雪亮的屠刀外加强大的个人能力，已经足够使完颜亮屏蔽周围大多数不同意见。更兼一路高歌猛进，完颜亮注定不撞南墙不会回头。

决心已定，完颜亮率领几百名骑兵离开鸡笼山，前去视察造船现场。周围的民居已被拆毁殆尽，场面格外荒凉。战马飞驰，跑了十几里，还没到造船现场，老远便听见叮叮当当的声音，同时有无数的木屑漂来。工程现场热火朝天，工匠脑门儿上满是汗水。完颜亮舒心一笑，随即纵马飞驰，一路向北直奔项羽祠。到了祠堂，里里外外看了看，叹道："如此英雄不得天下，诚可惜也。"

这一带渡口很多，项羽祠下就是乌江渡。项羽战败之地不吉，当然不能从这里过。横江津、当利口也不合适。根据梁汉臣的建议，完颜亮选择了杨林渡。这里杨柳遍地，即便到那时，依旧还有顽强的绿叶。

采石矶即牛渚矶。作为重要的长江渡口，自然也是古今战略要地，经常被写入诗文。脚下是和州历阳县，一团和气；对岸是太平州当涂县，天下太平。宋国发往全国的中央文件无论多急，铺兵也要分为两批。第一批发往万州、寿春府和太平州，取万寿太平之意。

但是而今，宋国的太平已经完结。

想到这里，完颜亮不觉雄心勃发。只是遥遥向东看去，连片的麦田背后，对岸宋军虽旗帜杂乱、了无生气，但茫茫大江空无一人，这场面又令习惯于弓马的他多少有些心虚。

他赶紧转头问随从的军将："当年梁王他们是怎么过的江？"

梁王即其父完颜宗干，曾经追随大军南下。

这种问题，当然会有马屁精等着："当年梁王从马家渡渡河，江南虽然有兵把守，但看见我们就逃。等我们过了江，已无一兵一卒！"

完颜亮闻听放声大笑："这回将还是这样！"

完颜亮没有千里眼，当然看不见虞允文正乘船向建康驶来。此刻的虞允文已有明确任务：前往芜湖，催促李显忠尽快接替王权的指挥，同时到采石矶犒师。

二更时分，虞允文抵达建康，敲响府衙大门求见留守张焘，即接待施宜生的馆伴使。张焘本已致仕，是特地起用的，履新不过十多天。抵达之前，城内人人惶惶，见了他接印视事的布告，百姓的心多少才能放回肚子。为什么？他是抗战派。

虞允文见到张焘，便有点质问的意思："此何时，而公欲安寝乎？"

张焘道："日来人情汹汹，太守不镇之以静，必不安。虽然，舍人何以见教？"

虞允文道："谍者言敌以明日渡江，约晨炊玉麟堂，公何以策之？"

玉麟堂即府治的代称。留守也好，知府也罢，都得用玉麟符印作为凭证。张焘道："焘以死守留钥，遑恤其它！舍人平日以名节自任，正当建奇功以安社稷。"

虞允文闻听微微一笑："此允文之素志，特决公一言耳。"

次日一早，虞允文便径直向西而去。由此赴江西须逆水行舟，并无速度优势，只不过乘船比骑马舒服。他心忧如焚，哪里还顾得上这些，跨上马便开始赶路。在采石矶十里开外，已经听得到鼓角阵阵。官兵们散乱地坐在路旁，既无营垒，又无阵势，自然都是已被解职的王权的部下。王权在淮西时下令弃马渡江，这些骑兵而今已无战马，却又不善步战。

虞允文赶紧策马疾驰，直奔采石矶。抵达后匆匆召集张振、王琪、时俊、戴皋、盛新等几个统制官了解情况，再跑到江边瞭望敌情。综合分析的结果是，对岸敌营连天蔽日，没有尽头，而己方沿线总共不过一万八千败兵，几百匹战马，完全没有士气。

局面如此，无法收拾，随从都劝虞允文不要理会这个烂摊子，立即返回建康。因其职责只是犒师，并非督战。

犒师很简单，完全可以做个官样文章。简而言之，就是打打气、鼓鼓劲，然后再给你吹两句，最后溜之乎也。所以虞允文有三个选项：继续向前，直奔芜湖，催促李显忠快来接任；返回建康，向督视府复命；留在采石矶，担当重任。

虞允文没有过多犹豫，便决定留下。

毫无疑问，这是最凶险的选项，如果战败，弄不好朝廷还要追究越权的责任。事关枪杆子，哪能随便插手？

虞允文的意志跟完颜亮同样坚决。他激励张振、王琪、时俊、戴皋、盛新等带兵将领道："万一敌兵过江，你们能逃到哪里去？这里前控大江，地利在我，孰若死中求生？且朝廷养你们三十年，难道就不能一战报国？"

大家都说："自从跟随王节使（王权），我们听到的就只有金声，没有鼓声！我们不是不想作战，但无人指挥啊。"

击鼓出战、鸣金收兵，这说明王权的确没有好好打过一仗。虽然他解职后朝廷决定由张振临时负责，但张振的声望毕竟不够。

虞允文道："这不要紧，李显忠马上就要前来接替！"

李显忠本名李世辅，很有些传奇色彩。作为西北将门之子，延安陷落后他跟父亲一同被迫端伪齐的饭碗，但一直心念朝廷。驻扎同州时，设计抓住金国大将完颜撒离喝，想带他作为投名状，但来到河边正好渡船误期，无法渡过。此时大批金兵赶来，李显忠只能跟完颜撒离喝折箭为誓：他放完颜撒离喝一条生路，完颜撒离喝放同州百姓一条生路。他虽安全逃到西夏，但包括父亲在内的两百多口人全部遇害。当然，他最终还是到陕西投奔了吴玠，被赵构赐名显忠。

闻听是李显忠，大家顿时觉得有了指望，情绪立即激昂起来。此时此刻，虞允文犒师的任务已经完成，依旧可以体面地抽身而退，但他并没有。在李显忠接任之前，他与时俊等人商议，步兵、骑兵在江岸列阵，以民船海鳅和战船满载士兵，准备在江中截击。

一九

良辰吉日已到，杨林渡前的高台上摆着刚刚杀掉的猪马牛羊，香火冉冉冒烟。完颜亮庄重地登上高台，祭告天地。"东风不与周郎便，铜雀春深锁二乔。"诸葛亮要借东风，完颜亮要借北风。只是他没有想到，虽没有选择横江渡，但李白的《横江词》还是一语成谶："如此风波不可行。"

祭告完毕，完颜亮站在金黄伞盖之下，身披金甲，手执小红旗督战。说来也巧，当时正好刮起凛冽的北风，金军的战船立即从杨林渡口首尾衔接，浩浩荡荡地向东开进。这阵势足以激荡人心，但完颜亮见对岸的当涂百姓都在高处观看，绵延十余里，不觉有些奇怪：他们哪来这么大的胆子，还不逃命？这不像"旌麾南指，刘琼束手"的样子嘛。

正在此时，对岸擂响了战鼓。金军的预期是宋军望风而逃，不料岸上不但阵势严整，江中战船也勇敢迎战。

宋军的水师始终畏首畏尾，迟迟不动。行动果决的主要是海鳅船，踏车驾船的则是当涂的民兵。虞允文指挥不动两个水师将领，只好调动百姓。所幸百姓识大体，行动很积极。但金军船多，凭借风力迅速冲了过来，有七艘船靠岸，几百名金兵杀了上来。宋军见状信心动摇，阵势稍退。虞允文赶紧冲入阵中，拍拍时俊的后背，激将道："汝胆略闻四方，今立陈后，则儿女子耳。"

时俊回头一看是虞允文，立即挥舞长刀，杀出军阵，引导冲锋，将登岸的金军一一消灭。正在此时，北风停歇，江中的宋军随即以海鳅船冲击敌舟。金军的战船都是拆毁民房匆匆建成的，松木平底，如同箱子，行动不便，而且也小，自然无法跟宋军抗衡，有些像纸盒子一样裂成两半。宋军气势大振，立即高喊道："王师胜矣！"

金人自然不熟悉水性，拘来的三万水手中主要是穷苦农夫，稍微有点钱的都出钱获得豁免。不谙水性的人驾着这样的船，如何交战？恰恰此时，从蒋州败逃回来的三百士兵赶到，虞允文赶紧命令他们大张旗帜，猛敲锣鼓，作为疑兵。金军的信心遭到进一步的摧残，只能败退。

消极防守总是被动，虞允文决定封锁杨林渡。次日一早，他跟统制官盛新率领舟师直趋杨林河口，船上布满神臂弓、克敌弓，遥遥射向敌阵。弓矢如雨，敌军不能抵挡，只得退却。虞允文又派人从上游纵火，顺流而下，将渡口的敌船全部焚毁。

夜已深，采石矶东的幕府内还亮着灯，刁斗不时响起，寂静中又不乏肃穆。"上马击狂胡，下马草军书。"虞允文埋头奋笔疾书，写成三篇"江上军事劄子"。

二〇

将完颜亮比喻为文学青年，看起来是个噱头，很不严肃，但其实并非如此。他在危急关头的选择，的确更像个文学青年，并无多少政治家或者军事家的做派。

已在采石矶碰壁，水军的渡江能力在宋军跟前不堪一击，而后方又生变乱，当此时刻，无论如何也应该迅速回头，毕竟北方才是根本，断不可丢失。如果长江防线也像淮河那样一战可破，还有点继续冒险的价值，而今这情势，无论如何也应该立即撤军，跟完颜褒争天下，但完颜亮居然没有。

他不是没动过这个念头，但其宠臣李通摸透了主子的心思，知道完颜亮最想实现的目标，就是全面超过完颜亶，因而必须拿下南方，便建议继续推进。

完颜亮居然予以采纳。

还是那句话，雪亮的屠刀外加强大的个人能力，很容易屏蔽掉不同的声音，哪怕它是正确的。

完颜亮决定就此东进，从瓜洲渡江。当然，采石矶的失败还是得有人负责。谁？梁汉臣和两个主持造船的工匠。他们只能献出自己的脑袋。

完颜亮同时命令一个从瓜洲抓来的俘虏校尉，给王权带去一封信。信的内容无他，就是恐吓劝降："朕提兵南渡，汝昨望风不敢相敌，已见汝具严天威。朕今至江上，见南岸兵亦不多，但朕所创舟，与南岸大小不侔，兼汝舟师进退有度，朕甚赏爱。若尽陪臣之礼，举军来降，高爵厚禄，朕所不吝。若执迷不返，朕今往瓜洲渡江，必不汝赦！"

完颜亮虽不知道王权已被撤职，但这封恐吓信还是有些作用，不少将士闻听变色。虞允文赶紧提醒道："此反间也，欲携我众耳。"此时李显忠已从芜湖赶来视事，他对虞允文道："虽如此，亦当以朝廷罪王权之事答之，庶绝其冀望。"

虞允文深以为然，随即作书回复："昨王权望风退舍，使汝鸥张至此。朝廷已将权重置典宪。今统兵乃李世辅也，汝岂不知其名？若往瓜洲渡江，我固有以相待。无虚言见怵，但奋一战以决雌雄可也！"

信递发出去之后，虞允文决定立即赶往镇江。这可没有诏命，完全是他主动的选择。但孤身前往，于事无补，得有军队才行。而直到那时为止，他都只有犒师的任务，并没有指挥李显忠的权力，只能跟他商量："京口无备，我今欲往，公能分兵见助否？"

李显忠立即令主管侍卫步军司公事李捧麾下的一万六千人及戈船，跟随虞允文前往镇江。一万六千听起来数目不小，但完颜亮手下可号称有十万大军，且淮东本来就有萧琦的重兵，因而沿途还要调集人马，这首先就要跟建康留守张焘商议。

此时完颜亮的恐吓信也已寄到张焘手上。张焘道："金约八日来此会食，使焘安往？"张焘守土有责，自然不能离开，但问问手下谁能去，大家都面带难色。张焘只好转头看看虞允文道："虞舍人已立大功，可任此责。"

史载虞允文"欣然从之"。的确，那时的他，心情格外愉悦。甚至可以说，跟张焘商量本身便不乏表演色彩，虽然也是正当的程序。

虞允文抵达镇江后的第一件事，还是去给刘锜"问疾"。刘锜一见便紧紧拉住他的手："疾何必问！朝廷养兵三十年，大功乃出书生手，我辈愧死矣！"

刘锜的手很凉，很凉。虞允文满心热腾腾的火焰，对此的感触自然越发强烈。

二一

虞允文率军抵达之前，镇江沿岸只有二十四艘车船，显得格外单薄。而今大量车船虽已相继赶到，但考虑到敌军势大，恐紧急时刻不堪驾用，遂与御营宿卫使杨存中、淮东总领朱夏卿、镇江守臣赵公俪商议，决定搞一次演习，他们现场查验。

演习查验之类，虽有史书明载，但应该是史官对军事不够敏感的缘故。此举最重要的用意，显然还是震慑敌军。

计议已定，战士随即踏着车船，直奔瓜洲而去。

车船快靠岸时，金兵皆持弓引满，准备发射，此时车船却突然掉头返回。它们沿着中游，"三周金山，回转如飞"。这景象让金军格外惊愕，赶紧禀报完颜亮。

完颜亮也没有进驻扬州城，驻扎于扬州东南的龟山寺中。刘锜一生除了主动撤退，很少惨败，因而民间附会他能通阴阳。据说从扬州撤退前，他令人将房屋外墙刷白，上面写着这样的大字："完颜亮死于此地。"完颜亮感到恶心，便不肯进城。

完颜亮闻讯迅速抵达岸边。时至今日，他居然还能嘲笑道："纸船耳。"然而没过几天，坏消息相继传来，吹捧奉承营造的胜利气氛一点点地飘散于北风之中。瓜洲水面更宽，水流也更急，宋军的车船给金军造成强烈的心理打击，大量士卒逃亡。而在此之前，陕西的攻势已被吴璘击退，从海路进攻的东路军更是在唐岛（今山东青岛灵山卫附近）被李宝歼灭。那些福建人主持建造的战船皆是通州样，本来是可以跟宋军较量一下的。如果完颜亮成功，这条路线很有可能用于南北粮运，因为运河通行的总体成本实在太高，完全没法跟海运相比。

江风凛冽，完颜亮虽有万军簇拥，但孤独感却一日强于一日。回首整个事件，那一系列外交欺骗外加军事胜利，他没有理由不得意，没有理由不自豪。如此兴师动众的一场行动，怎能这样草草收场？不行，绝对不行！

十一月二十三，无边孤独中的完颜亮咬牙挥动马鞭，发布了最后一道命令："军士亡者杀其领队，部将亡者杀其主帅。"

这号令让全军将士眼前一黑。谁也想不到，这个能力超群的君王此刻依旧这样不可理喻，非要一条道走到黑，居然还想背水一战，打算过了江就焚烧舟船，为此特地派人传令给淮河守军：私自过河者，杀无赦，斩立决。

成全别人就是成全自己，你不给别人留后路，别人自然也就没法给你留后路。

当天夜里，龟山寺中的完颜亮正要安寝，忽被震天的喧哗惊醒，说是有宋军劫寨。他匆忙起身，刚要走出营帐，箭雨已四处落下。他抄起箭翎一看记号，非常吃惊：这不就是我方的箭吗？正欲抄弓反击，已中箭倒地。随即有乱兵冲入，刀枪交加。

这样的人总有格外顽强的生命力。完颜亮的手脚一直在动弹，最终是被勒死的。不知他闭眼的最后瞬间，脑海里究竟是什么景象，是三秋桂子、十里荷花的杭州，还是父爱被剥夺的童年？

完颜褒的帝位就此稳固。他一生揠武修文，对手宋孝宗虽有志恢复，但既没有得力的文臣武将可用，又没有敌人的外部刺激，这跟高宗时代正好相反，百姓因此得以远离战争的灾祸。

二二

完颜亮殒命之后不久，一溜快马疾驰向南，骑士们个个全副武装，目光警惕。这其中，排在第二位的那个人格外打眼。他虽不是这队人马的首领，但个子高大，体格雄伟，脸膛黢黑，别有风度。

马跑得很快，他的衣襟袍袖拖在后面，像是要为舞台拉开幕布。是的，不经意间，中国文学的舞台上，又一大幕徐徐拉开，豪放词风重新闪耀文坛。

不消说，此人便是辛弃疾。因完颜褒大行招抚，他们部众星散，已无法立身，只能南归。事已至此，也就不必避讳，他在金国参加的第二次进士科考一定没有考取。完颜亮治下的科举确定为词赋和法律两科。辛弃疾应当不会参加法律科，而他早年的词作，的确平平。至于早早通过县试府试，也没多少参考意义，因为那些考试都有固定的录取名额。

当然，有了后来的成就，这些毫无意义。

二三

多年之后，喜爱读史的毛泽东同志读到虞允文，由衷感叹道："伟哉虞公，千古一人。"

毛泽东这样的大方之家，难道看不出来虞允文报功时的夸大吗？怎么可能。

采石矶之战的细节，虞允文当时奏报的三篇"江上军事劄子"作为第一手资料被广泛引用，慢慢被视为史实。然而有丰富行伍经验的史学家赵甡之在《中兴遗史》中却提出疑问，主要有四个问题。

第一，虞允文奏报七艘敌船靠岸，金军被歼灭两千七百人，照此比例推算，每艘船搭载士兵将近四百名，而宋军最大的战船也无此容量。赵甡之推算，金军被歼灭的人数当在五六百左右。《金史·乌延蒲卢浑传》记载损失猛安二人、部下二百多名。考虑到金国向来回避失败，甚至根本没有正面记载采石矶和顺昌这两次败仗，这个推算应当比较准确。

第二，赵甡之通过实地察看和走访，坚信虞允文当时并没有进入阵中，更没有直接抚背激励统制官时俊。他只是站在凤凰台上远远地观战，而且手还发抖。观战符合常理，但手抖充满想象，有诽谤之嫌。

第三，虞允文奏报说当天晚上还组织民夫修筑百丈壕堑与堤防，也不可能。民夫自陈白天作战已筋疲力尽，晚上根本没有力气，况且采石矶遍地石头，也无法修筑壕堑堤防。如果布置鹿寨，那就成了在镇江的叶义问。

第四，关于杨林渡口封锁战，虞允文奏报说用神臂弓、克敌弓射击金军，"数万金军应弦而倒"，从战场实际来说，绝无可能。这一点赵甡之虽然显得很专业，但还是涉嫌钻牛角尖。"数万"只是形容其多，是公文中惯用的词，不必较真。将之作为史实采用，曲在史官，不在虞允文。

总体而言，赵甡之的质疑有合理之处，但虞允文并不能因此就受到责难。因为夸大战功是普遍现象，甚至可以说就是作战形式的一种补充，是宣传战、舆论战，目的是激励人心士气。不仅如此，当时两千七百人也好，二百七十人也罢，都是能击溃长堤的蚁穴。虞允文一介书生，能挺身而出将它们堵死，就是不世之功，具体数目并不重要。

赵甡之应该受到批评吗？当然更不应该。历史研究必须"丁是丁，卯是卯"，战场宣传则讲究适度夸大。一句话，历史研究重在事实，战场宣传重在立场。

二四

估计很多人会挂念王权的下场。他被杀头了吗？没有。赵构本想杀掉他激励诸将，但同知枢密院事黄祖舜表示反对。他说王权确实该杀，但只杀他而不杀刘汜，是"罪同罚异"；

如果把刘汜也杀掉，病重的刘锜恐怕也活不成。同时损失三大将，只会让敌人痛快。

黄祖舜这话貌似有理，其实纯属捣糨糊。因为刘汜比王权的罪行轻得多，他只是丢弃了瓜洲渡，而王权将庐州、濡须、含山、和州一概丢弃不说，最关键的是隐瞒敌情。就隐瞒敌情这一点，杀十次头也不过分。黄祖舜替王权开脱的原因，史书没有记载。但推敲史实，此举应当是照顾枢密院和宰执大臣的面子：王权所谓的诱敌深入计划，是上报过枢密院的，宰执大臣也是点了头的。如果此时把话全部说开，证明王权的罪行比刘汜严重许多，枢密院和相关宰执大臣的脸往哪儿搁？这就是宫廷政治。

王权怎么处理的呢？除名琼州编管。你没有看错，不比苏轼的处罚重多少。

与之相比，刘锜的结局更耐人寻味。他解除军职后借住在都亭驿，因要接待金国使者，宰相汤思退让他迁到别试院居住。国宾馆房间很多，并不是安排不开，但只有一间上房，即最好的房间，用于接待最尊贵的客人。唐代宦官为争夺驿站的上房，曾无礼地鞭打过诗人元稹。若是国内官员，讲究先来后到，刘锜岿然不动，但对方是外国使节，那就没办法。

腾出房间接待金使，刘锜心里肯定不甚情愿。他本以为别试院已经打扫干净、安排妥当，结果进去一看，枯枝败叶，兽粪雀屎，一片狼藉，不觉大为愤懑，几日后便吐血数升，含恨而死。

至于虞允文，他后来一度入相，长期治蜀，时论高之，但再没有特别突出的建树。宋孝宗曾经跟他约期北伐，但他最终未能施行，让宋孝宗一度很不满意。总体而言，采石矶之战对于虞允文而言只是灵光一闪。他只是个平凡英雄，谈不上雄才大略，但正因为如此，才格外值得说说，因为人人都可以仿效。核心要义是，关键时刻能凭借日常教育而形成的本能，挺身而出。

（刊于《读库》2204 期）

钱镠：世乱守得江南安

一

　　那些年里无比迷恋杭州，走在城内尤其是西湖边的每一步都有点小心翼翼，因为不知道会踩中哪个典故。无法忘记西湖边的繁华喧嚣以及从灵隐寺到虎跑那一段路的幽静有致。今天的自己都很难想象，当年居然能在奔波半日后再贾余勇，从西湖边经九溪走到六和塔。这段路有多长？在高德地图上搜搜，至少十公里。那时还在读大学，体力很好，但兜里没几张钞票，故而这段旅程谈不上浪漫，只是硬着头皮走。暴雨后的九溪水流浑浊，六和塔远看颇为亲切，走到跟前便露出几丝破败，远不如此后数年漫步葛岭偶遇牛皋墓时的惊喜与悲凉，以及骑着自行车从拱桥上冲下，飞蛾扑火一般扑向湖边盛开的桃花时那放纵般的快感。将浓密的长发瞬间拉成缕缕横丝的，不只是春风，还有青春。

　　又过了好多年，头发还能飘，但已变白。在西湖边随意行走，忽然见到了钱王祠。很难说吸引我走进去的究竟是钱镠这个人物，还是正在举办的菊展。详细看过陈列资料，我忽然意识到自己对杭州的认识其实非常浅薄。迷恋了二十年的杭州，其风流人物远不止苏东坡、白居易、岳飞、于谦。若论对今日杭州的贡献影响，钱镠远远超过他们——当然这种对比有欠公允，毕竟彼此掌握的行政资源大不相同——菊花灿烂，新奇美艳程度超乎想象。徜徉其中，我便有了写钱镠的心。写一个历史人物的终极目的并非仅仅完成一篇文章，而是深入了解他，尽最大可能还原一段历史。

通俗而言，就是学习，或曰借鉴。

然而真正着手，却有点骑虎难下，因此人的行为事迹有悖于大众趣味。作为武将，他没有经典战例，也没多少奇思妙计；作为国王，他既没有展现纵横捭阖的权谋，也不荒淫暴虐，正反两面都不好说。一句话，作战不如关云长，用计不如诸葛亮，谋略不如曹孟德。这样的文章，哪里符合《三国演义》塑造出来的国人的历史审美情趣？国史对于国人缺乏带入能力，国人对于国史便只有看客心态，不会有以己推人、以人推己的感同身受。他们很难理解，这正是钱镠对于浙江、对于杭州、对于时人的价值所在。富庶的苏杭全在他的掌握之下，连同今天的福州。他完全可以披龙袍坐龙椅，过几天皇帝瘾，但他没有。钱镠始终尊奉中原为主，避免了战乱，为国民开创了将近百年的安定生活。

然而安定便意味着平稳，平稳便意味着缺乏矛盾冲突和传奇色彩，无法匹配看客趣味。因此，话题还是只能从苏轼开始。

北宋的杭州城自然就是钱镠的杭州城。城西有一座九仙山，据说葛洪曾在山上的无量院炼丹。熙宁年间，苏轼被贬杭州通判期间来此游览，为当地儿童传唱的《陌上花》所吸引，便细问究竟。当地百姓说，当初吴越王的王妃每年春天都要回临安老家。某年春天，吴越王想念妃子，便写信给她说："陌上花开，可缓缓归矣。"

苏轼闻听感慨万千。用他的原话，这歌听起来"含思宛转，听之凄然"，但又觉得"其词鄙野"，于是便写成《陌上花》三首作为替代。第三首如下：

生前富贵草头露，身后风流陌上花。
已作迟迟君去鲁，犹教缓缓妾还家。

千百年后，已无法确知打动苏轼的是不是那个"归"字。被贬而来的他正值壮年，对政治必然还有无尽的期许，故而不惜移花接木：纳土归宋而"迟迟去鲁"的吴越王是钱俶，写信请妃子"缓缓归"的吴越王却是钱镠。

苏轼越是大文豪，我们越不能被他误导：钱镠最令人感佩的绝非"陌上花开"这个被点化的典故，而恰恰在其反面——英雄气概。

二

钱镠展现英雄气概的第一个舞台，是临安郊区的山野。此地崎岖不平，草木茂密，而他身边又不过二十名土团，即乡兵，对头却是自号"冲天大将军"的黄巢席卷全国的队伍，谁也不知道会有多少人。说不紧张那是假的，然而二十六岁的钱镠努力表现出镇静。乾符五年（878）仲秋，临安气温还很高，热烘烘的花草气息上冲，加速着趴在山坡上的钱镠的心跳。他伸手压倒眼前的荒草，眼睛紧盯着前方，终于有所发现：敌兵已隐约出现，限于地形，果然是一字长蛇阵。

钱镠立即转身示意弩手，令他瞄准带队的敌将。弩手仔细瞄准然后施放，敌将应声倒地。又一阵箭雨过去，射翻不少人马。钱镠猛地跃起，大喝一声，挥舞着腰刀便杀向敌阵。部下扔掉弓弩，抄起长枪短刀，也跟着杀了过去。刀光剑影，血气淋漓，几番厮杀，这支尖兵终于被消灭。

这是两个盐贩子之间的较量。或者说，是盐贩子黄巢成就了盐贩子钱镠。出身于杭州临安一个普通田渔之家的钱镠无法获得优质的教育资源，只能习武，结果箭法出众，一杆槊（即长矛）使得出神入化。手中有了本事，心里自然也就有了想法。他不肯老老实实地种田打鱼，便开始贩盐。唐僖宗乾符二年（875），盐贩子王仙芝和黄巢先后举兵，二十三岁的盐贩子钱镠也投到临安石镜都镇将董昌的帐前，当了一名乡兵。

石镜都乃至杭州八都是钱镠发家的本钱，得详细说说。

当时不仅临安县组建了石镜都，杭州下辖的其余七县也分别建有一都，总共八都。唐初实行府兵制，基本战术单元本来是校尉统领的团（也叫营），共两百人。但当时制度紊乱，至少在江南，以"都"作为编制单位已约定俗成。除了杭州八都，管辖杭州的镇海节度使周宝以勤王为名组建了后楼都，迷信仙术的淮南节度使高骈则以莫邪都作为亲卫部队。而究其本源，"都"本为井田制中最大的行政单位，《周礼·地官·小司徒》记载，"九夫为井，四井为邑，四邑为丘，四丘为甸，四甸为县，四县为都"。王安石变法后，"都"作为跟乡里近似的基层行政单位广泛出现，宋代禁军中也以都作为最小的编制单位，每都百人，步兵长官为都头，马军长官为兵马使。

没有凭空而来的制度。这应该跟杭州八都这样的团练组织有关。

对于英雄而言，这自然是个精彩的亮相。当时黄巢大军已经攻陷杭州，烧毁文书、没收府库，甚至连白居易的俸钱都未能幸免。这位大诗人刺杭期间曾出俸钱建立公务基金，规定后任可以动用应急，但须详细记账，且在公款下达后及时归还。这笔公务基金稳定运营了五十多年，从此彻底消失。财物都是小事，眼看黄巢大军就要抵达临安，而董昌手下不过三百人，大家都很紧张，钱镠却胸有成竹。他对董昌道："贼以数万之众，逾越山谷，旗鼓相远，首尾不应，宜出奇兵邀之。"

这个"邀"，可不是邀请，古书中常用它取代"腰"，就是拦腰一击。获准后钱镠率领二十名劲卒，在草莽中设好埋伏。因地形限制，黄巢的尖兵只能单骑前进，无法展现兵力优势，最终被钱镠全歼。

得手之后的钱镠并不得意。他没有乘胜追击，反倒迅速退兵。途中吩咐一个老太太道："后有问者，告曰：临安兵屯八百里矣。"

"里"是乡村基层组织，故而这个八百里其实是地名，但后续敌兵却被成功误导，以为是连营八百里。即便有所夸张，连营八里也很可观，毕竟他们几十人就那么凶悍能战。最终黄巢经浙西入闽南下广州，杭州再度平安。

记载钱镠事迹的史书极多，但用计只此一例。与此相对应的是，时间越靠近现在，被国人津津乐道的计谋在作战中的痕迹就越少。像韩信背水一战那样的例子，几乎绝迹。为什么？是因为大家全都脑洞大开、不好忽悠了吗？恐怕不是。更大的可能，还是时间越早，史书中的夸张成分越多。以背水一战为例，如果记载属实，韩信真可谓赌博：把全军三万士卒的性命押在两千上山奇袭赵军大营的精兵身上。计划固然巧妙，但万一不能如愿呢？计谋越巧，涉及的环节就会越多。就像串联电路，任何一处故障都会致命。所以曾国藩对类似的例子嗤之以鼻，一生贯彻"结硬寨，打呆仗"的原则，直到剿灭太平军。

无论如何，钱镠引起了淮南节度副大使知节度事、诸道兵马都统、晚唐名将高骈的注意。高骈号称"落雕侍御"，以收复安南（治交趾，今越南河内）、击退南诏而闻名。他在静海军节度使任上修筑的大罗城，可以视为今天越南首都河内的前身。高骈不仅能武，而且能文，多少有点同样出于渤海高氏的大诗人高适的影子，作品"雅有奇藻"，《全唐诗》中存作品一卷，以这首《山亭夏日》最为著名：

> 绿树阴浓夏日长，楼台倒影入池塘。
> 水晶帘动微风起，满架蔷薇一院香。

接受召见时，钱镠应对得体，言语雄壮，高骈很是高兴，对他赞誉有加，直言他的功业会后来居上。镇压黄巢初期，高骈功劳苦劳兼有，只是不幸中了诈降计。他刚刚请求撤退诸道援兵，黄巢立即翻脸，且将其骁将张璘阵斩。此后高骈坐镇扬州不敢轻动，也没有积极出兵勤王，且在唐僖宗奔逃入蜀后短暂地接受过襄王李煴的伪号，遂被《新唐书》列入《叛臣传》。故而《十国春秋》记载这段历史时，说是董昌和钱镠见高骈没有平贼的意思，便离开扬州打道回府，这恐怕有美化传主的嫌疑。对于尚未出道的他们来说，保境安民肯定比平定天下更为现实。

在有枪就是草头王的时代，谁保住的地盘就是谁的。朝廷本来已派人接任杭州刺史，但董昌率军挡驾，镇海节度使周宝只得承认既成事实，上表推荐董昌为杭州刺史，钱镠为都知兵马使、太子宾客。

三

"西兴渡口帆初落,渔浦山头日未敧。"英雄钱镠的第二个舞台,便是苏轼笔下的西兴渡口,只不过当时还叫西陵。

那已是四年之后,猎猎江风吹动着钱镠的盔缨与战袍,他双眉紧锁,表情肃穆,仔细观察着对面的敌军阵营。而今他身边不再只有可怜的二十人,八都兵的精锐几乎全在帐下,但对手也是阵势浩大。小规模袭击跟大兵团作战肯定不同,这一仗可怎么打呢?

那时钱镠或曰董昌的对手是刘汉宏。他跟钱镠一样少时无赖,后来成为兖州小吏。随军讨伐王仙芝时裹挟辎重背叛朝廷,最终又在攻击下归顺,摇身一变就成了浙东观察使,盘踞越州(今浙江绍兴)。地盘的扩大导致野心的扩大,刘汉宏经常对人说:"天下方乱,卯金刀非吾尚谁哉?"官署中的一棵大树上有乌鸦栖居,聒噪不已,他听着心烦,便下令砍树。面对"巨木不可伐"的反对意见,他的语气斩钉截铁:"吾能斩白蛇,何畏一木!"

只因姓刘,便这样直接以汉高祖自命。成了是美谈,不成便只能是笑谈。

一个槽里拴不住俩叫驴,两股相邻的势力同时坐大,必然会产生矛盾。中和二年(882),刘汉宏命其弟刘汉宥率军进驻西陵。西陵当时归越州,而今则属于萧山区,是沟通杭越的浙东运河上的重要交通节点,在钱塘江南岸,过江便是杭州南星桥。重兵驻扎于此，意图再明显不过。董昌针锋相对，立即令钱镠出击。

钱镠没有沿江对峙，直接率军进入越州地盘。等在西陵扎好大营，便登高观察敌阵，直到日暮时分，也还没有想好对策。入夜之后，营帐隐入黑暗，星星点点的灯火升起，营垒纪律肃然，偶有击刁斗报时的军卒经过，都必须跟警卫相互通报军号（即夜间通行口令）。沙场秋点兵，夜深千帐灯。这阔大的场面突然给了钱镠灵感，他立即派人潜向刘军大营，偷听他们的军号。等探听明白，便指挥精兵悄悄接近，用其军号混过外围警戒，然后全军发力，呐喊冲锋。

精心准备的打击猝不及防，局面可以想象。钱镠的精兵冲毁营垒，扑入敌营，刀砍枪刺赤身裸体的敌兵。沉闷的搏斗声中，温热的敌血溅在脸上，激起更加强烈的杀机。刘汉宥彻底落败。

哲人说，人不能两次踏进同一条河流。同理，敌人不会在同一个地方吃同一个亏。刘伯承元帅用兵如神，违背兵法常理，在七亘村两次伏击日军成功，从某种意义而言，钱镠实为先行。当刘汉宏再度派兵溯江而上时，人人都以为刘军会加强夜间戒备，刘军也认为钱镠的精兵不会再走老路，而钱镠偏偏故技重施，再度获胜。

以汉高祖自命的刘汉宏哪里受得了这个屈辱。他既惭且怒，倾巢而出，全军主力再度于西陵列阵。事不过三，这次钱镠选择了正面作战。全军已经建立必胜信心，他便挥师猛攻，果然再度大胜。刘汉宏的弟弟刘汉容与大将何肃、辛约全部阵亡。刘汉宏无奈，改装易服，手持一柄屠刀逃跑，被抓获后谎称是军中的屠夫，这才捡了一条命。因为在此连续获胜，此后钱镠以"陵"字不吉，代之以"兴"。

这是典型的军阀混战。钱镠越打越精，越打心眼越多。打到光启二年（886），鉴于唐僖宗早已奔逃入蜀，江汉战火熊熊，而镇海军内部牙将张郁作乱，节度使周宝焦头烂额，谁都顾不上遥远的杭、越二州，早已摸清对手实力的钱镠力主将刘汉宏一举攻灭。他主动请缨，对董昌道："除恶务去根本，不尔当为后患，愿以全师讨之。"

下属工作态度积极，长官总是高兴的。董昌答应了钱镠的请求，并向他郑重许诺："汝能取越州，吾以杭州授汝。"今天杭州的地位远高于绍兴，但当时完全不是这么回事。南朝末年，杭州方才有郡级建制。隋代运河开通后，杭州虽日渐繁荣，但从未作过江南东道或浙西道的治所。"杭州在唐，繁雄不及姑苏、会稽二郡，因钱氏建国始盛。"这是历史定论。此二城分别是春秋时吴、越两国的国都，文化积淀和经济基础自然远非杭州所能比肩，最直观的差别，就是等级。

唐代的县分十等，州的等级更加复杂。除五十七个具有战略意义的州分别设置大、中、下都督府和都护府，其余二百余州分为辅、雄、望、紧、上、中、下七等。苏州时为紧州，越州更是都督府所在，而杭州只是普通的上州。故而若能拿下越州，董昌是一定要亲自坐镇的。如此一来，就空出了杭州。这应该是钱镠主动请缨的最大动力。

这话正是钱镠想听的。他立即指挥兵马从诸暨直指今天由绍兴直辖的平水镇，沿途凿山开道，抵达绍兴东南约四十里的曹娥埭后收降浙东将领鲍君福。不战而胜，先声夺人，此后更是所向披靡。刘汉宏无力抵挡，撇下老母妻子，率领死党六百多人逃到台州（今浙江临海）。台州刺史杜雄见大势已去，将他诱捕后投降，正好有了投名状。

当此时刻，刘汉宏依然嘴硬，以"自古岂有不亡国邪"自我宽慰。董昌下令将他绑赴闹市斩首，他大喊道："吾节度使，非庸人可杀。我尝梦持金杀我者，必钱镠也。"

闻听此言，董昌转身看了看钱镠。钱镠冷冷一笑，随即举起屠刀。三十四岁的他不知当时是怎么想的，大概率是"情绪稳定"。这些年来东征西杀，他手头早已沾满鲜血。只要这一刀能换来杭州，他肯定不会有心理障碍。

四

钱镠一刀下去，砍出来个左卫大将军、杭州刺史。杭州是上州，刺史是从三品的高官。这个田渔之家出身的盐贩子一定没有想到会有今天，红得发紫的今天：唐代五品官以上为"通贵"，三品以上为"贵"，是标准的高官，可以服紫。

某日，身穿紫袍的钱镠端坐府衙，忽然接到一卷投献的诗文，署名是杭州新城县（今杭州新登镇）的罗隐。开创事业需要广招人才，钱镠对文人格外重视，诗人皮日休的儿子皮光业已在重用中。尽管皮日休被黄巢裹挟，当了他的翰林学士，不知所终，但其子却有个美好的结局，皮光业最终跻身吴越国相。

花香自有蝶来。而每当有人投献诗文，钱镠也都会亲自阅读，以免遗珠。结果那天翻开诗卷，第一首便令他皱眉：

一个祢衡容不得，思量黄祖谩英雄……

你担心不被重视可以理解，自抬身价也可以理解，但怎么能把我比喻成黄祖呢？那家伙的下场如此难堪。

钱镠赶紧询问幕僚：这家伙究竟是谁呀，口气比脚气还大？

罗隐本名横，字昭谏，与同族的罗虬、罗邺并称"三罗"。罗隐才华不及温庭筠，相貌丑陋却又过之。唐代诗坛群星璀璨，他在其中并不显眼，虽无名篇，却有名句。"时来天地皆同力，运去英雄不自由""家财不为子孙谋""今朝有酒今朝醉""任是无情亦动人"等，都出自他的笔下。很可惜诗句虽被宰相郑畋之女激赏不已，外貌却又让人家望而却步，最终连续多年铩羽于进士科考，史称"十上不第"。《唐才子传·罗隐》中有这样一则故事：

（罗）隐初贫来赴举，过钟陵，见营妓云英有才思。

后一纪，下第过之，英曰："罗秀才尚未脱白？"隐赠诗云："钟陵醉别十余春，重见云英掌上身。我未成名英未嫁，可能俱是不如人。"

言辞自我调侃，但语意颇为沉痛。面对这样连续不断的打击，再横的人也横不起来，罗横随即成了罗隐，与罗邺、杜荀鹤等人隐居九华山躲避兵乱，此前曾先后依附高骈和周宝，而今又回到家乡投奔钱镠。

从横行天下到隐居江湖，文学梦想的艺术照无奈地回归生活照。美颜去掉，一地鸡毛。钱镠闻听会心一笑，立即决定任用。主将的态度当然会决定幕僚回信的温度，当罗隐看到"仲宣远托刘荆州，都缘乱世；夫子辟为鲁司寇，只为故乡"这样的句子时，内心的温暖可想而知。他没有想到，钱镠竟然会如此给面子，拿自己跟王粲和孔子作比。

时局混乱对百姓和文人不利，却是枭雄武夫天然的舞台，而少壮派的崛起必然会伴随着元老派的失落。这说的是淮南节度使高骈和镇海节度使周宝。是人都难免老糊涂，周宝和高骈无不如此，也都遇到了麻烦。高骈迷信仙术，最终被从黄巢那里收编过来的降将毕师铎囚杀。周宝募集精兵组建后楼都交给儿子周玙，但周玙驾驭乖方，导致"部伍横肆"；因陪皇帝打马球，周宝瞎了一只眼，看来影响辨别能力，信任善于击球的张郁，张郁却发动了叛乱；事情尚未彻底平息，大将刘浩又兴兵继起。刚刚睡下的周宝被厮杀和火光惊醒，赶紧起身经青阳门逃出治所润州（今江苏镇江）抵达常州。

危机危机，彼之危险，他之机遇。消息传到杭州，钱镠眼睛一亮。他丝毫没有犹豫，立即以迎周宝的名义派兵北上，最终拿下常州。

光启三年（887）年十月，杭州东郊仪仗严整，场面宏大。浓郁的桂花香气中，刺史钱镠身负櫜鞬（藏箭和弓的器具），恭恭敬敬地拜迎周宝。这是军礼，迎接节度使的最高礼节。钱镠官位的每一次提升都得益于周宝的表奏，他此举是为报恩吗？表面看似如此，他肯定也希望给人留下这样的印象，但真实原因要深刻得多。拿下常州不仅可以夺取地盘和政治资本，更重要的是，将周宝迎来杭州，是曹操迎汉献帝的微缩版。镇海节度使下辖五个州，那时钱镠在诸位刺史中的资历并不占据绝对优势。

钱镠将周宝安置在樟亭。樟亭是观潮胜地，官方在此设有驿站，因而常见于诗句，李白、孟浩然、白居易、许浑、张祜和郑谷都有相关作品流传至今。其中白居易的这首《宿樟亭驿》应当最切合周宝此后的境遇：

> 夜半樟亭驿，愁人起望乡。
> 月明何所见，潮水白茫茫。

当时周宝的心情其实比白居易还要失落，还要迷惘。十月后的杭州，连白茫茫的潮水都不多见。这个北方人，两个月后便落寞地死于此处，享年七十有四。《新唐书》本传说周宝是钱镠所杀，《新五代史》则记载为病亡。毫无疑问，钱镠愿意营造周宝是自然死亡的印象，攻下润州后，因叛乱主谋刘浩已渡江投降杨行密，钱镠将另一主谋薛朗剖腹取心，作为献给周宝的祭品。

什么意思？为父母养老送终并吹吹打打、大作法事的孝子，继承遗产才顺理成章。政治遗产与之同理。

五

起自草莽的英雄钱镠，终于登上了人生最大也是最后的舞台，那就是历史文化名城杭州。那一定是个惠风和畅的春天，他带领一干幕僚将佐登高览胜。爬上灵隐山顶，四望皆是无边春色，山下的州城房屋鳞次栉比，街巷星罗棋布，在浩渺如烟的西湖春水点缀下，生意盎然，令人心眼皆舒。如此盛景，岂能无诗。幕僚们纷纷吟咏，争奇斗胜，但幕主钱镠全都没有听进去，紧锁的双眉始终未曾舒展。

为什么？文人看到的是奇山佳水，大将看到的却是防御纵深。因隔壁的杨行密实力雄厚，杭州的防御纵深欠缺太多。

高骈倒下后，原庐州刺史杨行密继起，他开创的吴国是南唐之先声，被称为"十国第一人"；至于周宝，他的地盘半数由钱镠继承。高骈与周宝的治所不过一江之隔，本来他待周宝以兄长之礼，最后才反目成仇，而杨行密跟钱镠素无渊源，一上来就是真刀真枪。二人屡动干戈，彼此仇视。杨行密让人用大索做成钱贯串钱，称为"穿钱眼"；钱镠则每年都让人手持大斧砍柳树，回敬以"斫杨头"。

在淮南的兵威之下，杭州城池的空间显得格外狭小，难以周旋。钱镠眉头舒展时，内心已经做了决定：扩建。马上。景福二年（893），他便征发二十万民夫，连同十三都（原杭州八都再加紫溪、保城、龙通、三泉、三镇）兵士，先行修筑罗城。

远古时代，今天的杭州西湖是一片海湾，杭州城区则为浅海。秦代设置钱唐县（唐代为避国讳，改唐为塘，因而史书文字不一）时，城池建在"逼近江流"的灵隐山下，夹在山海之间，空间局促。进入汉代，大海后退，西湖跟江海分离，杭州市区已是陆地，会稽郡西部都尉治所钱塘县也就自然而然地从西湖群山沿着江浒山麓向江干一带发展。南梁太清三年（549），侯景在此设立临江郡，虽然时间很短，却是开端。此后陈朝又分吴郡设置钱塘郡，隋开皇九年（589）将钱塘郡改为杭州，州治起初设在余杭县，次年移往钱塘县，第三年又决定在柳浦西依山修筑州城，"周回三十六里九十步"。柳浦即凤凰山麓江干一带，已接近今天的杭州市区。

随着大运河的开通，杭州水路可通洛阳、幽州（今北京西南），被拉上了新的经济战车，因而越发富庶。唐时刺史李泌修筑六井，冲积平原上淡水缺乏的问题得到解决；白居易疏浚西湖，修筑钱塘湖堤，使得城市逐渐扩展到武林门一带。这就是钱镠接受的几代人留下来的政治遗产。当时的杭州称得上繁华，但防御能力深有欠缺，唐昭宗大顺元年（890）闰九月，钱镠已修筑"新夹城"。因原先的子城，亦即唐代的州治，本来就狭窄低矮，更兼年久朽坏，不堪利用。新夹城"环包氏山，泊秦望山而回，凡五十余里"。城墙穿越钱塘江北的群山，工程难度很大。为鼓舞士气，钱镠"尝亲劳役徒，自运一篑。众感奋，无不毕力"，因而工程进展很快，当年年底便告竣工。

新夹城已经告竣，"帑藏得以牢固，军士得以帐幕"，但钱镠依旧不能心安，决意修建罗城。所谓罗城，其实就是城郭或者外城，可与内城连为一体。罗城"自秦望山由夹城东亘江干，泊钱塘湖、霍山、范浦，周七十里"，东面临江，修筑难度更大，经常遭遇风涛。"江涛势激，板筑不能就，王因祷之，沙涨一十五里余，余功乃成。"罗城开有城门十座，十步一楼，城中设置六营兵防守要冲，整个城池"南北展而东西缩"，状如腰鼓，这样一旦遭遇攻击，可以相互呼应。

先夹城又罗城，如此浩大的工程，百姓岂能毫无怨声。某日清晨，钱镠府邸门口赫然出现一首"反诗"："没了期，侵早起，抵暮归。"意思就是：工程大、工期长、劳民伤财。

钱镠闻报心里颇为不快，然而他并没有勃然大怒、下令彻查是谁抹黑，或者赶紧抹掉、消除负面影响。沉吟片刻，他挥笔写下一行字，令小吏原样加在旁边。小吏接过来一看，是这样两句：

没了期，春衣才罢又冬衣。

　　你抱怨什么？我会给你足够的工钱，给了春衣还给冬衣。用民间方式对付民间怨言，这就是钱镠的智慧，充满鱼盐贩子的本色，应该说很是成功。然而此时的钱镠毕竟已不是简单的鱼盐贩子。他必须要为自己的行为辩解，必须占据舆论高地。让谁出面合适？最佳人选肯定不是自己的幕僚，而是有影响的民间人士。

　　钱镠内心早已圈定目标，那就是当时还没有官身的进士吴仁璧。

　　罗隐那样"十上不第"的文人都能重用，对于吴越一带出来的进士，钱镠自然希望一网打尽。然而吴仁璧面对他十年内两次伸出的橄榄枝，全部拒绝：钱镠向他问天象，他表示不懂；邀他入幕，他也不干。既然如此，而今就请他撰写《罗城记》吧。这样可一举两得：吴仁璧能获得一大笔稿酬补贴家用，钱镠则可以借机正名，并巩固爱惜人才、礼贤下士的形象。

　　钱镠对此期望值甚高，但那充满渴望期盼的眼神，却让使者不敢抬头。他字斟句酌、小声小气地禀报主人：吴仁璧的态度很是坚决，依旧拒绝，尽管他家世清贫。

　　那个瞬间，钱镠眉峰如剑，使劲握了握拳，指甲扎在手掌上，丝丝地疼。片刻之后，他将手掌张开，语音低沉但是语调坚决地发布命令：将吴仁璧及其女儿一起沉入东小江。

马上！

吴仁璧因何不愿为罗城撰文纪盛？毫无疑问，视此举为大兴土木、劳民伤财；钱镠为何突然变脸而动了杀心？因他对杭州的全面建设计划已有雏形，罗城只是序幕，并非落幕，必须强化各方面的决心。他处死吴仁璧自然透露着无边的傲慢，权力固有的傲慢，却也是英雄的侧面，或曰英雄的阴影。

吴仁璧视为脏活累活的事，最终成为罗隐的分内工作。他的《杭州罗城记》这样结尾：

> 千百年后，知我者以此城，罪我者亦以此城。苟得之于人而损之己者，吾无愧矣！

知我罪我，其惟《春秋》。毫无疑问，这是罗隐的手笔，却是钱镠的语气。那份王者的自信，洋溢于笔端。为固定这种自信，他并不吝惜几颗人头，哪怕来自有名文人，哪怕承担后世骂名。

六

就在钱镠冷静务实地建设杭州时，他的老上司董昌却在一江之隔的越州头脑发热，要当皇帝。具有讽刺意义的是，尽管董昌称帝之举毫无技术含量，明显属于无脑行为，其手下却还是积极劝进。为什么？他的统治太无道，大家都巴不得他早点垮台。

董昌在越州的开局还是不错的。执政廉明公平，百姓安居乐业。他对朝廷也很忠心，坚持上贡，因而被封为郡王。但是很快他便开始犯糊涂，令人建造生祠，同时法令严苛，鞭笞数甚至成百上千，足以将人抽死；小小的过失也可能导致灭族，"血流刑场，地为之赤"。按照他的政策，有五千余姓要灭族，他说："能孝于我，贷而死。"大家被迫答应后，一支部队随即产生，号称"感恩都"，臂上刻下誓言，待遇优厚。最荒唐的是，民间有诉讼，他不审查判决，"但与掷博齿，不胜者死。用人亦取胜者"。

不仅是暴政，还是戏政。用这种办法强制息讼，怎么可能？

董昌多次请求越王的封号，但朝廷一直不准。越王是亲王，封他郡王实际上已经践踏国家名器，更何况他身在越地。朝廷不答应，董昌很生气，干脆自封大越罗平皇帝。大越很好理解，罗平怎么回事？原来是种鸟：

> 客倪德儒曰："咸通末，《越中秘记》言：'有罗平鸟，主越祸福。'中和时，鸟见吴、越，四目而三足，其鸣曰'罗平天册'，民祀以攘难。今大王署名，文与鸟类。"即图以示昌，昌大喜。

皇帝制度并不是什么好制度。千百年来，表现在及格线以上的皇帝百不及一，尽管儒道都认为君主应当是圣人。故而今天的读史者完全不必站在皇帝的角度而对篡位者大张挞伐。以董昌为例，当时各个藩镇牙将、大将的反叛屡见不鲜，他如此倒行逆施，怎么就没被部下刺杀或者赶走？无非两个原因：替皇帝说话的史官厌恶他，夸大了他的荒唐；这个起自卒伍的枭雄，带兵很有一套。当然，也可能存在第三个原因，那就是前面二者兼而有之。可尽管如此，名号中带"罗平"二字，还是荒唐到了极点。

不管什么鸟，终归不是好鸟。

董昌大约比钱镠年长四五岁，这些年他俩虽早已分灶吃饭，但关系还算默契。钱镠跟杨行密争夺润、常、苏三州时，董昌一直是他稳定的后方。而今董昌未老先糊涂，钱镠则始终保持着敏锐与清醒，恨不得睡觉都睁着半只眼。为避免入睡太深，他用一段圆木当枕头，一旦熟睡便会滚落惊醒，所谓"警枕"。身边还常置一个粉盘，想起什么事儿便随手记在上面。即便已经入睡，一旦有人报告公务，也马上起身。还时不时用弹丸射击楼墙，以警醒侍卫。

这样的人，对越州的动向自然清清楚楚。接到两浙都指挥使的委任状后，钱镠丝毫不觉得突然。他意味深长地淡淡一笑，随即派人向董昌传书，表达明确的反对意见："与其闭门作天子，与九族、百姓俱陷涂炭，岂若开门作节度使，终身富贵邪！及今悛悔，尚可及也！"

箭在上弦，这封谏书当然不会起到作用，而这正是钱镠想要的效果。如此良机，天予不取，岂有此理！他就像迎周宝时那样果断：立即率领雄兵三万，乘船经西兴沿着运河直接开向越州。河风吹得战旗猎猎作响，钱镠内心更是战鼓激昂。然而抵达越州，在迎恩门见到董昌，却还是收敛神色，躬身下拜："大王位兼将相，奈何舍安就危！镠将兵此来，以俟大王改过耳。若天子命将出师，纵大王不自惜，乡里士民何罪，随大王族灭乎！"

大军阵形严整，甲仗鲜明；钱镠牙关紧咬，表情肃穆。虽然人山人海，却鸦雀无声，现场一片死寂。浙东的暮春，腥咸的空气腾起湿热，董昌却感觉后背发凉。这阵凉气让他终于从皇帝梦中醒来，下令撤除伪号，上书待罪，并将首谋交给钱镠，同时还拿出两百万犒军。

这是一次真正的兵谏，成功的兵谏，但这个成功却让钱镠心里空落落的。他想要的并非这两百万，但已然失去顺势动手的理由。他完全没想到董昌居然会真的就此认怂。皇帝梦那可是一场轰轰烈烈的高烧，一瓢冷水应当浇不醒呀。只是漂亮话已经出口，就此攻击已失去道义上的合法性，他只能悻悻地暂时退兵，重新向朝廷寻求程序上的合法性。

当时唐室衰微，朝廷哪有精力照管遥远的两浙。接到钱镠的奏报，居然打算高抬贵手：以董昌有"贡输之勤，今日所为，类得心疾，诏释其罪，纵归田里"。以鸟名建国号，确实像是精神病干的事儿。一般而言，国号无非三个来源：封号、地名或者姓氏。

朝廷的这个态度当然颇为无奈，他们是否怀疑钱镠跟董昌唱红白脸都很难说，毕竟此前二人渊源颇深，而今又地域相邻。但问题在于，这不是钱镠想要的结果。朝廷越宽容，杨行密越请钱镠原谅董昌，钱镠的态度也就越发坚决。他坚持抗谏说董昌罪不可赦，请以本道兵马讨伐。

从信谏、兵谏直到上疏抗谏，还没出兵，钱镠已经获得彭城郡王的封号，谁说他没有曹操的谋略？可惜的是，他的确未能开创出曹操那样的局面，又没有一本精彩的《吴越演义》。他为什么要对董昌赶尽杀绝？跟当初攻灭刘汉宏的理由一样，"除恶务去根本"。不，要比对刘汉宏更狠。刘汉宏毕竟是山东兖州人，外来户，董昌不同，也起于临安，起于杭州八都，在本地有诸多枝蔓。钱镠需要浙东的地盘，如果仅把董昌"纵归田里"，首先朝廷未必会将浙东直接给钱镠，即便他能拿到那顶官帽，只怕也戴不安生。

那时的钱镠，麾下武有杜稜、阮结、顾全武，文有沈崧、皮光业、林鼎和罗隐，都是一时俊杰，人才济济，就差地盘。越州本来就是他打下来的，而今再取自然是轻车熟路。就在顾全武奉命出征、进展顺利时，又一个文豪飘然而至。谁呢？著名的画僧兼诗僧贯休。

贯休俗姓姜，婺州兰溪人，当时在灵隐寺。他写了这样一首诗投献钱镠：

贵逼人来不自由，龙骧凤翥势难收。
满堂花醉三千客，一剑霜寒十四州。

鼓角揭天嘉气冷，风涛动地海山秋。

东南永作金天柱，谁羡当时万户侯。

不只刘汉宏、董昌会飘飘然，钱镠也会，这是人性的弱点，只有程度的差别而已。比起刺史钱镠，节度使钱镠就要飘飘然许多，证据便是明明"满堂花醉三千客，一剑霜寒十四州"不知道要比"一个祢衡容不得，思量黄祖谩英雄"好多少倍，钱镠依旧感觉美中不足，于是便回信——他们的回信叫谕令——贯休，请他将"十四州"改为"四十州"。贯休闻听连连摇头："州亦难添，诗亦难改，余孤云野鹤，何天不可飞？"随即飘然而去，最终入蜀，因给蜀主王建的献诗中有"一瓶一钵垂垂老，千水千山得得来"一联，被称为"得得和尚"。

《唐才子传》记载此事发生在钱镠平定董昌、受封越王之后。但傅璇琮先生考证，贯休乾宁二年（895）夏便离开杭州向四川进发，因而此事只能发生在董昌尚未平定之时，"霜寒十四州"是预祝钱镠胜利。两浙其实只有十三州，而且润、常二州还被杨行密控制。此后钱镠将自己的故乡临安升为衣锦军，并从苏州分出秀州（今浙江嘉兴），又拿下了福州，这才凑出十四州的数目。他要求改为"四十州"是可信的，这个数目虽是泛指，但毫无疑问，首先包括杨行密治下的淮南数州。这是钱镠当时的战略目标，也是他此生最为宏大的目标。

七

当初周宝逃到常州后召他视为精锐的后楼都救驾，结果无一兵一卒应命；而今顾全武大兵压境，董昌重金厚养的感恩都也毫无作用。钱镠征战一年，大获全胜。钱镠增加了一镇节度使的地盘，也给了我们在博物馆亲见皇帝赐给臣子的免死铁券实物的机会。唐昭宗在上面对钱镠做出庄严保证：

卿恕九死，子孙三死，或犯常刑，有司不得加责。

这个免死铁券有用吗？还真是有用。只不过这是后话，只能暂且放下。在当时的形势下，平定董昌不难，难的是防备杨行密出来捣乱。尽管顾全武顺利拿下越州、斩了董昌（也有董昌在西小江自尽的说法），但钱镠跟杨行密的梁子越结越深。杨行密大军曾两度兵临杭州。幸亏罗城已经修好，防守固若金汤。杨行密带着袒肩和尚登山俯瞰城池，袒肩和尚叹道："此腰鼓城也，击之终不可得。"听听城中的鼓角，又说钱氏子孙命当富贵，杨行密这才悻悻作罢。

当年江淮间曾经驰骋着第三股力量，首领是秦宗权的余部孙儒。孙儒跟秦宗权同样残暴，缺粮时以人肉为食，因而人见人怕。围绕着润、常、苏三州，他曾跟杨行密、钱镠上演《三国演义》，最终被杨行密攻灭，除了部将马殷逃到长沙建立南楚，其余力量多被收编。杨行密收编的一支，用黑衣蒙住盔甲，号称黑云都；钱镠不仅将前来投奔的三千多人编为武勇都，且力排众议，将武勇都作为中军，只是派亲信顾全武担任左指挥使，制衡孙儒部将、右指挥使徐绾。而今顾全武抵御杨行密时被俘，结果出了纰漏。

天复二年（902），镇东镇海两镇节度使、检校太师、挂像于凌烟阁的钱镠受封为越王。而此前唐昭宗已将其乡里改名为广义乡勋贵里，钱镠平常居住的衣锦营升为衣锦城。人生富贵不还乡，恰似锦衣夜里行，而越王衣锦还乡，自然会有无边的排场，真真假假的亲朋故旧都来欢呼迎接，试图攀附，但其父亲钱宽却躲了起来。

钱镠大为不解，等找到父亲，便询问究竟。钱宽回复道："我们本是贫寒之家，而今你已经拥有两浙十三州，还要四处争夺，我是怕惹祸呀。"

钱镠顿时醒悟，落泪谢罪。

父亲这番话对钱镠自然是个巨大的提醒，不过同样的话，关键还在于跟谁说。营建两浙造福于民，钱镠已有构想，这次回来便带着徐绾所部，令他们在临安县兴修水利。只是军队习惯于作战，不习惯做工，战斗力越强越是如此。徐绾和部下怨言四起，节度副使成及得到消息，立即建议钱镠停工。毕竟这是收编的部队，不是子弟兵。

成及虽是副手，但资历却比钱镠老很多，是当初跟董昌一同创建八都的老将。这样的人提出这样严肃的建议，钱镠当然要考虑考虑。然而他的考虑并未耗时很久，很快便做出决定：工程不停，但举办宴会犒劳军将。

　　这不是徐绾想要的结果。他早已起了异心，本打算在席间发难，没找到机会，便中途退席。觥筹交错，酒酣耳热，主客居然中途退席，再美的酒也顿时变味。钱镠很不高兴，他终于意识到一顿酒已无法安抚军队，便下令停工，让他们先行返回杭州。杭州是要回的，但不是和平地回。徐绾就此叛乱，顺势向杭州发起攻击。幸亏钱镠修筑的罗城十步一楼，在罗隐的建议下，这些高楼同时对内防御，所以尽管武勇都作风凶悍，却未能得手。

　　钱镠闻讯立即潜回杭州组织防御，令通过交换战俘从淮南被送回来的顾全武前往东府越州坐镇。然而顾全武不肯执行这道命令，他判断越州不是关键，杨行密才是。因叛军必定会向杨行密求援，而杨行密必然会出来蹚浑水。怎么办呢？只有赶紧与之联姻，化敌为友。当初为了消灭孙儒，钱镠曾应邀为杨行密助阵，故而双方虽然连续攻伐，但杨行密并未杀俘，顾全武和成及都因此幸免于难，合作基础还是存在的。

　　钱镠老半天没有说话，一个"穿钱眼"，一个"斫杨头"，且两次被杨行密的大军逼到家门口。主动向这样的人低头求和，这个弯的确不好拐，越勇武的人越难，或者说，越有匹夫之勇的人越难。

　　钱镠低头端起茶杯，喝了一口茶。那应当不是西湖龙井，而是湖州的顾渚紫笋。顾全武自然也没再说话，他在等待，他已经预知主帅的态度。果然，当钱镠轻轻放下茶杯，顾全武的使命已经修改：立即带领钱传璙（后改名钱元璙），北上扬州议和联姻。

对杨行密的怨恨本来如鲠在喉，但当最终的决定出口，那些鲠似乎已全部消失，仿佛化于茶中。紫笋茶不愧是贡品。那个瞬间，钱镠的内心是决绝的，眼神是坚毅的。比起争外在胜负、计较个人荣辱，还是那个目标更为紧要。

什么目标？就是不惜为之而处死吴仁璧的目标：营建浙江。

这也是钱镠能打动笔者的根本原因。若非如此，单论将略战绩，他哪里排得上号。

八

在贤明君主心目中，内政永远重于外交。安定外交，也是为了内政。

关于钱镠的执政举措，史书上有着截然不同的说法。《新五代史》说他征敛极重且刑罚严苛，人称"万税"，但《吴越备史》对他的评价却很高。《吴越备史》是钱镠身边人所著，难免美化，还是《旧五代史》的说法更加客观：钱镠治下税收劳役很重，但根本原因并非钱镠穷奢极欲，倾一国之力供奉一家一姓，而是因为建设项目太多，甚至可以说有点超前。这个超前体现的倒不是技术或者时间，而是他实实在在地考虑到了治理的长久。也就是说，钱镠在真正建设根据地，而不是纯粹刮地皮。所以除了上面提到的杭州夹城、罗城与子城，还有嘉兴城、临安茹山安众营、东安镇城、余杭城、定海镇、松江南北两城锁栅、苏州城和杭州西关城等连续不断的建设项目。

如果说城池主要用于防卫，那么水利就是纯粹的民生。

今天的钱江潮是风景，当年的钱江潮则是不折不扣的生态灾难。作为江海故地的杭州，海潮为患已久。白居易出刺杭州时，曾经"为文祷于江神，然人力未及施也"。大幅扩展州城面积的钱镠，面临的威胁自然更甚。当时"自秦望山东南十八堡，数千万亩田地悉成江面。民不堪命"。借用钱镠的诗作《筑塘》，是这样的场面：

> 天分浙水应东溟，日夜波涛不暂停。
> 千尺巨堤冲欲裂，万人力御势须平。
> …………

民间疾苦，钱镠是能看见、听见的。他决意修筑堤坝，抵御海潮。起初还用传统的版筑法，但完全经不起潮水的巨大冲击。怎么办呢？他不知采纳了何方高人的见解，先派人取"山阳之竹"制成"丹羽之矢"，召集六百名强弩手，每人发六矢，令他们潮头一起便射，结果射了五箭，潮头居然转向他当初获胜的西陵方向。据说这就是今天潮水呈"之"字形以及钱塘江被称为"之江"的原因。

虽然钱王射潮史有明文，但这跟韩愈写《祭鳄鱼文》解决潮州鳄鱼为患的记载一样，不能当真，只能视为后人善良的愿望：拔高乃至神化我们崇敬的贤者，是我们的文化本能。这一点，跟今天的粉丝文化看似两道劲，其实是一码事。无论如何，钱镠最终解决了潮患，以"石囤木桩法"："运巨石盛以竹笼"，并在离岸两丈九尺的地方打下六层巨木作为桩基；竹笼巨石透水，可以大幅削减潮水的动能。"钱氏石塘"在候潮门和通江门外，从六和塔到艮山门，全长三十三万八千五百九十三丈。仅仅费时三月，城郭却随之增加三十里。因此缘故，钱镠被民间视为潮神，甚至海龙王。

经过不断扩展，当时的杭州城东滨钱塘江、南到六和塔、西临雷峰塔、北到武林门夹城巷和艮山门一带，多多少少有了点儿现代杭州城的意思。城区面积的扩展必然导致人口的增加，李泌修筑的六井随之不敷用度，钱镠又下令筑闸门两道，阻止咸潮倒灌，再修两道堤堰截断入城江水，只用清澈的西湖水沟通全城。至于饮用水，当然还要打井。那时打的井很多，像吴山北麓大井巷原有五口吴山大井，"泓深莹洁"，水质被推为钱塘第一。百井坊巷的志书更记载有"吴王所凿九十九眼井"。

钱镠还专门成立一个机构，叫"撩湖军"，定期疏浚西湖，保持其游览和灌溉功能。这个机构不仅仅设在杭州，太湖地区也有，而且规模更大："撩水军"四部，共七八千人，专门负责疏浚河湖、修筑堤堰，使得苏州、嘉兴、长洲等地的百姓也能长期享受灌溉之利。

这些工程的负担重不重？武勇都甚至为此叛乱，当然很重。然而隋炀帝修筑的大运河直到今天还在发挥作用，钱镠的这些措施给当地百姓带来的长远利益难以估量，对今天江浙地区经济和文化积淀的影响也难以估量。如果当时的杭州有全息详图，钱镠一定会对着它会心一笑，那是志得意满的笑，更是良心得安的笑。他完全可以弃用警枕与粉盘，但我估计他还不肯。的确，还有很多事需要他操心，尤其是大政方针。

九

907 年，朱温篡唐建梁，随即一封诏书飘然飞到杭州，封钱镠为吴越王兼淮南节度使。钱镠此前曾向朝廷请求过吴越王的封号，但未被允许，后经朱温斡旋，改封为吴王。而今吴越王的官帽发下，名义上还带着杨行密的淮南地盘，朱温此举目的何在不言自明。钱镠虽然心领神会，却也欣然接受，决意顺势"为孙仲谋"。

然而此举遭到很多部下反对，包括其幕府判官、才子罗隐。他的反对直言不讳："王，唐臣，义当称戈北向。纵无成功，犹可退保杭、越，自为东帝；奈何交臂事贼，为终古羞乎？"

这番话可谓慷慨激昂，但人们读到这里，难免摇头失笑。什么笑？哂笑。

对于诗人，人们通常心怀不自觉的宽容，即便李商隐那样被史书认定为无行的诗人。这不是胸怀或者原则的问题，而是好诗的移情功能。但此言之后，罗隐的诗句给人们的印象估计会淡化，其相貌的丑陋则会日益真切。这倒不是因为他的这番话纯属书生之见。诗人表现出书生之见并不可笑，可笑的是他的这番话里毫无诗人的善良乃至天真，只有官僚口吻，全然忘记征战会以无数百姓的性命为代价，完全不能匹配"采得百花成蜜后，为谁辛苦为谁甜"这样的好句。这跟《新五代史·吴越世家》说"钱氏兼有两浙几百年，其人比诸国号为怯弱"，看法同样糊涂。当无须承担征战的成本而又可以期盼劝谏成功后的封赏时，这种建议越激昂，实际上也就越廉价，预期收益跟风险实在太不对等。罗隐诗名不显，原因是多方面的，很难说这不是其中之一。成王败寇的历史观其实是一场生存者偏差的游戏，看客只能看见钱镠，而看不见成就他的周宝、董昌、刘汉宏以及无数战死的士兵。看客们自然可以有此自由，但罗隐那样"十上不第"因而当知民间疾苦的当事人、读书人，又岂能如此糊涂。

好在钱镠是真英雄，他没有被书生之见所误。

说钱镠礼贤下士并不为过。因为他的志望或者自我寄托，他将自己居住的宫殿称为"握发殿"，源自周公握发吐哺求贤的典故。对于罗隐这个相貌丑陋的笔杆子，钱镠算得上信任推重，也很给面子，曾经上门看望，并在他家的墙上题诗：

特到儒门谒老莱，老莱相见意徘徊。

黄河信有澄清日，后代应难继此才。

原来罗隐还是个孝子，而钱镠对于这个孝子的劝谏通常是采纳的。钱镠很喜欢吃鲜鱼，一度规定西湖渔民每天都要进贡几斤，名为"使宅鱼"，就是直接供给节度使家的鱼。罗隐对此很是不满，奉命为《蟠溪垂钓图》题诗时，便借古讽今：

吕望当年展庙谟，直钩钓国更谁如。

若教生在西湖上，也是须供使宅鱼。

客观地说，劝谏不是不可以，但这样题诗于画，实在有些唐突。然而钱镠并不生气，哈哈一笑，下令取消了"使宅鱼"。

眼前的事体可比"使宅鱼"紧要许多。钱镠看了看罗隐，脸上一定也带着笑容，那是礼贤下士的笑，更是悲天悯人的笑，自然还是哂笑。他很奇怪，罗隐居然看不出来杨吴之所以能大体维持跟吴越的友好关系，并不在于双方是儿女亲家，而是吴越在杨吴的背后。一旦钱镠出兵中原，立即会变成单纯的外线作战，不仅根据地立告空虚，出征大军也会陷入夹心饼干的态势，地缘政治格局瞬间失稳。

相形之下，钱镠在著名的《钱氏家训》中嘱咐后代"爱兵恤民"，既真诚又清醒。他很清楚以区区浙江一隅之力，无力抗衡中原，征战徒伤百姓。故而他不但要后梁的封号，后唐的也要。在"西川王氏称蜀，广陵杨氏称吴，南海刘氏称汉，长溪王氏称闽。皆窃大号，或通姻戚，或达聘好，咸以龙衣玉册劝王自帝"时，他坚决不肯称帝，笑曰："此儿辈自坐炉炭之中，又踞吾于上耶？"其后代也遵循嘱托，一直奉中原为主，直到纳土归宋，反正对中原的朝贡其实也是贸易。在狼性思维大行其道的时代，不知多少糊涂虫视此举为怯懦屈辱，而全然忘记这利在苍生，且有助于国家的和平统一，即便历代皇帝，也都予以高度评价。前文提及的那个免死铁券还真用过一次，但既不在颁发下来的唐朝，也不在归顺中原的宋朝，而在四百多年后的大明。洪武年间，建昌知府钱用勤因贪污被判处死刑，其子死马当活马医，拿着这个东西前去给父亲请命，一生最恨贪污、杀了无数贪官的朱元璋查明铁券是实物后，居然首肯，且发还钱家财产。

为什么？

诗僧贯休进入四川后，深受王建的尊崇。他串起了钱镠与王建这两个历史人物，而此二人的确也有强烈的可比性：王建891年攻入成都，903年被封为蜀王，907年称帝；钱镠896年拥有两浙，902年晋封越王，923年由吴越王而成为吴越国王。吴越王只是称号，吴越国王则基本跟皇帝无异，有政府，设百官，差别只在于字眼。钱镠此生有四个果断：迎周宝，灭董昌，向杨行密求和，受朱温册封。他一直没有正式称帝争霸（中间用过几个年号，动过活思想，但很快便自我纠偏），执政二十五载，享年八十一岁，两浙保全，子孙繁盛，而王建的前蜀因继承人不堪，旋即灭国，连累百姓，也殃及子孙。

统治者的志向或曰野心往往是被统治者的噩梦。"苟得之于人而损之己者，吾无愧欤！"这句话并不仅仅适用于杭州罗城的修筑。钱镠宁可承担后世怯懦的指责而保全两浙，实为杭州百姓之福。朱温册封钱镠时，称他为真英雄，真是再贴切不过。何谓英雄？从王粲的《英雄记》开始，历代都有不同的阐释。刘劭的《人物志》认为"英为文昌，雄为武称"，"聪明秀出谓之英，胆力过人谓之雄"。这个看法不能说错，只是流俗，还是王通的观点更为精准。当李密就此求教于他时，他一锤定音："自知者英，自胜者雄。"

一个有充分的自知之明，同时又能战胜常人都有的称帝欲望的钱镠，不正好是这个概念活脱脱的注解吗？王通这句话与"陌上花开"相互烘托，正好合成一个完整的钱镠。

这样的君王，我喜欢。

（除《新唐书》《新五代史》《资治通鉴》《十国春秋》《吴越备史》等典籍，本文还曾参考《文史知识》2004年第9期钱茂竹先生之大作《钱镠与越州》，谨致谢忱。）

（刊于《江南》2022年第5期）

吴玠：南宋中兴第五将

一

淳熙十三年（1186），六十一岁的陆游闲居故园，感叹报国无门，遂成《书愤》：

早岁那知世事艰，中原北望气如山。
楼船夜雪瓜洲渡，铁马秋风大散关。
塞上长城空自许，镜中衰鬓已先斑。
出师一表真名世，千载谁堪伯仲间。

三十多年过去，还记得在中学的操场上，饭后跟同学对诵此诗而心潮澎湃的情形。这样豪情壮志的诗句，是饥饿时代最好的精神营养。而应和诗声的墙外京广线上南来北往的火车，恰好承载着少年对远方的怀想。于我而言，诗中最显著的地标是大散关，因为瓜洲早已显名于王安石。只是多年之后读到名将吴玠的史料，才知道这首诗对他有结果上的不公；而陆游的名气越大，此诗的影响越广，对吴玠结果上的不公也就越强烈：至少对于南宋人而言，他们更应当怀念的地点不是大散关，而是大散关东北方向的重要高地和尚原。若无吴玠率孤军在此挫败金军，恐怕"无蜀久矣"。尽管他们拿下四川也未必就能像"王濬楼船下益州"那样底定江南，但还是会大大压缩南宋的生存空间。

最早知道吴玠、吴璘兄弟的名字，是在《岳飞传》的连环画上。因玠、璘二字对小学生而言都很生僻，故而我印象深刻。连环画上并没有他们的形象，只是被报捷者提及名字事迹。而这其实就是他们的历史印象：谈及南宋抗金，人人皆知岳飞、韩世忠，顶多加上缔造顺昌大捷的刘锜，知道吴玠、吴璘兄弟的却寥寥无几。张俊和刘光世那样的窝囊废都上了刘松年的《中兴四将图》图卷，而吴玠居然被落下，种种不公，都是帝制特色，岳、韩、刘活跃在京东、京西与两淮，离政治心脏临安更近。相形之下，川陕战场尽管只有吴玠这擎天一柱，却也是春风不度夔门关。

二

建炎三年（1129）是南宋的至暗时刻。金军一路追击宋高宗，一路追击元祐太后，几乎得手。元祐太后虽早已被宋哲宗废黜，却是南宋合法性的重要来源。赵构是凭借这张"旧船票"才登上南宋风雨飘摇的客船的。故而金军同时追击宋高宗和元祐太后。不过他们的战略目标只是灭南宋，并非灭汉人政权，建立直接统治。在他们眼里，赵宋帝室个顶个的不守信誉，从海上之盟、两次汴京之围直到张邦昌政权的粉墨登场与快速倒台。

客观而言，海上之盟的种种曲折的确是大宋全然的昏着，不妨痛骂。两次汴京之围以及张邦昌政权的短命，越往后大宋背盟的道德压力越轻。谁也不能要求别人严格遵守城下之盟。南宋官员更不敢这么看。他们不能也不敢指责帝室失德，只能全力拥戴宋高宗，因而便有了建炎四年（1130）夏天川陕宣抚处置使司这场严肃而沉闷的军事会议：有"便宜黜陟"权力的宣抚使张浚要求在陕西发动会战，吸引金兵主力，免得他们再度南侵，将宋高宗赶进大海。

闻听此议，曲端立即反对："金人立国不久，士气正旺，且平原作战更利于骑兵冲锋，岂能以短击长？还是厉兵秣马更为适当，十年之后，方可讨论会战之事。"

率先开炮的肯定都是大佬。曲端便是当时西军中最大的军阀。与驻扎山西河北的东军相对，陕西宋军号称西军，因长期跟西夏作战，战斗力最强。"军阀"是个中性词，意味着强烈的扩张欲望，包含对内、对外两个方面。对外意味着战功，对内意味着吞并。这两样曲端都没少干。张浚履新陕西不久，便筑坛拜曲端为威武大将军、宣抚处置使司都统制。此刻自己的宏伟计划居然被曲端一竿子戳到十年后，心里自然不爽。

都统制是名义统帅，张浚开了第一炮，慢慢也就有了后援。"高山峡谷利于我军布阵防御。虏军骑兵虽然锐利，却不能在山地如愿。我们可依嵯峨之险，扼关辅之地，与之长期周旋。"

说这话的便是即将声名鹊起的吴玠。吴玠，字晋卿，本为德顺军陇干县（今甘肃静宁）人，因父亲战死后葬于水洛城（今甘肃庄浪）而迁居该地。出自将门的他年轻时投入泾原军，靠战功逐渐升迁，在宣抚司参谋军事、名将刘韐之子刘子羽的推荐下，得到张浚的重用，时任"秦凤路副总管兼知凤翔府"。起自泾原军的吴玠自然受惠于泾原帅曲端许多，二人本有交情。只是在前不久的彭原店之战中，曲端下令撤退，吴玠认为此时撤退会陷入被追击的绝境，力主坚守，而曲端不管不顾，径自撤走，吴玠险些全军覆没。战后曲端指责吴玠不听指挥，将其降职，二人彻底失和。若不是张浚将他从曲端麾下调开，两人的关系还真不好处。

吴玠的这个发言很讲策略，也很无奈。他并没有因私怨而反对曲端，更没有因私谊而附和张浚。关辅之地即关中平原，嵯峨之地并非专指嵯峨山，而是泛指梁山、黄龙山、尧山、岐山、陇山等整个北山山系。吴玠虽未直接反对会战，但言外之意再明显不过。这才是军人的职业素养。尽管核心幕僚刘子羽也不赞同，但从张浚开始，宣抚司的多数文官都认为曲端的看法迂缓，吴玠的观点懦弱。

敌我态势及攻防策略张浚并非不懂，但他坚持要打一场政治仗。何谓政治仗？就是军事不允许而政治必需的仗。战争是政治博弈的延续，是政治博弈的极端。军事只能从属于政治，因而这类政治仗无法避免。不换思路就换人，既然曲端坚决反对，张浚便收夺其兵权，追究他彭原店之战不接应吴玠的责任，贬官安置阶州（今甘肃陇南市武都区）居住，由吴玠的同乡刘锜接任泾原路经略安抚使。

三

《水浒传》里的鲁智深自称当过"关西五路廉访使"，这个职衔也曾是我多年未释的疑惑。而今才知廉访使也叫"走马承受"，说好听点儿是上传下达的监察干部，说不好听的就是刺探情报、打小报告的特务，任务是监察关西五路的官员。不过为了对抗西夏，大宋在关西设置的不止五路，而是六路，即六个经略安抚使司（所谓帅司）。北面是熙河路、泾原路、环庆路、鄜延路，南面则有永兴军路和秦凤路。

当时西军虽然精华已失，但还有点儿种子。因鄜延路已经失陷，张浚只能集结五路人马：刘锡的熙河路、刘锜的泾原路、赵哲的环庆路、孙渥的秦凤路与吴玠的永兴路。其中刘锡为刘锜之兄，因资历最老而取代了曲端的都统制之衔；赵哲则是历史学家、《中兴遗史》的作者赵甡之的父亲。吴玠的资历最浅。

无巧不成书，巧合的小说情节往往遭人诟病，但历史细节确实有无数的巧合，只不过换了个名字，叫偶然。诸多辉煌的战例看似精心安排，其实只是偶然。张浚为吸引金兵主力、减轻江淮压力而组织的富平之战虽然惨败，但也不例外。

此前金军"搜山检海"，虽然气势汹汹地将赵构撵到海上，但回撤过程中多次遭遇打击，更兼气候不适，并不轻松。经此一战，他们明白短期内灭掉南宋已无可能。既然如此，那就再扶植一个傀儡刘豫替代张邦昌，统治黄河两岸，作为缓冲。因而建炎四年（1130）他们本来便没有大举南下的安排。南宋方面气氛紧张，主要是因为刚刚被蛇咬过。

但陕西却被金兵瞄准，因上次东路军大举南下时，西路军兵力有欠雄厚，在陕西屡屡受挫。彭原店之战初期，副将完颜撒离喝震惊于惨重的损失，忍不住痛哭失声，竟得了"啼哭郎君"的外号。在陕西的受挫当然是金军不能容忍的，既然陕西宋军实力雄厚，那就必须加紧剿灭。于是他们派右副元帅完颜宗辅率军西进潼关，并将完颜宗弼从江淮征调入陕。

张浚那样的政治家要打政治仗无可厚非，但既然吸引金兵主力的目的已经达到，完全可以凭险防守。出身将门的郭浩便这样建议。然而张浚到底是书生，只知道部下有步骑二十万，是南宋开国以来从未有过的庞大兵团，全然忘记敌强我弱。他一心抗金，是最坚强的主战派，岳飞、韩世忠与吴玠的成长，都有赖于他在关键时刻的提拔重用，张浚对宋高宗也有救驾之功。赵构对他"宁至覆国，不用此人"的定论固然与政略矛盾有关，但他确非将帅之才，先导致富平惨败，后引起淮西兵变。当时完颜宗辅与完颜宗弼刚刚会师，完颜娄室还远在绥德，宋军诸将纷纷建议趁金军尚未彻底合流、远来疲惫，利用渭北的地形优势先声夺人、主动攻击，却被张浚否决，理由只有两个字：持重。

烈火烹油的北宋在一年半的时间内便宣告灭亡，虽不可能是单一因素所致，但军政体制的弊端还是占据极大的因素。以文制武，防止兵变的军政体制可能适于承平时期——那时，一般而言有足够的时间让文官先扯皮再弹劾追责——但绝不可能适于危亡关头。尽管亡国之痛还在眼前，宋人依旧迷信所谓的祖宗成法。不知兵的张浚在战役发起时机这样的专业细节上都敢专断，而诸位将领竟也无可奈何。

资历尚浅的吴玠只能暗自摇头。但他很快发现，更要命的还在后头。

战地选在富平。吴玠跟随大家看过地形，不觉倒抽一口凉气。此地坐落于北山山麓边缘，是山地向平原过渡的地段，地形平坦，易攻难守。刹那间，吴玠耳边已有骑兵冲击的山呼海啸。他赶紧开口，力主将全军后移几十里，选择高处，背靠北山结阵——打仗也需要靠山："兵以利动，今地势不利，未见其可。宜择高阜据之，使不可胜。"

吴玠一生的辉煌都奠定于防守反击，这也是有人批评他缺乏岳飞那样的攻击精神的重要原因。如果拿第二次世界大战期间的西方将领比较，吴玠更像蒙哥马利，而不像巴顿。

但是"杀猪杀尾巴——各有各的杀法",作战推崇的是最典型的结果论,只要能获胜,如何获胜并不重要。应该说,吴玠这种性格更适合当时的大环境:敌强我弱。

然而其余将领都不赞同此议。他们宁可依赖阵前那一片生长着芦苇的沼泽,认为这足以迟滞骑兵的冲击。当然,还有个理由史书上没有明言,那就是宋军也有七万骑兵。而最终的事实证明,还是资历最浅的吴玠最有远见。

蒹葭苍苍,白露为霜。敌国大兵,在水一方。九月二十四,三路金军会师之后,开始攻击。骑兵往来如飞,但并未径直冲击,而是跑到沼泽跟前丢下柴草、土袋便迅速回头,没过多久那里就成了通途。

宋军暗自吃惊。眼看着金兵越过沼泽,缓缓推进,三千精锐骑兵先缓步行进,然后突然加速。只是他们的目标并非正面的宋军大阵,而是旁边的乡民小寨。那是运粮民夫居住的营寨,外围环以大车作为简单的屏障,自然谈不上有效防御,略一冲击便迅速崩溃。惊慌失措的民夫本能地惊叫着逃向宋军营垒,宋军弓弩迟疑之间来不及发射,而民夫和金军已冲到跟前,将宋军的阵势冲乱。

因李商隐曾经进入泾原节度使王茂元的幕府,我对泾原一直怀有莫名的好感,哪怕此前发生过泾原兵变。当此时刻,还是刘锜率领的泾原军表现最为优异。他身先士卒,挥师跟金军缠斗,死战不退,迅速挽回局面,将完颜宗弼与悍将韩常率领的左翼军包围。激战之中,韩常的眼睛被射中,他拔出箭矢，继续奋战，好不容易杀出重围，但依旧处于下风，整个左翼动摇。完颜娄室见状从右翼军分兵增援，他此前跟泾原军缠斗多次，比较熟悉对手，逐渐稳住阵势。

几十万大军在平原上厮杀，场面浩大而且惨烈。尘埃蔽日，喊声震天，战死的人马倒伏在血泊之中，未死者磕磕绊绊地继续缠斗。战到午后，金军投入预备队，猛攻赵哲麾下的环庆军。赵哲是标准的文官，接任环庆帅不久。如此激烈的场面摧毁了他的信心意志，导致他在最紧急的时刻抛下部队，局面难免回天乏术。而环庆军溃败之后，士卒纷纷溃逃，随即兵败如山倒。

宋军虽然战败，但主力尚存，如果选择合适地形握成拳头，即便不能战，至少也可以守。但张浚将赵哲斩首，将刘锡降为海州团练使，安置到合州居住后，便下令部队各归本路，最终被各个击破，五路俱失，陕西沦陷。

四

对于将军而言，能打胜仗固然重要，但最重要的是能接受打败仗，战败之后部队不溃散，能迅速收拢、有序撤退，最终重整旗鼓。抗战期间宋军将领最缺乏的就是这个素养，而吴玠则不然。撤出西安之前，他布好情报网，然后率军收复凤翔，将主力撤到大散关与和尚原，封闭这条蜀道，将金兵南侵的口子牢牢扎住。

在莽莽苍苍的秦岭、巴山之间，只有几条山谷、河谷可以艰难地沟通川陕，所谓蜀道。以汉中盆地为界，向南翻越巴山的蜀道有三条，向北翻越秦岭的有五条，其中始于陈仓的即为陈仓道。作为陈仓道北段故道上的第一道险要关口，大散关是形成关中的四关之一，其"散"字来源于古老的散国。历朝历代，这里发生过无数战事，也无数次被文人吟咏，但只有吴玠发现并且利用了关前的高地和尚原的价值，让它光耀军事史册。

和尚原紧邻大散关。所谓"原"，其实应当是"塬"，即四周陡峭但顶部平坦的关中地貌。暮春时分，吴玠率领随从勘察地形，在料峭春风中登上塬顶，发现有丰富的水源，完全可以屯兵；再转身向南俯瞰，只见一派苍翠之中，大散关微小如斗。这种地形的军事价值实在宝贵。那个瞬间，他顿时眉宇舒展，立即决定在塬上构筑山寨营垒、屯集主力，跟侧后的大散关构成完整的防御体系，扩大防御纵深。

居高临下、势如破竹本为军事常识，但马谡失街亭，不也是因为拘泥于这个教条吗？这种地形并非没有成为绝地的可能，因而部将中有人反对，理由是金兵有可能绕过和尚原，直取大散关，进而侵略四川，极力建议军队退到兴元府（今陕西汉中）。一旦退到那里，便等于将秦岭天险拱手让人，背后只有巴山可做依托，这怎么能行？吴玠淡淡一笑，表情轻松但语气坚决地予以否决："只要我全军主力牢牢守住和尚原，金兵绝不敢放手攻击大散关！他们没这个胆量，那样会有后顾之忧！"

全军立即行动，扎营布阵，囤积物资。吴玠每天巡行督查，日程格外紧张。那天刚刚回到营帐，有人忽然面带惊慌地附耳低声报告什么。吴玠眉峰一敛，身子略微一退，死死地盯着来人。那人做了个砍头的手势，但吴玠坚决地摇摇头，挥手让他退下。

吴玠沉吟半晌，立即传令召集诸将议事。等大家到齐，他声情并茂地分析形势、鼓舞斗志，并且责以大义，激励大家建功立业。夕阳照在那张坚毅的脸上，将他的自信从里到外照得透亮。此情此景，深深地感染了诸位将领。吴玠见状，水到渠成地组织大家歃血为盟，就这样不动声色地将一场兵变消弭于无形。

是的，是有一场拟议中的兵变，有人打算劫持吴玠投降。

主张退往兴元并非因为和尚原和大散关守不住，而是因为很多人丧失斗志、对金兵满怀畏惧。富平战败后，环庆军哗变，曲端的好几个部将投金。当时吴玠已与宣抚司失去联系，沦为孤军，兵力薄弱、粮食缺乏，部队成分也杂，比如郭浩的残部就在吴玠军中。作为名将郭成之子，郭浩曾是吴玠的上司，但当时兵微将寡，只能听命于吴玠。在这种情形下，只有那些特别坚定、特别有主见的人才能克服失败情绪，而那样的人永远不可能是多数。有人立场不稳，混乱也就在所难免。

吴玠毕竟久历戎行，经验丰富，他并没有简单地动用军法。那时人们对神灵和未知世界普遍心怀畏惧，因而盟誓的效果并不差于手起刀落。

五

绍兴元年（1131）四月底，虽已是盛夏，但秦岭深处还很凉爽，甚至令人后背发冷。习习山风中，队队金兵遥遥而来。他们兵分两路，南北夹击和尚原。完颜没立率军从凤翔南下，正面攻击；完颜乌鲁、完颜折合指挥秦州（今甘肃天水）金军经过阶州、成州（今甘肃成县），由南向北，袭击和尚原的侧后方。这其中还有已经降金的曲端旧部赵彬，他张榜宣称要迎回曲端。考虑到和尚原守军不少出自曲端旧部，这一招多少有点釜底抽薪的意思。

南路金军行动很快，五月初七便发起突袭，由完颜乌鲁、完颜折合率领三百精骑施行。他们悄悄摸向和尚原，自以为隐蔽，其实早已被观察哨发现。吴玠接到报告，随即命令部队占据有利地形，居高临下施放强弩，迎头痛击。

偷袭不成，便列阵攻击。吴玠针锋相对，精心挑选地形，指挥部队在高山深谷伏击。赵彬瓦解宋军的企图丝毫没用，完颜乌鲁和完颜折合无奈，只得命令士兵下马作战。骑兵是金军最主要的战斗力，一旦下马，便只能以短击长，最终三天之内被吴玠连揍四次。完颜乌鲁、完颜折合屡战屡败，等待北路策应又如同等待戈多，只能败退。

此时北路金军在哪儿呢？被和尚原北部的箭筈关死死挡住。宋军坚守要地，完颜没立无计可施。击退南路金军之后，吴玠便令部将杨从义抄小路绕到金军背后，在神岔一带发起反击。神岔在宝鸡以南约二十公里，神沙河与清姜河在此交汇。向北道路平坦，往南则都是蜿蜒曲折的山路。杨从义在此斩杀金军二百多名，俘虏将领一员。完颜没立见已陷入兵法上的绝地之中，不敢再战，夺路逃回了宝鸡。在此期间，完颜乌鲁与完颜折合再贾余勇，攻击大散关正面，吴玠顺势集合主力迎头痛击，将完颜乌鲁当场斩杀。

虽然都是小胜，但毕竟已彻底走出富平惨败的阴霾。宋高宗得到捷报，立即将吴玠升为明州观察使，此后不久又特授他兼任陕西诸路都统制，其弟吴璘以武德大夫（第十六阶武阶）、康州团练使的官阶，担任秦凤路兵马钤辖、统制和尚原兵马。

宋代武官由武阶确定级别。不算未入流武官，从最低的承信郎到最高的太尉，共五十二阶，其传统是重阶不重品。最高的太尉正二品，但次高的通侍大夫只是正五品。这中间巨大的空缺，便由刺史、团练使、防御使、观察使、承宣使和节度使这类虚衔填补。如果既带武阶又授予这类虚衔，便是所谓的"遥郡"，吴璘便是遥郡的康州团练使；只授予虚衔，而"落阶官"即去掉武阶，则为正任，吴玠的明州观察使便属于这种情况。无论正任还是遥郡，都不必赴任，但可以享受俸禄。宋代武官官品总体很低，"遥郡、正任恩数辽绝"，非常难得。吴玠跻身正任观察使，已向高级将领迈出关键一步，但最后一步还需要老对手完颜宗弼的助推。

旨意传来，已是秋天。秦岭深处色彩斑斓，空气中都带着迷人的气息。对于常人而言，升职只是禄位变动，但对于杰出者来说，却意味着责任。因而吴玠的高兴很短暂，他很快便开始部署防卫。完颜宗弼再度率领主力增援陕西的情报，几乎同时送到案头。

完颜宗弼是金太祖阿骨打的第四个儿子，在评书《岳飞传》中被称为"四狼主"。他作战极其勇猛，每到关键时刻便脱去头盔，在长辫飘摆中奋力厮杀。然而他并非有勇无谋，大战之前，也会施放烟幕，令老弱疲惫之师连同辎重沿着关中平原大张旗鼓地向东撤退，而精锐部队则秘密集结于宝鸡。只是这些举动就像学生用课本做掩护看闲书，讲台上的老师早已洞若观火。

绍兴元年（1131）十月初九，金军渡过渭河一路向南。根据吴玠的安排，杨从义撤去神岔的守备，秘密在两旁埋伏下奇兵。初十，金军沿途列栅三十多里，直达和尚原、大散关一线，同时向两地发起猛攻。吴玠命令吴璘和雷仲指挥他自己创设的"驻队矢"，集中强弩不间断地轮番发射，连续击退金军的三波进攻。金军连续受挫，见天色向晚，不得不向后撤退。吴玠见状抓住时机，令杨政率领战锋队出营追击。宋军压抑了一天的力量瞬间爆发，他们动作迅猛，战果颇多。次日杨从义所部在神岔伏击金军的粮队，而前线金军苦战一天，夜晚做饭时又遭遇精准打击，箭雨仿佛从天而降：强弩手根据吴玠的命令悄悄抵近敌营，对着夜晚明亮的火光发射。

对于人生地疏的金军而言，这只是噩梦的开始。夜更深之后，一队队宋军出营，神岔以及二里驿的金军全都遭遇袭击。得手之后的宋军士气高涨，归途中遇到接应部队，不肯照计划回营休息，又跟他们合兵一处，直扑大散关前的金军。

山地战本就并非金军所擅长的，更何况还是在黑暗之中。完颜宗弼所部固然精锐，但实力完全无从发挥：进攻受地形限制，防守又要遭受宋军神出鬼没的夜袭。他坚持不住，只能于十月十二撤退。吴玠随即挥师追击。宋军一路掩杀，沿途二十余里山路随处可见金军的尸体与辎重甲仗。就连完颜宗弼都中了箭伤，情形极度狼狈。

金军一路仓皇撤退，眼看就要到神岔。由此向北到益门镇的道路都比较平坦，骑兵可以放马奔驰，这里可谓他们的生门。然而完颜宗弼没想到的是，来时无人防守，归时铜墙铁壁。根据吴玠的命令，杨从义早已悄悄杀回神岔，依托关隘，列阵以待。完颜宗弼无奈，一面向南防御，一面向北猛攻。但连续攻击多次，杨从义依旧岿然不动。夜晚时分，从宝鸡方向出来接应的金军赶到，总算将完颜宗弼救出重围。

跟前面两次小规模战事不同，这次是真正的大捷，是面对完颜宗弼率领的精锐金兵的大捷。宋军俘虏了包括完颜宗翰的侄子不露孛堇在内的二十多员金将，斩杀金军数千人。完颜宗弼回去后，立即从元帅左监军降两级为元帅左都监，而吴玠则荣升为镇西军节度使。

虽然藩镇早已取消，节度使只是虚衔，但所谓的"建节"依旧是当时武将最为看重的荣誉。当年吴玠三十八岁，是南宋第一个因抗金战功而建节的大将。与此同时，二十八岁的通泰镇抚使岳飞还在张俊麾下讨伐李成和张用。

六

"青泥何盘盘，百步九折萦岩峦。"蜀道上的青泥岭之险，显然令李白印象深刻。绍兴四年（1134）二月，闻听青泥岭沦陷，吴玠便意识到恶战在即，立即命令吴璘等人率军往仙人关方向靠拢，集中兵力打大仗。

祁山道与陈仓道都是吴玠的防区。和尚原虽然险要，但只能控制陈仓道的北段，即故道，却不能挡住由秦州经祁山道南下的金兵。有鉴于此，吴玠此前已令主力后退，在仙人关据险防守。仙人关在兴州（今陕西略阳）和河池（今甘肃徽县）交界处的嘉陵江南岸，左傍仙人原，右靠嘉陵江，祁山道与陈仓道交会于此，可谓咽喉。为扩大防御纵深，吴玠还在仙人关之前选择一处山峰取名"杀金平"，构筑防御设施。吴璘认为杀金平地形开阔，难以支撑，又在杀金平和仙人关之间构筑了第二道防线，以便梯次防御。

主力后退的结果是和尚原沦陷。所幸仙人关还在掌握之中，局面并未逆转。金军动作很快，攻克和尚原的金将完颜彀英从青泥关攻占铁山之后，越发骄横，不等结好营寨，便打算攻击杀金平。完颜宗弼吃过大亏，深知不能轻敌。尽管杀金平一片寂静，但肯定暗藏杀机。他赶紧拍马前来阻止，但完颜彀英立功心切，竟不愿从命。完颜宗弼大怒，用刀背猛击完颜彀英的头盔，这才令他清醒过来。

　　秦岭深谷中的春天原本就是乍暖还寒，更何况兼有兵凶战危的阴风。二月二十一，完颜宗弼率领七十多员战将和大量骑兵，缓缓推进到仙人关和杀金平之前，扎下连珠寨数十座，并设置十多处炮台。他们志在必得，军中带着家眷，准备到四川安居。吴玠闻听消息，虽然面不改色，但心里不免一沉，带着卫队不停地巡视阵地、督促设防，丝毫不敢怠慢。

　　已是老对手，双方主帅都铆着劲。吴玠巡视之中，遥遥看见金军的巡视人马，立即意识到那必是老对手完颜宗弼。果然，对面有两人缓缓策马过来，替完颜宗弼传话："大宋失德，赵氏衰微，已不可逆转。以吴公的声威才干，若能归顺，大金必将以百里富庶之地赐予您为王。"

　　先礼后兵是当时的习惯。一年前的饶风关之战期间，吴玠率部驰援刘子羽，抵达战场时也曾给老对手"啼哭郎君"完颜撒离喝送去一颗黄柑，连同一道短札："大军远来，聊用止渴。"有理不在声高，自信不必咆哮。吴玠此刻的回复依旧彬彬有礼："已奉赵氏，岂敢三心二意？"

　　二月二十七，金军发起攻击，炮石、弓弩雨点般砸向宋军营垒，一处营寨沦陷，统制郭震逃离，被吴玠当场正法。

吴璘用佩刀顺手划出一条线，怒吼道："死则死此，退者斩！"

金军冲到城墙之下，架起云梯强行登城。吴玠命令统制杨政领兵出城突袭，将之击退。金军使用"拐子马"战术，完颜宗弼与猛将韩常各率领一支骑兵，疾驰来去，忽而各分东西攻击，忽而集中兵力攻击一处。宋军往来应援，格外疲惫，杀金平失守。

然而吴玠所部是能打败仗的，虽然丢了杀金平，但部队并未溃散，有序撤到第二道防线。这道防线是根据吴璘的建议构筑的，在仙人关右前方，阵前布满鹿角，用以迟滞骑兵冲锋。金军杀到跟前，冒着炮石和弓弩的袭击好不容易清除鹿角，已经伤亡惨重。吴玠一见，立即下令突袭。

二月三十，金军借助"洞子"的掩护攻击宋军左翼阵地。"洞子"即洞屋，木头支撑，外蒙牛皮，像个土坦克，可以抵挡弓矢和普通炮石。金军摸到城墙跟前，用云梯登城，宋军则用"撞竿"推云梯，抛巨石砸"洞子"。此后金军将巨型战楼推到城墙跟前，士兵从上面直接跳上城头。宋军一面堵杀城墙上的金兵，一面出城反击，将战楼摧毁；金军的重铠士兵正面刀枪不入，宋军则绕到侧面攻击两肋。

借助持续不断的猛攻，金军占领了不少前线阵地，却付出了巨大的伤亡。五天之后，吴玠判断金兵锐气已消耗殆尽，便命令展开反击。首先还是夜袭。

当熊熊战火照亮天空，咚咚战鼓打破山间深夜的沉静时，的确有催人心魄的力量。金军猝不及防，宋军弓矢已经如同雨点般落下。宋军的反攻彻底打破了完颜宗弼的部署。他不得不下令撤退，打算重新部署进攻，但吴玠已经看出敌我力量消长的转折，命令部队加强攻势。部分精兵悄悄摸到金军的营寨后面，夜深人静时突然点火，大部队向着火光猛烈射击、冲击。

这团火彻底烧毁了完颜宗弼的斗志。终此一生，他再也没打四川的主意。而吴玠由此晋升为检校少师以及奉宁、保定军节度使，进入人生的高光时刻。

七

和尚原与仙人关书写的吴玠传奇，诗人陆游其实并未忘记。他在《晚登子城》中盛赞"老吴将军独护蜀"，这才有"名都壮邑数千里，至今不闻戎马声"的结果；在《村饮示邻曲》中更是直接将吴玠跟宗泽并举："西酹吴玠墓，南招宗泽魂。"然而面对诗人的高度赞誉以及精彩的作战细节，此刻的我突然更关注枯燥的数字。我很想知道，缔造那样的战功，需要费多少人力、耗多少税款。毕竟此时此刻，鬓生二毛的我已非当初在大别山里做梦的少年。

引发这个看似很奇怪的疑问的，是一场血案。

时间是绍兴八年（1138），地点在利州（今四川广元）。几十名官吏模样的人被五花大绑，吴玠所部士兵将其押赴刑场。这些人都是利州路、成都府路、潼川府（今四川三台）路、夔州（今重庆奉节）路等四大川路转运司的主管官吏。他们一边被驱赶着前行，一边高声喊冤。即便声嘶力竭，也毫无用处。等押到刑场，刽子手一声喝令，他们齐刷刷地跪下，再被齐刷刷地砍头。刹那之间，几十颗人头滚落在地，血溅黄沙，浓重的血腥气息立即引来秃鹰盘旋其上。

转运司负责物资与财政供应，吴玠为什么要杀掉他们？是因为他们贪污，或者克扣军饷？都不是。严格说来，他们其实很是冤枉。

吴玠所部编为行营右护军后，编制表显示全军共六万七千七百五十九人，其中军官一万七千余人、士兵五千七百四十余人。官兵比例将近一比三，可谓畸高，但这一万七千军官未必都是指挥官。宋代官、职、差遣本来就是分开的。因战功不断累积，很多人获得了军官身份，但受职位数量限制，实际还充当士兵的角色。这是战争年代的必然现象，但国家财政压力随之暴增，因俸禄是按照官计算的。故而"绍兴中，以财用窘匮，武臣以军功入仕者甚众。俸给米麦，虽宗室亦减半支给。其后半复中损，至于再三。遂至正任观察使，才请两石六斗。唯统兵官依旧全支"。除了一线部队，后方武官的俸禄最低时甚至削减到了原来的八分之一。

宋代实行募兵制，军人都要养家，因而俸禄较高。吴玠所部驻守边疆，且因为秦巴山区的阻隔，简直有点孤悬塞外的意思，因此除了正常的身分料钱（即工资），还有特殊补贴。这些特殊补贴一共十二项，总称折估钱。其中军官七项：

驿料折估钱、厨料禄粟米赡家钱、供给钱、月犒钱、旬设钱、支粮钱、添支绢钱；士兵五项：坐仓折估钱、撺枪又贴射钱、添支食钱、盐米纸笔钱、草估钱。不算身分料钱，仅折估钱一项，吴玠所部每年就需要钱一千三百十七万缗，在九十七万石军粮之外。

四川每年财政收入多少呢？北宋末年是一千五百九十九万缗。南宋开国，张浚入蜀后，起用都大提举川、陕茶马事赵开兼任宣抚司随军转运使，全权负责战时财政。赵开深知四川民力已屈，农业二税已至极限，遂改革茶、酒、盐法，从中巧立名目征收苛捐杂税，折估钱就是其中的重要条目。折估钱始于唐末，用实物折合现金发放部分俸禄，类似今天公司经营困难，用产品抵员工工资，张浚和赵开将其变成了税收名目。

赵开的努力不可谓不成功，收入翻了一倍多。战时取得这样的成绩可谓难得，但够不够呢？不够。绍兴四年（1134）收入三千三百四十二万缗，支出三千三百九十四万缗；次年收入三千零六十万缗，支出竟然高达四千零六十万缗。这两年里，吴玠所部的军费都约占支出的百分之五十八，分别是一千九百五十五万缗和两千三百七十五万缗。

一句话，收来的折估钱，抵不过发出去的折估钱。

巨大的赤字自然是沉重的压力。赵开和张浚甚至不得不顺水推舟地使用伪造的茶引、盐引。《宋史》是这样记载的：

> 宣司获伪引三十万，盗五十人，浚欲从有司议当以死，开白浚曰："相君误矣。使引伪，加宣抚使印其上即为真。黥其徒使治币，是相君一日获三十万之钱，而起五十人之死也。"浚称善，悉如开言。

三十万算得上数额巨大，而茶引、盐引当时跟法定货币差不太多，因而这五十人本来都是妥妥的死罪，张浚也打算这么判，但赵开说："伪引盖上宣抚司的大印，不就成了真的吗？这些家伙伪造手段挺高明的，脸上刺字让他们铸币，您白白得了三十万，还救了五十人的性命，岂不是两全其美？"

张浚居然同意了。可以想见，若非财政捉襟见肘，谁都不会出此下策。

吴玠耗用的军费怎么这么多？岳飞所部的军费开支又是什么水平？关于这一点，《鸡肋编》中倒是有记载：

> 至绍兴中，吴玠一军在蜀，岁用至四千万，绍兴八年，余在鄂州，见岳侯军月用钱五十六万缗，米七万余石，比刘军又加倍矣！而马刍秣不预焉。

说吴玠"岁用至四千万"确实不够精准。但岳飞所部除了马料，每月用钱五十六万缗、粮七万多石，合计每年不过用钱六百七十二万缗、米八十四万石。因关于岳飞的史料曾遭系统性删除，故而岳家军当时的兵力规模不详，主要有六万和十万两种说法。考虑到吴玠所部每年军粮九十七万石，跟岳飞的八十四万石差不多，吴玠的全部军费扣除折估钱也跟岳飞的差不多，看来岳家军的兵力规模应当在六万左右，跟吴玠的兵力接近。

兵力接近，军费支出总数却有云泥之别。为什么？吴玠喝兵血、吃空饷、贪污军费？当然不是。主要有两个原因：四川各路本来粮价就贵；蜀口部队的军粮转运不易，成本畸高。

宋代粮价的资料有欠系统。宝元二年（1039），吏部流内铨关于地方官职田问题的记载，可为旁证：

> 相度欲以幕职令录与判司簿尉各作一等，大约随路分斛斗贵贱分定石数。如京东、京西、河北、淮南、两浙、江南，皆物价中平，其幕职令录以岁收一百五十石已上、判司簿尉一百石已上者为有职田；陕西、河东、荆湖、福建、广南，土薄物贱，即幕职令录以二百石、判司簿尉以一百五十石为限；唯川峡谷贵，与路不同，其幕职令录断自百石已上、判司簿尉五十石已上，并为有职田处。

职位相同但所获粮食石数少，便意味着当地粮价贵，这样才能与石数多者所获价值持平。上文指明，京东、京西、河北、淮南、两浙、江南的粮价比较便宜，"皆物价中平"；

陕西、河东、荆湖、福建、广南"土薄物贱"，粮价更低。哪里最贵？川蜀四路。加权平均后，四川粮价是京东、京西和江南的1.6倍，陕西、河东的2.3倍。

至于具体的粮价，《续资治通鉴长编》记载，大中祥符元年（1008）全国丰收，米价最低，每石七八十文；天圣八年（1030），范仲淹在《上资政晏侍郎书》中记载的数字已是每石三百文；熙宁元年（1068）以前十五年内，据曾巩的《元丰类稿》记载，粮价中位数是七百文；宣和四年（1122），《宋史·食货志》引用榷货务的报告，粮价居然涨到了两千五到三千文。宣和已是宋徽宗的年号，粮价则显示出国将灭亡的信号。

进入南宋，廖刚的《论赐圩田札子》记载，绍兴九年（1139），东南地区米价三千三百文左右。而同时期金国统治范围内，"米斛极贱，米不过二三百一石"，仅有南宋统治区内的一成。史书记载和尚原之战前后宝鸡一带的百姓曾趁夜冒险南下给吴玠送粮，吴玠感念其忠义，赏赐也很丰厚，却没有提粮价的差别。当地百姓情感上更亲近宋军是自然而然的，粮价因素也不能忽视。陕西粮卖出四川价本来就是好买卖，更何况是战时的救命粮。

东南地区的粮价是每石三千三百文，四川粮价自然不止此数。但这还不算完，更要命的是运输成本。蜀口的军粮，都由成都府、潼川府经水旱两路远途输送。水运是从岷江、沱江、涪江向南运到长江，再东行到重庆溯嘉陵江而上兴州。

这样虽路途远、时间长，但成本低。成都一石军粮水运到兴州费用为四千三百文，已超过东南地区粮价，陆运更高达十三贯，是水运的三倍。

军粮的确事关全军安危。吴玠从和尚原后撤主力，军粮便是重要因素。熙河帅关师古更是为此投敌。他屡次向宣抚司求粮，但宣抚使张浚离任交接，迟迟没有回应。无奈之下，关师古冒险率军到伪齐境内抢粮，战败之后既愧且惧，单骑投敌。

军方想快点拿到粮食，总会要求陆运；地方要节省成本，肯定喜欢水运。这个矛盾无法调和，直接导致赵开去职。具有讽刺意义的是，御史弹劾张浚的罪状之一，便是任用赵开这样的酷吏搜刮地方。继任的四川都转运使李迨的理财手段和灵活性都不及赵开，更加狼狈，因供军钱物逾期，被"利州营妇遮其马首悖詈"。军中大妈居然敢拦住长官的马头破口大骂，哪儿来的胆子？十有八九是吴玠的怂恿。即便他没有直接怂恿，也有可能是因为下面的人察言观色，因为吴大帅从不掩饰对转运司系统的厌恶。

前文那桩血案便是明证。当时胡世将入蜀担任四川安抚制置使，约吴玠在利州会面，商谈军粮问题。吴玠走到大安军（今陕西宁强县阳平关），被缺吃少穿的随军妇女、儿童包围，震怒之下，声称要斩了利州路转运副使勾光祖再上书自劾。

这次会谈算得上圆满，商定采用"转般折运之法"，其实就是各退一步，水陆结合。但胡世将离开的次日，吴玠便将四大川路转运司的主管官吏押赴闹市斩首。据说他本来还真要将四路转运使一起杀掉，幕僚认为转运使由皇上任命，宣抚副使又没有便宜黜陟的权力，吴玠方才作罢。

有此曲折，军人及其眷属对转运司还能有好脸色吗？此时的吴玠，是不是也有强烈的军阀色彩？

"一将功成万骨枯"，化为枯骨的并不仅仅是士兵。四川百姓因保证吴玠军需而直接或间接死亡的人数无法统计。这四大川路转运司的主管官吏，更是妥妥的冤魂。吴玠虽有滥杀无辜之嫌，但他追求的速度与转运司强调的成本都没有错，错的是战争。任何时候都不能忘记战争的代价之大。若非置身其中，永远也无法想象其缓慢而绵长的残酷。

在吴玠的时代，军队经商习以为常，所谓"回易"。岳家军一年经商所得，曾经达到过一百五十万缗。吴玠驻扎河池时，发行过银会子方便流通，并且在阶州、成州开展茶马贸易。史载"玠与敌对垒且十年，常苦远饷劳民，屡汰冗员，节浮费，益治屯田，岁收至十万斛。又调戍兵，命梁、洋守将治褒城废堰，民知灌溉可恃，愿归业者数万家"。这些事迹虽都是客观存在，但都没有缓解四川的财政窘境。

汉中盆地是刘邦的发迹之地，颇为肥沃。吴玠不仅在这里大修堤堰、开展屯田，还在仙人关和七方关外的关外四州修了许多"家计寨"，即选择地势险要、可以屯耕结合之处，修建坚固的堡垒，里面水土丰美，可以长期据守。"无事则寓于州，有事则归于寨。"岷州的仇池城是最典型的代表。

不以文辞见长的吴玠留下的诗词极少，为陕西褒城县萧何庙留下的《题山河庙壁》便有明显的屯田背景：

早起登车日不暾，菼烟蓑草北山村。

木工已就萧何堰，粮道要供诸葛屯。

太白峰头通一水，武休关外忆中原。

宝鸡消息天知否？去岁创残未殄痕。

吴玠的屯田措施曾受到朝廷明旨褒奖，但效果如何呢？李迫于绍兴七年（1137）接任四川都转运使时，向各路守臣打听屯田所得，"皆不报"。李迫上奏朝廷，建议按照上年报告的田亩数，"每亩除出种粮，止以三石为率，约收二十五万余石"，扣减发运的军粮，"少宽民力"。可以想见，屯田措施并没有什么效果。

不难判断，吴玠并没有充分考虑朝廷和四川的困难，不够公忠体国，但赫赫战功遮蔽了史书对此的叙述。

八

一起长大的朋友、一同拼杀的战友，原本肩并肩、手拉手，一起大口吃肉、大碗喝酒，突然走着走着就散了。你已被超越，甚至被抛弃。从超越者的角度来看，则是你已经落后。

资源都是有限的，你这里多一点儿，就意味着别人会少一点儿。这就是嫉妒的根由。但名将的成长，必然需要人血的滋养。而且这血未必都是敌人的，有时也来自同僚与战友。名将曲端的血就染红过吴玠的官帽。

以名将称呼曲端，估计很多人不以为然。若不专门做南宋战史的功课，谁也不会知道这个名字。但称他为名将并不意味着头衔泛滥，只不过再度证明了历史的势利。当年的曲端能在乱世中迅速崛起为泾原帅，肯定是需要一点手段的。彼时军中流传着这样的说法："有文有武是曲大，有勇有谋是吴大。"其中的曲大就是曲端，吴大则是其部将吴玠。

富平战败后，将士的血终于洗清张浚的书生之眼。然而长官就是长官，尤其当这个长官还是钦差大臣的时候。这种人是不可能认错的，良心发现的张浚也只能将此战泾原军出力最多且战败之后没有溃散、能迅速聚集，归功于曲端"训练有方"，将他改为荣州刺史，徙阆州（今四川阆中）。张浚率领宣抚司退到阆州后，有再度起用他的打算。

吴玠一听坚决不干。彭原店之战的阴影，一直在他心头挥之不去，若重新起用曲端，那他这个刚刚被提拔起来的诸路都统制将处于何地？正巧，曲端骄悍难制，仇家甚多，前上司王庶便是其中之一。王庶直接指证曲端有不臣之心，罪名是曲端曾经写有这样两句诗："不向关中兴事业，却来江上泛渔舟。"

能文能武，难免要写诗，一旦白纸黑字写下来，也就容易留下把柄。

曲端这诗应该是被废弃时的牢骚或者自我解嘲，指斥乘舆（宋高宗）云云，纯属捕风捉影。然而吴玠也这样指证，罪证则是叛将赵彬迎回曲端的榜文。张浚心里正犹豫，旁边的吴玠忽然向他张开手掌；张浚定睛一看，上有四字：曲端谋反。

挟和尚原之威的吴玠脱颖而出，已是张浚在战场上的依靠。有鉴于此，张浚只能以此罪名，将曲端送到恭州（今重庆）审讯。主审官是谁呢？提点夔路刑狱康随。当初他在曲端麾下，因经常不称其意，曾被鞭笞数百，对曲端恨之入骨。

曲端闻听主审官是康随，立即叹道："吾其死矣！"然后"呼'天'者数声"。战将自然都有良马，曲端的坐骑名叫"铁象"，据称能"日驰四百里"。曲端不住地感叹"铁象可惜"，才去让他们逮捕。曲端最终果然死于非命：康随等人假称可以用健康原因取保，让曲端写好病状，然后将他绑住用火烤，曲端要喝水时则灌之以酒，导致他"九窍流血而死"。

曲端早期有种种不法，如果严格按照军法处死并不多么过分。但最终这样死去，实在是张浚、王庶和吴玠的耻辱。这一点吴家兄弟心知肚明。此后吴璘拔擢曲端之子曲之绩为军校，应当是心理补偿的结果。

映衬吴玠成功的不只有曲端的死，还有郭浩的失意。

郭浩也曾是吴玠的上司。败退到和尚原时，他因兵力薄弱，只能听命于从前的下级。被光芒照耀的结果就是留下阴影。此后郭浩多年都生活在吴玠的阴影之下，直到有一天，大家缘尽分手，诱因则是利州路提点刑狱宋万年通敌案。

前面说过，吴玠有一张高效的情报网。他探知宋万年有通敌嫌疑，立即命令利州帅郭浩将宋万年逮捕审讯，但郭浩上报说宋万年是清白的；吴玠将宋万年提到宣抚司亲自审讯，得到供认不讳的结果后，郭浩又声称这口供跟他得到的口供不一致。什么意思？吴玠涉嫌刑讯逼供。因此，两人大打笔墨官司。朝廷无奈，只好将郭浩调为"知金州兼永兴军路经略使"。虽然永兴军早已失陷多年，这个帅司只是名义，但金州远在子午道以东，跟蜀口已无直接关系，只是暂时属于川陕宣抚司。而郭浩抵达金州之后，获得了当地的兵马，又招集流亡、大兴屯田，最终不仅完全实现自给，还上缴户部十万余缗。宋高宗大喜，给了他"凡有奏请，得以直达"的权力，使他得以脱离吴玠体系，并为吴玠死后，蜀中吴璘、杨政、郭浩三大将并立的格局奠定了基础。

比起吴玠，郭浩的屯田自然更有意义，更具贡献。

九

在吴玠长期驻扎过的兴州境内，白水江边的悬崖上有个药水洞，也叫朝阳洞。洞中佛宇庄严，左壁有雷、风二洞，瀑布凌空而泻，可谓胜景。吴玠曾经到此巡游，题诗两首。第一首有九字湮灭，第二首如下：

洞居山巅下漏泉，老龙酣睡几千年。

谁将石柱敲岩唤？我是人间一散仙。

　　看来能文能武的是曲大而不是吴大，这诗的确不如曲端被攻击指责的那两句，简直有点"老干体"的意思。当然吴玠并非文人，这也没什么。只是"散仙"云云，于他只是幻想。他的一生注定充满心机。

　　吴玠酷爱读书，而且集中于兵书。鲁迅先生只是在书桌刻下一个"早"字，吴玠的墙上则写满了格言警句。每从书中看到醒目的句子，便随手记下。凡此种种，岂是散仙所为。

　　将军若要成功，首先得有主见，而主见与跋扈经常是一体两面。敢将四大川路转运司的主管官吏斩首的吴玠，那时当然是跋扈的，但如果仅仅看到这一层，又不免简单。事实上，这也是他心机的体现。他不仅要对金兵防守反击，对于时刻强调以文制武的朝廷，也必须适时防守反击。

　　吴玠起家得益于刘子羽的推荐、张浚的重用，这种知遇之恩他从来不曾忘怀。故而绍兴三年（1133）年初，他从兴元府西北的驻地仙人关一带，挥师向东三百里，杀到饶风关驰援刘子羽。要知道此举风险极大，因宣抚司的命令只是分区防守，而吴玠的防区已有敌情；刘子羽发出的只是援助请求，并非命令。不仅如此，得知张浚和刘子羽出蜀后遭遇弹劾贬黜，他立即上疏请求以自己从仙人关大捷中获得的检校少师和奉宁、保定军节度使头衔为两人赎罪，极力陈说刘子羽在和尚原、仙人关筹措军粮、增派援军的功绩。宋高宗虽然表示"进退大臣，断自朕志，岂可由将帅之言"，但还是不得不给刘子羽自由。因为归还奉宁、保定军节度使似是祈求，实为要挟。这一点宋高宗与吴玠彼此心知肚明，因而吴玠事后立即请求待防秋过后赴行在觐见，以睹天颜。考虑到前线有警，宋高宗没有批准，次年秋天吴玠便派儿子专程前往临安，这态度让宋高宗颇为满意。

吴玠在这个方向最痛快的防守反击，还是针对川、陕宣抚使。

张浚出蜀后，川陕宣抚处置司便不再有"便宜黜陟"的权力，同时去掉"处置"二字，降格为宣抚司，王似为宣抚使，卢法原和吴玠为副使。王似与卢法原坐镇阆州本部，负责日常工作，吴玠则驻扎河池，具体指挥蜀口部队。毫无疑问，战功卓著的大帅是不可能服气于两个突然空降而来、威望不足的长官的。吴玠跟卢法原随即产生矛盾，此后吴玠奏报仙人关军功时，便顺带指责卢法原公报私仇，"不济师，不馈粮，不铨录立功将士"。

收到这样的奏报，宋高宗自然要诘问卢法原。具体内情虽不可考，但卢法原多半是清白的，顶多指责他不够灵活，没有一切服从军事，而纠结于传统道义与民生。他自然不服，极力辩解，而宋高宗表面上肯定只能袒护吴玠。结果卢法原怒火攻心，忧愤不已，最终一病不起。在此期间，王似因事被免，宣抚司便只有吴玠硕果仅存。

可以想象，当时吴玠的心情是愉悦的，说他气死了卢法原肯定失于严谨，时间的先后关系并不是逻辑上的因果关系，但这样的文官在吴玠眼里，自然是碍手碍脚的，没有他们指手画脚，肯定是天地开阔。闻听朝廷令宣抚司挑选一位高级幕僚暂代日常工作，兵权归属另候通知，吴玠立即以副使的名义向宣抚司本部发出命令，要求他们上缴大印。道理很简单，他是唯一的副长官。兵权归属问题明确之前，他掌握印把子自然而然。

然而理由虽然充分，下属却不肯从命。

任命吴玠为副使时，便有明文规定："免签书本司公事，专一措置沿边诸处战守。"暗藏的祖宗家法不言自明。临时代管宣抚司日常工作的参议官范正己对此心领神会，随即以宣抚司的名义发布一道针锋相对的命令：除沿边军马以及调拨到吴玠军前的由吴玠节制以外，其余各部均由各军统制官指挥；着王彦率所部七千人东调夔州府路，防守四川门户夔州。

张浚离任之前，已经确立吴玠、刘锜、王彦和关师古四大帅并立的格局。吴玠虽有诸路都统制和宣抚副使的名衔，但也指挥不动其余各部。只不过这些都是言外之意，而今范正己则将之形诸笔墨。自然，刘锜和八字军统帅王彦这样的老资格更愿意服从范正己的命令。吴玠勃然大怒，立即上疏指责范正己弄权，不与副长官商议便擅自调动兵马。吴玠知道朝廷是离不开自己的，因而再度要挟："缘臣人微望轻，致本司官属辄敢凌忽，伏望将臣先赐罢黜。"

虽然范正己真正领会了祖宗成法的精神实质，但毕竟程序上存在瑕疵。宋高宗无奈，只能将他和另外一位参议官免职并"降二官"。如此罚酒三杯的处理，吴玠怎肯罢休，便以他们私藏宣抚司印章为由，指使潼川府签书节度判官厅公事史炜上书控告。自然，查到次年，也是子虚乌有。

从朝廷的角度看，吴玠此举略微过分，而今再想却并无不妥。将军当有将军的风格：坦荡，敞亮，担当。不能总像文官那样，心里算盘珠子打得噼里啪啦响，表面却是窝窝囊囊，还美其名曰涵养。以文制武已经导致亡国，吴玠顺势防守反击、发发牢骚，有何不可？

吴玠虽有傲上的习惯，但并不傲下。他"素不威仪"，即便当了宣抚副使，也经常背着手步行外出，站着随意跟军士交谈。幕僚都劝他注意安全，防止刺客，但他坚持己见，"恐军民之间有冤抑无告者，为门吏所隔，无由自达耳"。

普通士兵跟前的吴玠，跟赵开、卢法原、范正己跟前的吴玠，看起来完全是两个人，但内里的逻辑却足以自洽。不是吗？

吴玠的不傲下还体现在对岳飞的态度上。

当时的五大将中，张俊、刘光世、韩世忠出自御营司系统，是老资格的嫡系；岳飞出自宗泽的东京留守司系统，吴玠出自西军，算是后进的杂牌。尽管岳飞年岁资望更轻，但吴玠收到策应他出兵襄汉六郡的朝命，立即派人前往联络。得知岳飞家眷不在军中，也无女人侍奉，便从成都买得一位没落

171

世家的美女，专程送了过去。

跟其余三位大帅，吴玠却没有任何联系。这是他唯一一次向同僚伸出橄榄枝。关于此事，人人都知道岳飞拒绝的美德，却忽略了吴玠的耿介。

很有意思的是，吴玠跟岳飞、韩世忠一样坚决反对和议，越能打越反对。毕竟和议完成，他们便会失去兵权。这不只是实际利益的损失，更重要的是他们会失去利用价值乃至存在感。而且这样的人有能力且自信，在战斗力判断方面不免由己推人，一般会偏于乐观。绍兴九年（1139）六月，四十七岁的吴玠病故于仙人关。关于其死因，《宋史》明确记载为"晚节颇多嗜欲，使人渔色于成都，喜饵丹石，故得咯血疾以死"，但《夷坚志》则认为可能是夏天饮用了不够清洁的水，里面含有蚂蟥虫卵，最终因食源性寄生虫感染而咳血。吴玠大概率是好色的，这样精力旺盛、意志坚强的战将，用性缓解战场压力再自然不过。只是他虽有此好，但并不像韩世忠那样下作。后者经常要部下的妻女陪酒，甚至闹出人命。

这就是吴玠，有着三棱镜一般的真实人格。

（除《宋史》《鸡肋编》《建炎以来系年要录》《续资治通鉴》等古代史书，本文着重参考了杨倩描先生的《吴家将——吴玠吴璘吴挺吴曦合传》。谨致谢忱。）

（刊于《江南》2022年第4期）

韦孝宽：锦囊妙计战场开

弱冠请缨

　　将军用计是基本的职业素养，原本没什么了不起，但像韦孝宽这样几乎一生用计且屡试不爽，翻遍历史，并不多见。故而建中三年（782），礼仪使颜真卿向唐德宗建议追封六十四位古代名将并为之立庙祭祀时，其中就有韦孝宽的名字。大宋的古代名将庙中祭祀的七十二人中也有韦孝宽。至于《十七史百将传》，当然更不会落下他。

　　门阀制度之下，官员多为世家子弟，韦孝宽也不例外。良好的出身使他可以接受良好的教育。他自幼好读经史，为人深沉机敏、温和正直。最终之所以会成为一代战将而不是文官，完全在于他自己的选择。

　　古代男子二十岁时需行冠礼，戴上表示成年的冠。这个冠格外重要，所以子路临死之前还要正冠，即便马上就会被人砍成肉酱；披头散发也足以形容人的狼狈不堪，所谓"明朝散发弄扁舟"。二十岁体犹未壮，故称"弱冠"。"无路请缨，等终军之弱冠"，这是王勃的感慨。韦孝宽还真在弱冠之年像终军那样主动请缨，请求朝廷出兵扫平雍州（今湖北襄阳）刺史萧宝夤。为什么？因为萧宝夤杀了郦道元。

萧宝夤是南齐明帝的第六个儿子，在萧衍篡齐建梁前夕残杀南齐宗室子弟时逃到北朝，并效法申包胥哭秦廷，到洛阳后伏在宫门外痛哭一夜，即便狂风暴雨也不肯离开，最终被封为齐王。此后率军南下攻梁，时有战功。然而长期的征战导致内部矛盾激化，原本是北魏起家根本的北方六镇终于叛乱，关陇各地烽烟四起。萧宝夤受命到关中平定莫折念生、万俟丑奴的叛乱时屡受挫折，一度被削职为民。客观而言，这并不能完全怪他，而是北魏国势衰微的具体体现。他担忧朝中的猜忌，干脆竖起了叛旗。

这个叛乱在政治军事上并没有造成什么影响，受影响最大的很可能还是文学：地理学家、散文家郦道元因之丧生。郦道元执法严苛，《魏书》将之收入《酷吏列传》。他得罪了不少权贵，最终的结局也类似颜真卿，被权贵借刀杀之。当时萧宝夤的动向已经引起朝廷怀疑，朝廷决议派一名得力大臣前去安抚、监视。派谁呢？有人推荐刚猛严正的御史中尉（御史中丞改置，以便监察武将，适应战时体制）郦道元。果然，萧宝夤慑于郦道元的威严，在这位关右大使尚未抵达任所时，便派人将之杀害于阴盘驿（今陕西临潼），郦道元的两个弟弟、两个儿子也惨遭毒手。

在《水经注》中，郦道元记录了大小战役不下三百次，详细描述了对交战双方至关重要的地理条件，如山岳、关隘、河川、渡口、桥梁、仓储等，后人评其"开兵要地理之先河"。冷兵器时代，山和水是对战局影响最大的两个地理条件，尤其是山地中的隘口。而在当郦道元被杀的消息传来时，韦孝宽立即诣阙上书，请求讨伐萧宝夤，表示愿意"为军前驱"。朝廷当然欣赏这种态度，随即任命他为统军。

这道其实并不经意的任命，为一位史册流芳的名将徐徐拉开了舞台的大幕。

韦孝宽多次从军有功，被升为国子博士。此后侍中杨侃以大都督的身份出京镇守潼关，他很欣赏韦孝宽，便聘请其为都督府司马。当时每位将军开府都设司马一人，位次将军，类似参谋长。虽然品级不高，但地位格外重要。这还不够，杨侃干脆又将他收为女婿。然而家世与姻亲给韦孝宽提供的只是第一道台阶，或曰敲门砖。他此后所有的晋升都是靠战功的累积。可巧，他的出道之战，恰恰发生在潼关。

当时北朝刚刚分裂，北魏孝武帝元修本是高欢扶持起来的，因不堪摆布而逃入关中依附宇文泰，西魏随即建立；高欢顺势又立一个傀儡皇帝，建立东魏。此后宇文泰和高欢的后人都将鲜卑拓跋氏的皇帝撇开，各自称帝，北周和北齐又浮出水面。

无论国号叫什么，反正当时就是"后三国时代"，原本的南北矛盾立即被北方内部的矛盾所取代。东魏地域虽然略小，但人口有两千万之多，随时可以将二十万人拉上战场；相比之下，西魏地广人稀，人口只有六百万，不免局促，宇文泰的机动部队最初只有三万，双方实力太过悬殊。

潼关出道

这种战略格局，高欢那样雄才大略的人当然不会坐视不理。536年十二月，他出动大军，准备对立足未稳的西魏发起攻击。全军兵分三路：猛将高敖曹从武关向上洛（今陕西商洛）推进，攻击长安侧背；窦泰沿潼关西进，威胁长安正面；高欢自己从蒲坂（今山西永济西南蒲州镇）渡河，目标直指渭北。三个方向，正好将长安包围，其中窦泰所部为主攻方向。窦泰是高欢的连襟，也是其得力干将。当初趁新年夜奇袭尔朱兆，就是他的杰作：他率领精锐连夜疾驰三百里，新年夜杀到尔朱兆跟前时，敌军的新年酒还没醒，结果如何可想而知。

为掩护窦泰，高欢大张旗鼓地在蒲坂修了三座浮桥，做出随时准备渡河攻击的姿态，欲吸引宇文泰的兵力。作为北周和北齐实际意义上的奠基人，宇文泰和高欢都是百战名将，多少有点曹操的风范。宇文泰仔细观察，审视敌军动向，判断高欢所部乃是疑兵：这戏唱得实在太投入了，为什么要大张旗鼓地扎浮桥？窦泰难道就不需要渡河？

宇文泰果断决定将计就计，声言敌军势力太大，打算退兵陇右，暂避锋芒。随即赶赴长安晋见皇帝，做出准备撤退的假象。此时的皇帝已不是孝武帝元修（他跟宇文泰共事不过五个月便被毒死，正所谓"才出狼穴又入虎口"），而是魏文帝，当然不是曹丕而是元宝炬。不论是谁，反正都是宇文泰的提线木偶。

敌众我寡，宇文泰暂时退避完全符合情理，因而很有欺骗性。他的真实目的是什么呢？集中主力，先解决威胁最大的窦泰。如果首先攻击高欢，窦泰急躁，多半会去救援；而反过来则未必，因为高欢素来持重。窦泰一直打先锋，部下都是精锐士卒。一旦将他击败，另外两路人马遭遇心理打击，即便可以再贾余勇，宇文泰也能从容应对。

计议已定，宇文泰乘夜率领主力直奔潼关。谁打先锋呢？韦孝宽。为什么？他跟随宇文泰经年，深受信任，且对潼关这一带的地形格外熟悉。征讨萧宝夤时，韦孝宽后来的幕主与岳父杨侃当时也在别人麾下效力，献计智取潼关；此后他又跟随杨侃镇守潼关。杨侃反对正面仰攻、主张智取潼关，结果获胜，但兵无常势，历史不会简单地重演。

潼关为什么会取代函谷关成为关中门户？这个话题值得仔细说说。函谷关始建于周，因路在谷中，深险如函而得名。十五里长的道路，两侧都是高山绝壁，松柏林立，不见天日。在关中与中原的唯一通道崤函古道上，这里最为险要，是真正的咽喉要道。此后北崤道开通，汉武帝将函谷关设于其上，并东移至洛阳以西，废掉旧函谷关，改立弘农县。虽然关守废弃，但道路还能通行，赤眉军便由此入关。因函谷关无人把守，他们进军格外顺利。

黄河由晋入豫后，在这一带呈"几"字形。由于流速降低，逐渐在南岸形成一条平坦的沙滩，取代了崇山峻岭中的通道。故而曹操攻取关中时，又将函谷关挪到这条路上（魏函谷关已被三门峡水库淹没）。通道越来越多，函谷关设在哪里都无法起到"一夫当关，万夫莫开"的作用，因而被潼关取代也就顺理成章。

潼关之所以能成为新的咽喉要地，是因为两道天然防线的加持。北面基本呈东西走向的黄河大家都知道，但东面那条南北走向的禁沟，不去实地考察则不会有深刻印象。禁沟是一条长达三十里的天然深沟，流水冲刷剥蚀黄土高原形成。沟宽不到二十米，深达百米。沟底可以通行但官府禁止通行，以免百姓逃税，毕竟关卡也是税卡。因此，这条沟被称为禁沟或禁谷。汉代以来的潼关城就设在禁沟西侧的麟趾塬上。其南部大约四里处，当时有流水冲刷出来的一条小路，被称为"小关"。正是这个小关，被宇文泰巧妙利用。

韦孝宽接到命令，迅速奔袭潼关。潼关的地形主要是向东防御，因而从西面进击相对容易。他将潼关拿下之后，立即受封为弘农郡太守。弘农还在遥远的东方，宇文泰此举的意图不言而喻。窦泰果然好战，闻听西魏军队开到，潼关易手，立即从风陵渡渡过黄河，前来挑战。但他并不知道，宇文泰的主力悄悄从小关东出，已秘密绕到马牧泽，抄了他的后路。

马牧泽在哪儿呢？在今天河南灵宝市西南。

窦泰再勇猛，也抵挡不住韦孝宽和宇文泰的两面夹击，很快便溃不成军。窦泰见已无法挽回败局，只得含恨自杀。史书记载他出师之前，便有歌谣说："窦行台，去不回。"出发前一夜的三更天，数千名着红色衣帽的人进入台中，口称"收窦中尉"，连宿值人员都受到惊吓，但天亮后又发现门锁毫无异常。如果这个记载准确，那么他的结局早已预示。

宇文泰的判断很准确，接到窦泰兵败的消息，素来持重的高欢毫无增援的意愿，借天暖冰薄、辎重无法过河为由，下令立即撤军。同样的冰层，不能承载东魏的士卒，却能承载西魏的追兵。宇文泰挥师渡河展开迅猛追击，奉命殿后的东魏将军薛孤延"一日斫折刀十五口"。将军都用坏了十五把刀，战斗有多惨烈不难想象。

这次胜利的直接结果有两个：西魏站稳了脚跟，隋朝在小关修筑了潼关南城。随着黄河泥沙的进一步淤积，麟趾塬北侧又出现一块平坦的沙滩，成为大唐潼关城的新址。这个看似自然而然的举动，却给唐朝的覆灭埋下了伏笔：黄巢所部最终由汉隋潼关旧址攻入长安，类似当年的赤眉军过函谷关。

反间破敌

随着西魏的建立，鲜卑统治者之间的矛盾激化为主要矛盾。高欢与梁朝通好，宇文泰则跟柔然通婚，目的一样：结援自固，打击对手。537 年的潼关之战后，东魏和西魏又在沙苑（今陕西大荔南部洛河与渭河之间）和河桥（今河南孟州西南、孟津东北黄河上）展开激战。沙苑之战宇文泰全胜，河桥之战原本也开局良好，他亲自率领的中军大胜，只因东西两路吃了败仗，这才败退。河桥之战两魏军阵极大，首尾悬远，从早到晚交战数十回合，气雾四塞、形势万变，信息无法准确迅速地传递，这才导致宇文泰最终的失败。尽管如此，双方总算达成均势，东魏无法继续对西魏咄咄逼人。

说是均势，其实双方互不服气，因而摩擦不断。这就给韦孝宽提供了表演的舞台。

河桥之战后，东魏夺取了战略要地、前都城洛阳，但从洛阳以西到潼关之间的广大地域，双方还在拉锯。当时韦孝宽任南兖州刺史，跟驻守宜阳郡的东魏将领段琛、尧杰和牛道恒对垒。南北朝时期州郡名号泛滥，南北皆如此；北魏分裂后，情况更加严重。州下无郡、郡下无县是家常便饭。有的两州同在一地，或一地有两个郡名。如河南鲁山县，竟有广州之名，不免让读史者头晕。韦孝宽的这个南兖州便是如此，并无固定辖区，在宜阳附近守卫疆界而已。这个宜阳郡古今辖区倒是基本稳定，治所就在今天的河南宜阳县。

人口是重要的战争资源。牛道恒在接壤地区利用各种手段招诱西魏百姓，韦孝宽忧虑不已。怎么办？他决定采取反间计。这个反间计分两步走，第一步，派细作潜入东魏军中，寻找牛道恒的笔迹；第二步，让善于模仿笔迹的人伪造一封牛道恒写来的信。信的内容当然类似黄盖的诈降书。写成之后，还制造了灯火烤焦的迹象，然后派细作送入段琛的军营。

段琛得到这封信，很难不疑神疑鬼。毕竟双方前不久还属于同一个国家、同一个民族，彼此渊源深远，无法一刀两断。他已经起疑，但又无法证实或者证伪，只能对牛道恒冷处理，不再采纳他的建议。

韦孝宽探听到这种情况，知道他们彼此已生嫌隙，有机可乘，于是发兵奇袭，最终将段琛和牛道恒等人全部俘虏，崤山、渑池一带的局面，随即得到安定。

玉壁成名

韦孝宽的成名之战上演于玉壁城。玉壁城在哪儿呢？今山西稷山县城西南五公里处的白家庄，黄河东岸百里开外，典型的河东地区，由西魏大将王思政主持修筑。城池处于汾河下游，在汾河与涑水河分水岭峨眉塬北部，北临汾河，东、西、北三面都是绝壁深沟，易守难攻。对于双方而言，这里是战略要地：汾河是黄河的第二大支流，利用汾河，东魏军队可顺流直下进入黄河，进而向西攻击；西魏军队可逆流而上，直指高欢的大本营晋阳（今山西太原西南）。不仅如此，由此径直向西，有太行八陉中的第一陉：轵关陉。通过轵关古道，翻越齐子岭，即可抵达轵关城（今河南济源西北）。出了轵关，或趋东北进东魏国都邺城（今河北临漳西南），或向东南逼东魏故都洛阳。对于东魏而言，这就像扎进肉中的一根刺，让高欢日夜不安。尽管已在王思政跟前碰过壁，但高欢还是不死心，因而在"碰壁"之后的第四年即546年十月，再度倾巢而出，率领精锐十万，连营数十里，直指玉壁城。

玉壁城周长不过八里，韦孝宽手下的人马撑死只有数千，高欢为什么要做出这种姿态？因为他要"围玉壁以挑西师"，想围点打援。他在汾河北岸与玉壁城遥遥相对、视野开阔的地方，堆起土山，筑起城堡，驻于其上观察指挥。

那时玉壁城的守将已经换成韦孝宽。两个月前，并州刺史王思政转任荆州刺史，离任之前推荐了韦孝宽。韦孝宽接受这道命令是有条件的：将宇文忻调来帐下。宇文忻小时候玩游戏便表现出军事才能，长大后果然成为一代战将，其弟宇文恺则是中国古代杰出的建筑学家、城市规划专家。隋都大兴城和东都洛阳的规划建设，都是他的手笔。

这算什么条件？朝廷慨然应允。韦孝宽携宇文忻刚刚抵达，席不暇暖，高欢便兵临城下。那一年高欢正好五十岁。他大概自知天命，意识到时日无多，因而几乎是孤注一掷，甚至为此抛弃了发妻娄昭君。

高欢出生于破落世家。如果不是鲜卑族妻子娄昭君的嫁妆中有战马，未必会有他的后来，因为他根本没有出任军中最基层指挥官的资格。尽管如此，他还是将娄昭君置于别室

（类似休妻或离婚）而娶了柔然公主。这倒不是为了讨好新人，若非如此，柔然就要跟西魏联手。

和亲一般是把公主嫁给少数民族酋长，反过来的情形极为罕见，高欢大概算是首例。说起来于他而言这也算是屈辱，因为新郎的辈分会比酋长低，可为了所谓的统一大业，高欢居然低了头。少年夫妻老来伴，老年的低头，尤其令人侧目。

高欢气焰嚣张，韦孝宽不慌不忙，因为玉壁城地形险要，易守难攻，王思政构筑的防御阵势很是科学：城西、城北两侧，各有一座拱卫的城堡，没有门，用暗道连通，可与主城成掎角之势；城东北有条羊肠小道，蜿蜒通向汾河，可以取水饮马。韦孝宽接手之后，知道这里的重要性，已做好充分准备，况且还有猛将宇文忻从中协助。

高欢也是一代名将，战火熏染出来的。他听说城中无泉，饮水完全仰仗汾河，立即命令部队筑起堤堰，让汾河改道。万人齐动手，结果“一夜而毕”。但是很遗憾，城中没有水源的情报并不准确，此举并未影响韦孝宽的战斗力。既然如此，那就展开猛攻。仰攻总是不利，因而他下令在城南堆土为山，希望能居高临下。韦孝宽随机应变，命令部队在原来的两座城楼上不断缚木加高，总比东魏军队的土山高一点点，在上面布置防御战具，展开反击。

高欢又派人向城中传话：“即便你能把城楼架到天上，我也要穿过城池捉拿你！”口气如此笃定自信，他有什么奇思妙计？——地道战。

其实战国时期已经出现地道战。《墨子·备穴》中便有如何防御地道战的记载，只是缺乏具体的战例。此后曹操多次应用地道战，已得心应手，久经战场的高欢当然不会陌生。他采用天文历算专家李业兴提出的奇门遁甲中的"孤虚法"，在城北计算好阴阳方位，堆山猛攻，同时在城南挖了十条地道。

高欢会攻击，韦孝宽却会守御。他命令部队挖出长长的沟堑，留下士兵看守。东魏的士兵一露头，立即擒杀。与此同时，在沟堑旁边堆置木材，发现地道中有东魏士兵潜伏，便将木材投入，点燃火种，再用皮排不断向里面鼓风吹气。浓烟烈火之下，东魏士兵不是被烧死，就是被熏死。

东魏造好巨大的攻车，用来撞击城门。攻车体积庞大，冲击力极强，所到之处一片糜烂，相比之下，排楯就像是儿童玩具。怎么办？韦孝宽让人缝制巨大的布幔，攻车往哪里撞击，士卒就在哪个方向将布幔张开。攻车撞上悬于空中的布幔，就像拳头砸在棉花上，冲击力被大大削减。

东魏军队又开展火攻。将油浸过的松麻绑在长杆上，点燃后伸向城楼，想要烧毁布幔。韦孝宽命令部队在长杆前端绑上利刃，将其遥遥割落。高欢无奈，又回到地道战的老路，命令部队在城外四面挖出二十一条地道，先用木柱支撑，挖成后浸油放火，烧掉木柱，造成崩塌。当年他就是这样攻陷邺城的，而今如法炮制，却没能见效。只因韦孝宽令人准备好"木栅"，哪里崩塌就将哪里临时堵住，后面布置坚稍硬弩，来一个敌军杀一个。

所有武力攻击的招数全部用光，而玉壁城依然高悬着韦孝宽的战旗。既然硬的不行，那就来软的：招降。这个计策此前也对王思政用过。高欢向王思政许诺："若降，当授以并州。"并州太原郡晋阳县是高欢的大本营，尽管邺城是东魏的国都，但实际的政治中心还是在晋阳。王思政反问道："可朱浑道元降，何以不得？"

招降王思政是高欢亲自下书，招降韦孝宽用的则是祖珽。祖珽这个人很值得说说，首先是才华横溢，善辞赋、通音律、懂医学，还能用胡桃油作画，通四夷语言。高欢曾经口授三十六事，他一一记下，无一疏漏。其次则是品行无端，淫乱骄纵，还有盗窃癖。按照司马光的定义，祖珽是典型的小人，才胜于德。

祖珽随即派人给韦孝宽传话："君独守孤城而西方无救，恐终不能全，何不降也？"韦孝宽道："我城池严固，兵食有余。攻者自劳，守者常逸，岂有旬朔之间已须救援！适忧尔众有不反之危。孝宽关西男子，必不为降将军也！"

韦孝宽态度坚决，祖珽只能设法离间。他派人向城中喊话："韦城主受彼荣禄，或复可尔；自外军民，何事相随入汤火中！"意思是说：韦孝宽享受高官厚禄，你们这些普通人，何必跟着赴汤蹈火，值得吗？他给你们的军饷，够买你的命吗？祖珽同时将"赏格"射入城中，上面写道："能斩城主降者，拜太尉，封开国郡公，赏帛万匹。"

这个价码确实诱人。可韦孝宽在"赏格"背面写道："能斩高欢者准此。"然后再将之射出城外。

韦家是大家望族，韦孝宽有个侄子韦迁在山东，没有跟随他入关，此时被锁在城下，脖子上贴着雪白的利刃。祖珽威胁道："若不早降，便行大戮。"

当初项羽威胁要煮刘邦的亲生父亲，刘邦都无所谓，何况韦孝宽面对的还是侄子。他"慷慨激扬，略无顾意。士卒莫不感励，人有死难之心。"

高欢大军屯于坚城之下已经五十多天。挖空心思，妙计用尽，全无作用。围点围不下，打援援不来，而他的士卒已大量战死。大概因为尸体积累太多，无法及时处理，又爆发了瘟疫，部队损失十之四五。这些尸体集中处理的结果，就是万人坑。而今玉壁城遗址的东西两侧，还有清晰的地道。城西那道长十多米、深三十多米的沟中，人骨依稀可辨。当时伤亡之惨重，可以想象。对于高欢而言，这是沉重的打击。他尽起精锐，挥师十万，竟不能拿下小小的玉壁城。可巧正在当时，又有流星坠落于高欢的军营，众驴受惊一齐鸣叫。按照当时的说法，这是将星陨落的预照。

五十岁对于时人而言，已经不算年轻，虚实双重打击之下，高欢生了病。是不是染上了瘟疫，不得而知。疾病自然会影响人的精神状态，他变得疑神疑鬼，立即下令部队由内甥段韶指挥，解围撤军。其间军中讹传韦孝宽以定功弩射杀高丞相，因而西魏派人四处高喊："劲弩一发，凶身自陨。"为安定军心，高欢强支病体，在露天大营召集诸将宴饮。高车族（又称敕勒族）大将斛律金用鲜卑语唱出自己的民族歌曲《敕勒歌》：

　　　　敕勒川，阴山下。天似穹庐，笼盖四野。天苍苍，野茫茫，风吹草低见牛羊。

　　斛律金的嗓音苍凉深沉，将宴席的气氛衬托得更加死寂。高欢被深深打动，不觉也开口唱起来。他向来"性深密，终日俨然，人不能测"，甚至连酒瘾都能克制："少能剧饮，自当大任，不过三爵。"就是这样一个心机极重、城府极深的人，在那个瞬间不知是被音乐的力量打动，还是感受到了死亡的气息，终于表现出了真诚的一面。

　　众人悲伤流泪。一个多月后，547年正月里，一代雄主高欢病死。

　　玉壁城保卫战是历史有名的经典战例。东魏实力大损，西魏从此占据优势。一将功成万骨枯，韦孝宽一战成名，代价就是城外的万人坑。他和高欢的故事就此结束，但跟祖珽和斛律金的故事，才刚刚拉开序幕。

　　高欢是能臣专权，这样的人一走，外部约束暂时空缺，各种力量自然要争着上台表演，其中不乏妖魔鬼怪。比如侯景，此人天生残疾，左脚生有肉瘤，因而右腿显得短一截，行走不便捷，也没有矫健的身手。或许是上帝没有给他强健的身体，所以给了他发达的大脑吧，他生性狡黠，鬼点子极多，从来看不上高敖曹、彭乐那样的猛将，视其为匹夫之勇。以军功升为司徒、大行台后，他统治河南诸州十四年，心里只服高欢，却看不上高欢的儿子高澄。侯景跟高欢曾有约定，高欢写给他的信要在背面留下"微点"作为标记。高澄伪造高欢的信召唤侯景，却没有掌握这个核心机密，侯景自然不肯前去，双方的矛盾由心照不宣转为公开。侯景先投西魏，后又南下投梁，最终在南朝发动叛乱，活活饿死梁武帝萧衍。侯景在南朝自封相国还不算，竟还戴上"宇宙大将军、都督六合诸军事"这样令人啼笑皆非的帽子。

侯景之乱沉重打击了东魏和南朝，韦孝宽因而再度获得立功的机会。因南京已是一片废墟，萧绎在江陵（今湖北荆州市荆州区）称帝，所谓梁元帝。已经归附西魏、占据襄阳的萧詧跟他有杀兄之仇，请求西魏派兵援助作战。既有可乘之机，那当然要抓住。西魏立即借口萧绎跟北齐通好，派兵南下。这次战役由宇文泰的主要谋士、柱国大将军于谨统一指挥，韦孝宽以大将军的身份在其麾下作战。他们于554年九月出兵，十一月便攻克江陵，杀掉萧绎后立萧詧为傀儡。

这次战役的结果让文学史记住的并非被赐姓宇文的韦孝宽或者那些白骨，而是文学家庾信，他与韦孝宽的境遇截然不同。就在韦孝宽挥师南下之前不久，庾信奉萧绎之命出使西魏。而今国家已亡，他无处可去，只能留下。尽管从西魏到北周，他一直受到皇帝的厚爱、朝廷的优待，官职远高于南朝，但"虽位望通显，常有乡关之思"。"清新庾开府，俊逸鲍参军",杜甫的评论虽然精当,却不足以概括庾信的一生。因为韦孝宽等将领的能征惯战,庾开府再也无法维持"清新"的人设。

两强相杀

大军班师之后不久,韦孝宽又奉命回到玉壁,继续坚守战略要地。直到十多年后,再度碰到一个强劲的对手。这人是谁?用鲜卑语唱《敕勒歌》的斛律金的长子,名将斛律光。当年斛律金的未竟之业,而今他的儿子要来接续。

斛律光字明月,擅长骑射,箭法精准,号称"落雕都督"。他有勇有谋,屡立战功,带兵作战二十年,胜率极高,很少打败仗,曾亲手射死北周大将王雄,手下败将的名单有一长串,包括很多能征惯战的宿将。韦孝宽善于防御,斛律光则长于进攻。总而言之,两人就是世上最锋利的长矛,遇见了世上最坚硬的盾牌,场面必然火爆。

天和四年(569),北周大冢宰、晋国公宇文护为挽回上次伐齐失败的面子,决定再度兴兵东征。韦孝宽得到消息,立即派长史辛道宪回长安力陈不可,但未被采纳。当年十一月,北周军队开始围攻宜阳。宜阳在洛阳西南八十里开外,有洛水相通,相当于洛阳的外围,当时被齐军控制,但深入周境,类似飞地。双方在此交战经年,相持不下。韦孝宽虽然远在玉壁,却对这里的局势了如指掌、满怀忧虑。他对手下的将帅道："宜阳一城之地，不足损益，两国争之，劳师弥年。彼岂无智谋之士，若弃崤东，来图汾北，我必失地。今宜速于华谷及长秋速筑城以杜其意。脱其先我，图之实难。"于是画好地形，派人回到长安，具陈其状，请求施行。

但这个建议再度被宇文护拒绝："韦公子孙虽多，数不满百。汾北筑城，遣谁守之！"

韦孝宽认为宜阳的位置虽然突出，但并非事关全局。以玉璧为中心的汾水北岸战略地位相比之下更加紧要，因为这里既能控制汾水，又能控制轵关陉，对于双方而言都很关键。他判断北齐的明白人早晚会看到这一点，一定会派出重兵来夺。为抢占先机，他建议在华谷（今山西稷山西北化峪村）和长秋（今山西新绛西北泉掌镇）筑城，巩固防线，但宇文护以兵力不足为由，未予采纳。

英雄所见略同，韦孝宽与斛律光这对死敌，在这个问题上达成了惊人的一致。天和五年（570）冬天，斛律光率领五万人马开到汾水北岸，筑成龙门（今山西稷山北古城）和华谷二城。城池筑好，脚跟站稳，他来到玉璧城外，邀请韦孝宽见面，并对他道："宜阳一城，久劳争战。今已舍彼，欲于汾北取偿，幸勿怪也。"宜阳争得好累，我们不要了，来这里换一点补偿，请不要见怪。

韦孝宽道："宜阳，彼之要冲，汾北，我之所弃。我弃彼取，其偿安在！君辅翼幼主，位望隆重，不抚循百姓而极武穷兵，苟贪寻常之地，涂炭疲弊之民，窃为君不取

191

也！"宜阳是你们的要冲，汾北是我们的弃子，怎么能说是补偿呢？您辅佐幼主，位高权重，不抚慰百姓而一味穷兵黩武，不合适吧？

言语的交锋再机敏也不顶用。斛律光随即领兵北上包围定阳（今山西吉县），修筑南汾城后设置南汾州，大举招募流民。此后更是马不停蹄修筑平陇、卫壁等镇戍十二所，向西一直延续到龙门。这样一来，北周的重镇玉壁孤悬汾北，已完全被孤立。

宇文护此时醒过神来，立即下令从宜阳撤军，增援汾北。韦孝宽和辛威（曾被赐姓普屯）奉命攻击平陇城。平陇城的具体位置史书无载，但今天山西稷山县有个平陇村，就在玉壁城遗址所在的白家村对面不远，平陇城十有八九就在那里。差不多也是高欢当年攻击玉壁期间所筑的城堡旧址。正因为平陇城所处的位置特殊，所以韦孝宽才必须攻击。

矛盾相向的结果如何？韦孝宽吃了败仗，部队被俘杀千余人。这并不能证明斛律光更厉害，因为善于防守的韦孝宽这次是进攻作战，而野战进攻向来是斛律光的强项。胜败乃兵家常事，一次失败并不能打击韦孝宽。既然直面作战无法取胜，那就用其他方式夺取。审时度势之后，他决定还是用计。什么计？离间计。要对付斛律光，用离间计最为合适：从斛律金到斛律光，"一门一皇后，二太子妃，三公主，尊宠之盛，当时莫比"。他们既是勋贵，又是外戚，同时手握重兵。而北齐当时朝政昏暗，陆令萱、穆提婆和祖珽这样的奸臣当道，

192

斛律光自知身份特殊，为保全家族，向来廉洁自守，别说拉帮结派，甚至与勋贵连正常的交往都很少，平常话都不多说。

最要命的一点是，斛律金和斛律光都参与过多年前的乾明之变。那场政变的结果是高演、高湛联手勋贵，废了高洋的儿子高殷。当时的高殷年龄不大，而今的后主高纬也差不多。这种情形，最适合给对手斛律光上眼药。

具体怎么办呢？还用书信吗？不合适。韦孝宽决定用谣言。授意他的部下编造出这样的歌谣："百升飞上天，明月照长安。""高山不推自崩，槲树不扶自竖。""百升"即一斛，而"明月"是斛律光的字；北齐皇室姓高，"高山"影射北齐帝室，"槲"自然是"斛"的谐音。

歌谣编成，立即向北齐境内尤其是邺城大肆散播。核心意思就是一个：斛律光要当皇帝，北齐将要垮台。

冰炭不同炉，斛律光的确跟祖珽、穆提婆有直接矛盾。谣言传到邺城，祖珽立即推波助澜，让人大肆传唱，然后奏报高纬。不仅如此，他还添油加醋，又编造出"高山崩，槲树举，盲老翁背上下大斧，多事老母不得语"的新内容。祖珽曾触怒高湛而被弄瞎了眼睛，是其中的"盲老翁"，"多事老母"则影射高纬的乳母、穆提婆的母亲陆令萱。这样一来，斛律光的冤死结局也就不可避免。

斛律光具体怎么死的？暗杀。邺城昭阳殿内有配殿曰凉风堂，皇帝和臣僚在此议事。高纬将斛律光骗到凉风堂，安排人从背后突袭，用弓弦将他勒死。"血流于地，刬之，迹终不灭。"

这是 572 年的事情，就在他击败韦孝宽的次年。消息传开，刚刚诛杀宇文护亲政的周武帝宇文邕非常高兴，竟然宣布大赦。等他最终攻入邺城，追封斛律光为上柱国、崇国公，并指着诏书道："此人若在，朕岂能至邺！"

斛律光的死后哀荣跟韦孝宽可谓毒辣的离间对比鲜明。这就是政治的无情。尽管从军事斗争的角度出发，这个离间计非常成功，但并不能让韦孝宽的形象可爱可亲一分，实际效果恰恰相反。有意思的是，在此后唐宋的名将庙和《十七史百将传》中，他都跟斛律光同列。

占领淮南

"后三国时代"中的西魏与北周原本最为弱小，却最终胜出。这其中的原因很多也很复杂，无法以简单的后来居上概括，但可以肯定的是，新兴政权往往腐败现象不甚突出。宇文泰知己知彼，最大限度地调和鲜卑与汉族的矛盾，整合了内部力量。反观南朝与北齐，因循守旧、政治腐败，树虽然依旧高大，但树干已经中空。在这种形势下，周武帝宇文邕决计先灭北齐。韦孝宽明白皇帝的心思，575 年献上了"平齐三策"，得到宇文邕的重视。

576 年，宇文邕率领大军伐齐。经过玉壁时，他详细查看了城池守备，深表满意。韦孝宽请为前锋，宇文邕表示玉壁重要，非他无法镇守。这话听起来语气虽委婉，但真实想法是宇文邕多少有点嫌韦孝宽年老。那一年韦孝宽已经六十七岁，而且征战这么多年，他在攻势作战中并没有很精彩的战例。最重要的是，宇文邕长期生活在比他年长三十岁的堂兄宇文护的阴影之下，即便当了皇帝，都不得不屈身，他对老人自然会有较多的排斥。故而他没有带比宇文护还大四岁的韦孝宽，却带上了韦孝宽十分看重的宇文忻。而宇文忻在关键时刻，也的确立了大功。

一笑相倾国便亡，何劳荆棘始堪伤。小怜玉体横陈夜，已报周师入晋阳。

巧笑知堪敌万几，倾城最在著戎衣。晋阳已陷休回顾，更请君王猎一围。

李商隐的《北齐》组诗二首，对于北齐最后关头的描述有史有据，正好可以与战场血拼相映成趣，拼成完整的局面。即便周军兵临城下，"无愁天子"高纬依旧跟冯小怜荒淫作乐。很有意思的是，高纬是个爱好文学、喜欢读书的人，曾经设置文林馆，安置文学之士。但看起来他的书并未读进去，或者没有吸收精华部分，只吸收了糟粕，因而成为史册有名的混账皇帝，不但冤杀斛律光，还冤杀了号称中国古代四大美男子之一的战将——兰陵王高长恭。皇帝制度或许造成历史上出现不少混账皇帝，然而混账程度总还是有所区别，这是个人品行能力不同的结果。宇文邕就比高纬好得多，因此统一了北方。

577年，宇文邕凯旋，再度途经玉壁。他隐忍多年，终于可以向父亲帐下的老人炫耀战功，因而得意地问韦孝宽道："世称老人多智，善为军谋。然朕唯共少年，一举平贼。公以为何如？"

这其中的少年，疑似为宇文邕的弟弟宇文宪，他比宇文邕还小一岁，当年三十又三。

韦孝宽对道："臣今衰耄，唯有诚心而已。然昔在少壮，亦曾输力先朝，以定关右。"

韦孝宽的态度不卑不亢，他提及自己年轻时的功业，并非仅仅自夸，同时也是对皇帝的观点不动声色的赞同附和。其实在平定北齐的战斗中，他也并非毫无动作，他曾率军围攻华谷城作为策应，最终攻陷当初斛律光修建的四座城池。

宇文邕闻听韦孝宽的话，哈哈大笑说："实如公言。"随即表露真实想法，以韦孝宽已经年老，命他随驾还京。

宇文邕嫌韦孝宽年老，但他儿子周宣帝宇文赟不嫌。宇文赟继位的次年即大象元年（579）九月，便任命韦孝宽为行军元帅，指挥宇文亮和梁士彦攻击南陈的淮南之地。韦孝宽命令宇文亮由安陆进攻黄城（今湖北武汉黄陂区），梁士彦进攻广陵（今江苏扬州），他自己率军攻击寿阳（今安徽寿县）。最终三路大军全面告捷，陈军抵挡不住，将淮南居民全部迁到大江对岸，南北朝至此严格划江而治。

大象二年（580），韦孝宽率军回师。这次作战顺风顺水，但他丝毫没有想到，危机已悄然降临，只是并非来自敌方，而是来自内部。具体而言，就是自己的部下宇文亮。

这个话题需要从已逝的宇文邕谈起。宇文邕算是个不错的皇帝，生活简朴，关心民间疾苦。除了统一北方，他在历史上最大的影响可能是大规模灭佛，为"三武灭佛"中的第二"武"。他知道长子宇文赟材质不堪继承大位，但其他儿子要么更差，要么年幼，只能"矬子里拔将军"。既然材质不堪，那就要加强教育。因而他对太子非常严格，太子朝见时"进止与群臣无异，虽隆寒盛暑，不得休息"，完全没有储君的礼遇。太子嗜酒，他就施行最严格的禁酒令，酒不得出现于东宫。太子有过，"辄加捶挞"。还经常这样赤裸裸地威胁："古来太子被废者几人？余儿岂不堪立邪！"

宇文邕命令东宫官员详细记录太子的言行举止，每月报告。太子害怕父亲的威严，便极力遮掩，许多过失和恶行因此都没有暴露。宇文邕一定不会知道，他的这一套的确有效果，但都是坏效果。宇文赟即位一年左右，便杀掉齐王宇文宪，然后禅位于太子，饮酒作乐之余遥控朝政，其狂妄可与侯景媲美。侯景自称"宇宙大将军、都督六合诸军事"，宇文赟则自称"天元皇帝"，居住地为天台。对臣子自称为"天"，群臣朝见之前需素食三天、洁身一天。他自比上帝，不准群臣使用金玉和丝带，以及"天""高""上""大"这样的字眼，姓名中若有，一律改掉。除了宫中的女子，一律不准描眉敷粉。

宇文邕这种行径，不可能得到拥护，宇文亮的不满尤其强烈。当初宇文邕突然诛杀宇文护，宇文亮便"心不自安，唯纵酒而已"，宇文邕随即"手敕让之"。宇文亮的纵酒既是为自保，也可以说是无声的抗议。而宇文邕看似责备，其实是宽慰。这样一来，彼此两安。而今宇文赟的倒行逆施，宇文亮看在眼里，记在心里。进攻黄城途中，动不动"辄破江侧民村，掠其生口，以赐士卒"。很明显，这是在收买人心。他打算干吗呢？推翻宇文赟，另立新主。

大军抵达豫州（今河南汝南）时，宇文亮跟他的长史杜士峻密谋："主上淫纵滋甚，社稷将危。吾既忝宗枝，不忍坐见倾覆。今若袭取郧国公而并其众，推诸父为主，鼓行而前，谁敢不从。"宇文亮不过是宇文泰的侄孙，他说得冠冕堂皇，但真正掌权之后会不会像宇文护那样独裁专制，只有天知道。

皇帝再荒淫也是皇帝——这也是帝制的混账之处，所以并不是人人都拥护宇文亮，比如其部属茹宽。茹宽得到消息，立即悄悄出了军营，飞马驰报韦孝宽。韦孝宽听闻大惊，迅速传令设下埋伏，将前来偷袭的人马一网打尽。宇文亮被击败后想要逃跑，最终还是被韦孝宽派兵追上，砍掉了人头。

用计逃命

这次内乱有惊无险，更大的风暴还在后面。这一次如果不是韦孝宽善于用计，宇文邕只怕小命都要丢掉。

"天元皇帝"驾崩前夕，郑译联合刘昉矫诏召杨坚入京为其外孙辅政，杨坚随即以左大丞相的身份掌控朝局。对于杨坚骤然掌控巨大权力，很多人心怀不满，宿将尉迟迥是其中的代表。比起杨坚，他的资历要老很多，很早就被周武帝宇文邕封为太师，当时以相州总管的身份驻扎北齐旧都邺城，管辖十个州；其侄尉迟勤是青州总管，管辖青、齐、胶、光、莒等山东五州，手下有十万兵马。他们两个的控制范围几乎就是从前的半个北齐，势力巨大。而北齐刚刚收复，本来就人心不稳，因而形势非常严峻。

杨坚心里当然门儿清，因而以赵王宇文招即将嫁女于突厥为由，召集各地藩王回长安。虽然最有实力的五位藩王奉诏回京，但尉迟迥还是决心发难。杨坚心知肚明，又以会葬"天元皇帝"宇文赟为名，派尉迟迥的儿子尉迟惇前去催促父亲回朝，毕竟尉迟迥是宇文泰的外甥，跟周宣帝是近亲。至于尉迟迥的相州总管职务，则由韦孝宽接替。

韦孝宽跟尉迟迥是老熟人，彼此知根知底。他抵达朝歌（今河南淇县）时，尉迟迥已派大都督贺兰贵带着书信在那里迎候，催促韦孝宽尽快接任。韦孝宽不动声色地跟贺兰贵周旋一番，疑心有变，便借口身体有病，拖延行程，同时派人以求医找药为名先行前往相州探察。双方都是明白人，尉迟迥决心趁机除掉这个强劲的对手，因而再度派人催促。他派的是谁呢？韦艺。韦氏是关中望族，子弟中高官大将很多，甚至南梁还有名将韦睿，韦孝宽的侄子韦艺当时就在尉迟迥手下担任魏郡太守，此刻他是尉迟迥的使者，或曰说客。

面对侄子，韦孝宽毫不客气，直接逼问他此行的真实目的。韦艺起初当然不肯实说。韦孝宽见状立即拉下脸来，要将韦艺斩首。韦艺面对的到底是朝廷与叔叔，无奈只得吐露实情。判断得到证实，韦孝宽意识到尉迟迥很快就会图穷匕见、派人追杀他，就像当初萧宝夤杀害郦道元那样。他没有耽搁，立即转身逃命。越是逃跑，越要用计。每到一个驿站，他都告诉管事的："蜀公尉迟迥大人将要到来，你们赶快准备好酒好菜迎接。"同时将驿站的好马全部牵走。此举果然成功地迟滞了追兵。韦孝宽回到安全地带，便接到了出兵的诏命。他以元帅的身份统领梁士彦、元谐、宇文述、宇文忻、崔弘度、李询、杨素七位行军总管，讨伐尉迟迥。

当时很多地方局面都不平静，因而虽有七位行军总管，但兵力并不雄厚。故而崔弘度特意从长安招募骁勇几百人，另为一队；梁士彦也派家童梁墨作为先锋；甚至镇守潼关的都不是官军，而是刚从尉迟迥那里逃出来的杨尚希的三千宗兵。可见朝廷的捉襟见肘。不仅如此，李询还向杨坚密告，说梁士彦、宇文忻和崔弘度都收了尉迟迥的重金，杨坚一度打算临阵换将。在谋士李德林的劝阻下，杨坚最终派高颎前来监军。

鉴于尉迟迥的兵力雄厚，官军抵达河阳（今河南孟州西）后迟迟不敢前进，前来跟监军高颎商议进军的只有宇文忻。然而箭在弦上不得不发，终究还是得向前开进。当时尉迟迥围攻怀州（今河南沁阳）甚急，韦孝宽率领大军前去解围，将其击败后全军屯驻于怀县（今河南武陟西）永桥城的东南。

永桥城不大，但城池完备，当时还在叛军手中。诸将都要求先将该城拿下，因其正好当路。善于守城的韦孝宽连连摇头："城池虽小，但城墙坚固，防守严密。如果打不下来，有损我们的士气。如果我们能击败他们的主力，留下这里也翻不起大浪。"随即指挥大军，进逼武陟。

当时武陟由尉迟迥的儿子尉迟惇重兵把守。韦孝宽派宇文忻为先锋，将之击败，然后一路追击，逼近相州。尉迟迥派出三千精锐甲士，埋伏于野马冈，想伏击官军。相州州治邺县（即邺城），最先由曹操营建，位于河北临漳县西南的漳河南岸，东、南、北三面都是平原，唯独西部十多里有丘陵。这个地方安阳人称为北岗，东汉人称为西岗，南北朝时期则称为野马冈。当初高欢击败尔朱兆的韩陵之战期间，这里便是重要战场，而今换了两个主角，再度展开厮杀。

尉迟迥有三千甲士，宇文忻有五百骑兵。骑兵对付步兵，不是战斗，而是屠杀。将伏兵消灭完毕，大军进至邺城南部的草桥，发现尉迟迥所部已经摆开阵势拒守，宇文忻又率骑兵将之击破，一直追赶到邺城城下。

再无退路的尉迟迥尽遣精锐，出城布阵，与官军大战。他们穷途末路，孤注一掷，因而攻击凶猛，官军一时不利。国人有看热闹的习惯，双方激烈厮杀时，邺城竟有数万百姓在旁边看热闹。然而看热闹并非完全零成本、无风险，有时难免受到连累，当时便是如此。

鉴于情况紧急，宇文忻与高颎、李询商议后决定临时改变策略，袭击在一旁看热闹的百姓。看热闹的人遭此巨变，立即叫嚷着逃走，进而互相践踏，叫声如雷，局面混乱。宇文忻所部顺势高叫："贼败矣！"全军立即振作起来，拼命攻击，尉迟迥大败。梁士彦率军攻破北门之后，又打开西门，将宇文忻所部放进城内。

尉迟迥的最后时刻是崔弘度见证的。崔弘度为官、治家都很严酷，子弟老得白了头，一不小心，依然会遭到毒打。武侯骠骑屈突盖也很苛刻，长安为此编了一首民谣："宁饮三斗醋，不见崔弘度；宁灸三斗艾，不逢屈突盖。"

崔弘度的妹妹是尉迟迥的儿媳。尉迟迥逃上城楼后，崔弘度紧追不舍，一直追到龙尾，即盘旋的楼梯。尉迟迥停下脚步，弯弓要射他，崔弘度脱下兜鍪道："还认得我吗？大家各为国事，不得顾私情。但因为亲戚关系，我可以约束士兵，不欺辱你的家人。事已至此，早点为自己打算吧，还等什么呢？"尉迟迥随即丢掉弓箭，大骂杨坚后自杀。崔弘度让弟弟崔弘升砍下他的脑袋，以便报功。此战之后，凡是行军总管都升为国公，但崔弘度没有及时杀掉尉迟迥，挨了杨坚的骂，因而降爵一等，只封为武乡郡公。

之后，永桥城中的叛军全被活埋。此时前来增援的尉迟勤尚未加入战场。根据杨坚的命令，韦孝宽毁掉邺城，将百姓南迁到四十五里外的安阳，仍称邺县。此时距高欢强行迁移洛阳居民到邺城，不过四十六年。当年高欢只给了三天时间，"四十万人狼狈就道"。

如何评价韦孝宽的最后一战？《三字经》的作者王应麟对此持批评态度：

> 韦孝宽知兵而不知义。尉迟迥之讨杨坚，所以存周也。孝宽受周厚恩，乃党坚而灭迥。坚之篡也，孝宽实成之，难以逭春秋之诛矣。

这种评价是否中肯，见仁见智。尉迟迥一旦得势，只怕十有八九也要当皇帝。更何况北周的政权也是刚刚从西魏手中夺取的，印玺还没捂热。有意思的是，当时韦孝宽麾下的六位总管，最后竟有三人以谋反罪被杀：宇文忻、梁士彦、元谐。这些人中宇文忻的平叛功劳最大。杨坚这个皇帝很有意思，篡位成功后还杀了前皇帝，自己的亲外孙，而王谊、刘昉这样的开国功臣，也未能保住性命。

这是韦孝宽在战史上的最后身影。韦孝宽十月回到长安，十一月即病逝，享年七十又二。看来基本算是老死的，没有受到病痛的长期折磨。在他去世的当年魏徵诞生，次年庾信病故。"庾信文章老更成，凌云健笔意纵横。""庾信平生最萧瑟，暮年诗赋动江关。"流落北朝将近四十年，其中的家国之思，即使妙笔生花，又如何能道得尽、写得完？南陈与北周通好之后，"南北流寓之士，各许还其旧国"，庾信本来是有机会回故乡的，但是很可惜，周武帝宇文邕放还了绝大多数人，却无论如何也舍不得庾信和王褒。

韦孝宽还有一项德政留存于史册。他任雍州刺史期间，在道路两旁植树。《国语》有云："列树以表道。"在道路两旁种树标记里程的方法，秦始皇修秦驰道时便已广泛采用。从汉代起，将作大匠的职责中就包括"并树桐梓之类，列于道侧"。但是很奇怪，向来推崇周制的北周，竟然忘掉了这个传统。当时雍州路旁每隔一里设置一个土堆，所谓"堠"。这种设施常被雨水冲坏，需要不断修复。韦孝宽上任后，下令种植槐树代替土堠。这样既可免去修复之劳，又能让行人乘凉休息。朝廷得知后颇为赞赏，下令全国推广，夹道每隔一里种一棵树，每十里种三棵树，百里则种五棵。

前人栽树，后人乘凉。韦孝宽的作战经验，不知使多少后人得益。李光弼缔造的太原保卫战的胜利，应当就有韦孝宽坚守玉壁的流风所及。

（刊于《作品》2022 年第 3 期）

张煌言：
孤忠绝唱

一

崇祯十五年（1642）秋天，杭州府贡院突然成了演兵场，
金鼓阵阵，人喧马嘶。当年中举的人聚集其中，加试骑射。
这是崇祯九年（1636）应对边疆多故、山雨已来的危急局面
而调整科举政策的结果：乡试的第二、三场分别加试武经书
算。放榜之后，中举者还要检验骑射，每人十箭。朝廷规定，
南方人至少要两箭中靶，对西北人要求更高，得三箭。否则
就处罚提学官。

让自幼便寒窗苦读的学子骑马射箭，多少有些赶鸭子上
架，洋相百出是难免的。然而哄笑声中，却有一位举人脱颖
而出。只见他挺直身子，双腿夹紧马身，引弓搭箭，瞄准靶
心然后松手，竟然三次中靶，赢得阵阵喝彩。他是谁？宁波
府鄞县的张煌言。

乡试在秋天举行，是为秋闱。次年春天要进京参加会试，

所谓春闱。秋闱得意的张煌言，春闱却空手而返。第三年更有甲申国难，第四年又有扬州十日和嘉定三屠，省城杭州也告陷落。当时的他并不知道，历史不肯让他绞尽脑汁搜索枯肠于科场，是因为对他有更加宏大的托付。那是1645年夏天，浙东的空气几乎起个火星就能点着，而熊熊烈火早已在二十五岁的张煌言内心燃烧。尽管清军大兵压境，但绍兴率先起事，宁波也不甘落后。双方联手到台州天台县奉迎鲁王朱以海出来监国，号令天下。

张煌言作为使者将鲁王迎到绍兴，随即被任命为翰林院修撰。此前尚无任官经历的他，内心满怀悲壮，更有无尽的憧憬。尽管山河已碎，多数人认为大势已去，但总还会有一些坚强者视为机遇。即便不是机遇，也会"知其不可为而为之"。张煌言就是这样的人。只是他们并不知道，海盗出身的军阀郑芝龙和大儒黄道周等人已在福建拥立唐王朱聿键，是为隆武帝。两个都是草台班子的小朝廷居然互不相容，尽管朱聿键和朱以海都算得上有为。随即清军发起攻击，鲁监国政权迅速溃败，隆武朝廷则彻底覆灭。危急时刻，张煌言匆匆赶回老家鄞县作别父母妻子，便马不停蹄地奔向舟山追随鲁监国。走出村口时，他一定回头朝家的方向看了一眼。而这也成为他看到家的最后一眼。

舟山的海风充满苦涩气息，因据守于此的前参将黄斌卿不肯接纳鲁监国，理由是自己已受隆武帝分封。鲁监国在群岛中漂荡两三个月，最终被不愿降清的郑芝龙的从子郑彩顺道接至厦门，张煌言则以右佥都御史的身份留在舟山，充当张名振的监军。张名振本为石浦参将，是黄斌卿的儿女亲家，与东林党关系密切。

张煌言虽能骑射，但终究是书生本色，军务之余，少不了要览胜抒怀，《游小岙草庵》颇有野趣：

> 春郊弥望尽苍烟，选胜还探小有天。
> 笋乱新篁饶玉版，花迷野菜似金钿。
> 客来渐与山麇狎，僧去惟留海鹤眠。
> 堪笑阮生几两屐，桃源总在万峰前。

尚未真正经历战事，笔下自无兵戈气息。"客来渐与山麇狎，僧去惟留海鹤眠"一联尤有生趣，简直充满太平气象，让他有了寻仙的冲动。这种生活自然是短暂的。次年，即1647年四月，便要经历风雨：苏松提督吴胜兆反正，张煌言与张名振北上接应。舟师二百余艘浩浩荡荡地开赴松江时，站在船头的张煌言心潮如同江涛一般澎湃。如果此行顺利，完全可以恢复江南，不禁让人期待。眼看就要抵达战地，他内心的期待逐渐化为紧张。波涛似懂人意，也越发汹涌。行至崇明，风暴骤起，巨浪滔天，战船纷纷倾覆，包括张名振的旗舰。眼见主将落水，张煌言不胜惊惧，却也无能为力。风涛裹挟着他的船东扭西拐，将他们扔到陆地时，张煌言的船已成孤舟。所幸周围平静，并无敌兵，张煌言赶紧带领残部下船，抄小路向南奔逃。

一路有惊无险，眼看就要逃出虎口，却突然遭遇敌军。本来只是监军的张煌言此时成了主将，内心难免有些慌张。但慌张只是一瞬，他立即绷紧神经，双脚本能地一叩，用刺马针策动战马，挥舞兵器，组织冲锋。短兵相接，马嘶人喊，砍翻了几个当面之敌，他们虽冲出包围，但多数人中箭倒地，张煌言只带着几个人侥幸脱逃。

跑着跑着，眼前出现连绵不断的山峦，无边的苍翠顿时给了他们巨大的安全感。这已是第七天，他们抵达上虞县平冈一带，进入四明山区。依托大山的庇护，各处村寨内活跃着多支义师，就连大名鼎鼎的黄宗羲手下都有五百多人。张煌言决定如法炮制，随即竖起义旗、招兵买马。然而义师良莠不齐，饷源不稳，纪律也千差万别。黄宗羲所部的表现就很糟糕，趁他外出时劫掠无度，引起公愤，最终遭遇攻击，全军覆没。黄宗羲是大名鼎鼎的思想家、史学家、经学家，明清之际的著名文人，不习军旅是自然的。就此对他展开类似纸上谈兵的嘲讽，不免浅薄。我们应当看到的是，在山河破碎的艰难瞬间，原本手无缚鸡之力的文人的担当，这是一种"知其不可为而为之"的担当，这担当勇敢而又悲凉。

张煌言所部自然是秋毫无犯，跟李长祥、王翊的部队一样，都是且耕且屯，井邑不扰。李长祥跟张煌言多少有点渊源：张煌言会试落第那年，李长祥高中。而今人们都知道蔡锷与小凤仙的浪漫传说，但这类传说的源头至少可以追溯到李长祥。他被俘软禁于南京时，才女姚淑慕其文采，私往其处论诗问艺，郎才女貌，一见钟情。监视者以为李长祥心有所恋，逐渐懈怠，两人趁机逃离南京，逍遥终老。

二

张煌言在敌后游击的一年多里，鲁监国又从厦门一路向北败退，因郑彩对待鲁监国的态度跟其从父郑芝龙对待隆武帝毫无二致，满怀私心，威福自操。军阀不愿受制于人是本能反应，问题在于他们只有曹操的野心，没有曹操的本领。1649年七月，得知鲁监国已退到健跳所，张煌言立即将部队交给友军，与黄宗羲、李长祥相继入卫。

张名振在崇明落水之后，凭借残板漂到一座岛屿上，在和尚的掩护下逃脱追捕，最终收集残部，声势复振，健跳所就是他刚刚拿下的。这是浙江三门县城东二十公里的一个千户所城，三面阻山，东面临海，居高临下，地势险要。明初汤和筑城之后，俞大猷、戚继光和谭纶都曾在此驻守。限于级别，内部空间局促，无法安置朝廷。张煌言经常陪伴鲁监国栖身船上，而盘踞舟山城的黄斌卿视而不见。考虑到他此前曾多次吞并友军，定西侯张名振舍弃亲家之谊，联合荡胡伯阮进、平西伯王朝先将之解决，鲁监国这才有了容身之地。

疆场无战事，笔下有兵戈。受封为兵部右侍郎的张煌言挥舞毛笔，《建夷宫词》十首随即如同连发武器，射破海空

210

而流传后世。"上寿觞为合卺尊，慈宁宫里烂盈门。春官昨进新仪注，大礼恭逢太后婚。"器物有形但寿命有限，只有诗文能流传千年。在张煌言的文名之下，孝庄嫁给多尔衮的公案遂广为人知。

几艘大船解缆升帆，在秋日海风的吹送下，缓缓驶离舟山码头。岸边的张煌言等人频频挥手，与船上的黄宗羲和复社名士冯京第互致别意。船队渐远，张煌言眼中的帆影越来越小，内心的盼望也像大风中的烛火。这感觉令人不安，他不觉轻声吟哦自己给冯京第写的送别诗，祈祷他们能顺利抵达日本，借到救兵。这是他们君臣当时遥远而又真切的梦想。鲁监国派出过好几拨使者，除了冯京第，张煌言还曾写诗送别过黄金吾（疑似黄斌卿之弟孝卿），甚至有史料记载张名振都曾亲自出马，只是均无结果，要么根本不被允许靠岸，要么掌权的幕府将军反应冷淡。只有大儒朱之瑜开了点儿花：虽未能借到援兵，却在日本开创了水户学，影响可谓深远。

出使未成，黄宗羲与冯京第全都进入四明山。前者是回家隐居，后者则是敌后抗战，跟王翊一起。1651年初秋，黄宗羲的使者突然急匆匆地赶到舟山行朝报警，说是四明山区已经陷落，王翊殉难，冯京第下落不明，敌军正在定关（今浙江镇海）集结，即将来犯。四明山区牵制着宁波的后方，一旦后顾无忧，他们肯定是要来的。张煌言对此并不意外。他正在思考应对之策，忽又收到人生的第一封招降书，来自急先锋、前大明总兵、大清的浙江提督田雄，跟马得功一起将弘光帝朱由崧与其妃子交给清军的那位。张煌言既愤怒又轻蔑，撕毁书信斥退使者，专心跟鲁监国和朝臣商议用兵方案。最终决定留三营兵守舟山，阮进率水师游弋于定关海域策应；张名振负责阻击南来的清军，鲁监国与张煌言则率军北上吴淞捣敌后背。应当承认，这个计划大胆而且积极。阮进精于水战，对付清军的水师当有把握。只要他能掌握制海权，舟山自然无虞。而各路清军云集海上，一旦长江口被切断，他们就将进退失据。

行朝的主力可谓倾巢而出，自然马虎不得。出师之前鲁监国隆重祭祀海神，祭文由张煌言操刀：

> 予起义于浙东，与薪胆俱者七载，而两载泊于此，……今义旅如林，中原响应，且当率文武将吏，誓师扬帆，共图大事。洁诚备物，致告行期。启行之后，日月朗曜，星辰烂陈，风雨靡薄，水波不惊，黄龙蜿蜒，紫气氤氲，棹楫协力，左右同心，功成事定，崇封表灵。……

直接扈从监国作战，张煌言自然格外尽心竭力，沿途小心谨慎，精神高度紧张。他们一路北上，进展顺利，始终未曾遭遇风暴或者敌袭。那日后方使者抵达，他本来满怀期待，结果却大惊失色：阮进战败，舟山沦陷。

原来阮进在螺头门跟清将金砺对阵时，火球抛上敌舰却被桅杆弹回，他的旗舰随即陷入火海。最后时刻，他跳海自救，被俘，次日即伤重而死。尽管如此，孤城舟山依旧不肯屈服，顽强抵抗长达二十天，就连清军也不得不承认，"我军南下，江阴、泾县、舟山三城，最不易攻"。最终鲁监国的正妃自尽，西宫妃子和世子被俘。张名振全家五十多口"阖门自焚"，其弟张名扬战死，大学士张肯堂等近十位高官自杀，军民死难高达一万八千人。宁波起义的发起者董志宁殉难后，遗骸连同王翊之首、冯京第的一条胳膊，被友人陆宇鼎合葬于宁波江北的马公桥，合称三忠墓。他们都是张煌言的同乡或好友。

当然，也有许多人选择归顺，比如另外一位兵部右侍郎，在四明山区跟张煌言同样纪律严明的李长祥。

三

再度退到厦门，主人已是郑成功。比起鞭长莫及的永历朝廷，郑成功当然不愿尊奉一个身边的"婆婆"，因而直接以隆武帝曾授予的宗人府宗正的身份、用藩王的礼节接待鲁王。朱以海先居厦门，后移驻金门。

这是张煌言亲身经历的行朝的又一次全面溃败，他的心情可想而知。因而收到幾社元老徐孚远的结社邀请时，立即强打精神参与，跟卢若腾、沈佺期等五人号称"海外幾社六子"。这个沈佺期可不是初唐跟宋之问齐名的诗人，而是郑成功的重要幕僚，后来成为台湾医祖。张煌言本想以诗消愁，但很快便发现诗笔无法自由：郑成功对鲁王及其臣僚间的来往高度警惕，因而人人都有顾虑。后来在给同任兵部侍郎的曹从龙诗集作序时，张煌言的表达依旧隐晦："岁在壬辰，余避地鹭左，云霖俨然在焉，欢然道故。予时栾栾棘人耳，不敢轻有赠答。而云霖囊中草多感时悲逝，亦不肯轻以示人。"

寄人篱下的诗人，诗情不可能愉快。《海上》便是这种情绪的直观反映：

> 屈指蒙尘近十秋，每怀若作济川舟。
> 公卿宁忆朝元暮，士庶空余思汉讴。
> 报越有君谁共难，椎秦无力独胜愁。
> 螭龙岂是池中物，文叔当年自谓刘。

颈联的浩叹难说没有对郑成功委婉的批评，尾联又将消极情绪荡开，激励以光武中兴。张煌言不可能长时间沉湎于无力椎秦的愁绪之中，他这一生注定不会平静。1653 年八月，海风便又将他的出征战旗吹得猎猎作响。风急浪高，他抓着船舷从船头来到船尾，看了看身后。星星点点的褐色战船在碧浪中犁出白色的浪花，以有序队形跟进，无数海鸥飞来飞去，似乎在给大军壮行。如此波澜壮阔的景象不觉令他豪情万丈，那个瞬间，蔚蓝的大海似乎已经变成长江。是的，长江又是他和张名振此次北上的目的地。

二张所部一路北上，直达崇明一带的沙洲。崇明城中的清军兵力有限，根本不敢出战，但奇怪的是，长达八个月的时间内，二张始终没有发起攻击，一直在崇明周围的三尖沙、稗沙、平洋等处安营扎寨。"三入长江"之役，自始至终没有发生大的战事，简直跟第二次世界大战初期的英法对德国那样，是场"奇怪的战争"，其中自然大有缘故。

次年正月，他们率领舟师分批进入长江，冲过狼山（今江苏南通东南）、福山（与狼山相对）、江阴、靖江、圌山等重要江防汛地，抵达瓜洲。除了二张，刘伯温的后人、诚意伯刘孔昭也在军中。他因与马士英联手而跟史可法作对，被盖棺定论为奸臣，身负杀叔父、弑祖母的恶名。史籍中他的形象格外糟糕，甚至还有投敌为清军导向的说法，但并非事实。他和马士英一样不肯投降，最终死于军中，跟阮大铖之流还是有本质区别。至于跟东林党的矛盾，党争而已。

江防重地金山一鼓而下，张名振、刘孔昭率领五百军士来到金山寺。他们素衣素甲，刀枪明而队列整，向西遥祭孝陵。张名振挥笔题诗寄慨，诗成之后，这员后背刺有"赤心报国"字样的老将已是泪流满面。那个瞬间，他想起的一定不只国事，还有死难于舟山的家人，尤其是老母吧。江风吹动战旗，恰似出征的鼙鼓，敲击在随行监军的心头。"国之大事，在祀与戎"，这庄严肃穆的场面极大地感动了张煌言，他诗情澎湃，六首和诗便喷薄而出，最后一首如下：

飞椎十载误逋臣，喋血凭谁破女真。

霸就鸱夷原去越，兵联牛女正当闽。

投鞭不觉江流隘，传檄兼闻铙吹新。

正为君恩留一剑，莫教龙气渡延津。

张良在博浪沙刺杀秦王，是张煌言常用的典故，他渴望来个斩首行动。但大军在镇江停留了两三天，便于清军抵达之前回舟东下。二十多天后，舟师再度进入长江，四月初七抵达仪真（今江苏仪征）。这里是两淮盐运孔道，城外有大量的盐船。据清方资料记载，明军向盐商索要军费，未能如愿，随即焚烧盐船六百艘而去。可见箪食壶浆迎王师，有时只是想象。

二入长江也仅仅停留三两天，便迅速退回稗沙、平洋一带。仅从战果判断，这的确是场奇怪的战争。为什么？因为他们此行的真正目的是策应秦王孙可望。

四

张献忠被射死后，大西军余部由其四个义子（孙可望、李定国、刘文秀和艾能奇）掌握。孙可望资历最老，又读书识字，被奉为盟主，但论战略眼光和个人胸襟，李定国要强得多。李定国脾气刚硬，更兼当时收复广西，逼得定南王孔有德自杀，然后又在衡阳击毙敬谨亲王尼堪，声名大振。自称"国主"的孙可望那时已有取代永历的野心，见状大为不安，竟然动了杀心。李定国闻听，不敢与孙可望会师合攻湖南，立即掉头南下广东，独立作战。

多位反清复明志士奔走联络，推动东西两军会师长江，最有代表性的便是早已降清的钱谦益。然而孙可望很快便在宝庆府（今湖南邵阳）吃了败仗，鉴于最听话的艾能奇早已战死，他只得任命刘文秀为大招讨，希望他出击湖南，顺流东下，但刘文秀担心他乘虚取代永历帝，极力拖延。张煌言哪里知道，他在长江沿岸等待再久，也只能是等待戈多。

从结果看，二张为会师所做的最后努力简直虚妄，但同时也充满书信时代的美。因它总意味着无尽的期待，恰似薛定谔的猫。1654年五月十八，深感兵力不足的张名振将部队交给刘孔昭和张煌言，自己南下温州买了七船米，又到福建向郑成功求援，最终获得忠靖伯陈辉的五千水师和一万步兵。九月初六，二张三度西进长江。此时发生了蹊跷的事情：陈辉所部不听指挥。张名振令他降下旗纛，他拒绝执行，随即扬长而去。

好不容易搬到的援兵，竟这样不辞而别，怎么办？二张志同道合，继续西进的决心自然不可动摇。十二月十八，他们直抵南京城外的燕子矶，并在朱家咀"焚掳江西粮艘"。清方江南江西总督马国柱、提督管效忠指挥满汉兵丁的所谓"奋勇截杀"以及"乘胜追至三江口外"，不过是一场表演。冷峻的江风中，张煌言每日都在翘首期盼援军。等到月底，过尽千帆皆不是，方才无奈地退军。眼见沿岸景物不断缩小，他内心既失望又悲凉。大军出征并非易事，此一去何时能再返？

陈辉不听指挥是郑成功真实态度的反映。郑成功对恢复大明或者江南并无兴趣，他想要的从来都不是国家统一，他的志望只不过"如高丽事"。支持二张西进长江，主要是想分散攻击漳州新败后的正面压力。故而他对配合李定国攻击广东也是阳奉阴违：1653 年三月底，李定国攻击肇庆，其间郑成功坐视反正的潮州总兵郝尚久被围一月，最终全城被屠；次年李定国再兴攻势，尽管已约好在新会会师，但他打了整整半年，始终不见郑成功的片板只帆。最终其"舟师次虎头门，侦知李定国战败，梧州失守，不敢进兵，还师"。

此时郑成功在干什么？跟清廷议和。即便没有这个诱因，他也不可能对增援广东有兴趣。他最不愿看到的就是大明势力连成一片。他可以遥尊永历帝为主，却不愿受制于人，更兼当时李定国的兵力、爵位、声望和年龄都远出其上。他这样的英雄人物都是那种心态，只能说明一个问题：大明的确气数已尽。汉族的儒家文化基因因循已久，弊端日多，需要一点异族文化重新启动系统。

换用热力学的说法，就是熵增已到极值，只能改朝换代，哪怕后者未必更好。

五

大军回师途中将舟山收复。虽事过经年，但依旧能感觉到昔日兵火的惨烈。街巷内人气萧条，房屋上还残存着过火的痕迹，似乎处处都有看不见的英灵鬼魂。张名振"缟素入城，遍觅母尸"，但哪里还找得到。当年年末，哀恸之下的他患病不治，最后交代道："吾于君母恩俱未报，若母尸不获，毋收吾骸。"正说着话，他突然坐起，以手使劲捶床旋即逝去，死不瞑目。

张煌言闻听不觉大放悲声。自任监军以来，二人相得益彰，但在那个瞬间，他哭的不只是这位坚定的战友，更是自伤，毕竟他自己也未能给父亲送葬。离家十年，他完全可以纳妾，找个女人在身边照顾自己，却从没动过这种念头，其中自然有愧疚的因素。他心里无时无刻不挂念家人，怀念家乡的风物。有人跟他说起"故园花事"，他"感而有赋"："故园春应满，花枝解照人。驮笙还出郭，烧笋或呼邻。"渴念与向往溢于言表，今天读来还有强大的诱惑。朋友传信，说他的妻子独自持家，日子过得格外艰难，他无可奈何，只得写成《得友人书道内子艰难状》，以"可怜织箔手，未得到从戎"结尾，权且自我宽慰。

身已报国，何以为家？

"去也终须去，住也如何住。"清军再度攻陷舟山并将之彻底焚毁，张煌言只得率残部退驻临门（今属浙江宁海）。

1657 年，清廷开始打郑成功、拉张煌言：郑芝龙等人被发配宁古塔为奴，江南江西总督郎廷佐的使者则带着招降书抵达临门。张煌言低头读信时，使者紧紧盯着他，满脸紧张，担心其中的哪句话将他惹恼，导致他拍案而起、焚书斩使，然而张煌言始终没有。他冷静地读完信，略一思忖，便展纸挥笔，客客气气地写了一封回信：

> 来书揣摩利钝，指画兴衰，庸夫听之，或为变色，贞士则不然。所争者天经地义，所图者国恤家仇，所期待者豪杰事功。圣贤学问，故每毡雪自甘，胆薪深厉，而卒以成事。仆于将略原非所长，只以读书知大义。左袒一呼，甲盾山立，济则赖君灵，不济则全臣节。凭陵风涛，纵横锋镝，今逾一纪矣，岂复以浮词曲说动其心哉？来书温慎，故报数行。……

回信唰唰唰写成，张煌言看都不看，便随手交付使者。那个瞬间，和颜悦色下的内心已充满成仁的决绝。他已有必死之志，但不愿不明不白地死去。明清鼎革时期的志士死亡，总会令人想起魏晋风度。这已不是单纯的个人事件，第一属性为隐私。通过志士本人的持续书写，以及友朋后辈的不断追怀，已悄然转化为政治文化事件，首要属性是公共性和社会性。换句话说，已是当时的热点。此后张煌言用《采薇吟》中的五十多首诗歌详细记述自己被捕、押解、入狱直到行刑

220

的详细过程，这封信其实可以作为其序言或后记。

六

三十九岁是个重要年岁，因次年即将不惑，很多人的生命终结于此年，比如张煌言崇敬不已的岳飞。步入1658年，张煌言便虚岁三十九，感慨之余，《岁在戊戌余行年已三十九矣抚时感事遂以名篇》应运而生。这首诗就像他的人生，有强烈的历史感，引用了很多历史人物和典故。"丈夫意气岂勋名，何况文章等刍狗。头颅如许可奈何？慷慨悲歌还自诟。"将军身份与诗人身份在内心互搏，激烈壮怀和落寞惆怅交替。他是那么渴慕诸葛亮、张良和邓禹："自昔英雄多妙年，隆中圯上相先后。如彼南阳邓仲华，丹青独画云台右。"感慨自己兵力单薄，无所作为："其人须眉尚宛然，咄咄微躯真敝帚。"然而他并不悲观："古来何代无废兴，雌伏雄飞更□□。上不为富春泽畔羊裘翁，下即为山中宰相天子友。不见故侯原上瓜，请看征士门前柳。"他目前虽然不济，但不是还有富春泽畔的羊裘翁严光和山中宰相陶弘景吗？秦东陵侯邵平入汉后卖瓜为生，态度安然，以向萧何揭示刘邦的心思而知名，陶渊明更是隐居半生，有什么呢？高人以饮为忙事，还是"莫论兵，且饮酒"吧。"今人争羡古人贤，后人亦羡今人否？"虽是问句，却满怀自信。

收到郑成功合兵北伐的通知后，张煌言兴奋地扔掉落寞的诗笔，率军南下浙闽边境会合。那时孙可望已在攻击李定国兵败后降清，清军趁势兵发云贵。局面危急，永历帝赶紧派人加封郑成功为延平郡王、招讨大将军，封张煌言为兵部尚书，希望他们出兵策应。鉴于媾和无望，清军主力又集中于云贵，郑成功决定立即行动。

双方合兵一处，乘坐战船抵达温州征集粮饷，然后继续向北。这是张煌言第四次越洋北上，规模一次比一次大。场面越壮观，他的决心自然也就越发坚定。但抵达羊山时，再度遭遇风暴。狂风骤起，瓢泼大雨，乌云蔽日，能见度极差，许多战船像玩具那样撞击翻沉，各种混乱的声响敲击耳膜，却又像是一派死寂。等风暴平息，点检军马，郑成功的六个妃子、三个儿子淹死，人员物资损失不计其数，只得回师整顿。

率军退居海岛后，张煌言仿佛未曾遭遇损失打击，继续督促部下训练。对于练兵结果，他颇为自信："只此扶桑国，居然细柳营。"毫无疑问，他还是要继续战斗的，而且战斗时间已经约好，就在次年。除夕之际，尽管离约定出兵的日子还远，他的诗句已充满挑灯看剑的急迫：

湖海椒觞十五星，故园咫尺却扬舲。
流年与日相将去，归梦兼愁总未醒。
腊鼓何如鼙鼓急，闽船犹并越船停。
春来消息茫无据，起把菱花仔细听。

腊日或者腊前一日，人们会击鼓驱疫，所谓腊鼓，它也泛指岁末或者春来的信息。在张煌言的内心，战鼓还是比腊鼓更加急促，或者说，战鼓本身便是春来的消息。这消息终究会来的，尽管有点姗姗来迟，来时已在盛夏，但大军十余万、战船三千艘，旌旗蔽日，刀枪耀眼，尊尊铳炮无声地诉说威严，这阵势还是足以抵消等待的焦虑。

但细看之下，张煌言又不觉微微皱眉：郑成功居然令全军携眷行动。女眷难耐舟车劳顿，"颇有怨言"，难免影响士气。朱元璋曾有明令，出征不得携眷。不仅要留家眷为人质，更重要的是"军中有妇，士气不扬"。清朝制度与之类似："惟王行师可携妇人，贝勒、贝子、公皆有定数；公以下不得有。"而今这算怎么回事？

张煌言定下心神，率军为先锋，很快便驶入长江。平缓的江岸出现两块耸起的绿色，随着战船的靠近，只见两座山峰一左一右，赫然锁着江面，这便是金山与焦山。它们高不过百米，原本算不得山，但恰巧成为长江的锁骨。南宋初期韩世忠曾在此围困北返的金军主帅完颜宗弼，更令其广为人知。对于这个曾经的战地，张煌言已很熟悉。此刻再见，江面横有拦江铁索与船只连接，所谓滚江龙，并设置浮动的木制营垒，两岸还布有江防大炮。怎么过去？张煌言下令轰击两岸，同时派出十七条小船靠近铁索。在弓箭、铳炮的掩护下，士兵们将铁索拖进熊熊燃烧的油锅中，烧红后使劲锤砸斧砍。火星四溅，哐啷一声锁链断裂，后续部队一拥而上，焚毁江上浮营（即所谓的"木城"）三座，彻底打通障碍。

等拿下运河入江的渡口瓜洲，一直急于进兵的先锋张煌言却突然回头。他找到郑成功，力主先占领咽喉要地镇江。"京口瓜洲一水间"，虽然镇江就在对岸，郑成功却颇为犹豫，担心南京的援军朝发夕至，仓促间不易得手。张煌言微微笑道："派出尖兵，试探性地攻击观音门不就行了吗？如此南京震动、自顾不暇，哪里还会有援军？"

郑成功立即醒悟："如此就请尚书先行一步。"

郑军乘坐的多是海船，体积庞大，逆流而上难免步履蹒跚。张煌言换乘轻便的沙船后，尽管士卒奋力牵挽，他还是觉得太慢，在船上走来走去，不断发令指挥，几乎将舷板拍断。"不行，这样肯定贻误战机。"他心里暗想。抵达六合后，得知镇江已于六月二十四拿下，赶紧派人给郑成功传信，极力建议他在镇江登陆，直指南京，以达成战术突然性。然而张煌言二十八抵达观音门下，直到七月初一才等来大军的旌旗。不过不是来自陆地或者下游，而是上游；旗号并非郑军，而是清军。

当一百多艘清军快船气势汹汹地扑来，"兵不满千，船不满百"且还都是小船的部队难免惊惶。张煌言冷静地提醒部下，此行的目的只是牵制，大军随时可能赶到，不必惧怕，说完随即发令迎战。兵力悬殊，混战过后，部队战败。张煌言扛过这轮打击，等清军收兵，便令少量船只游弋于南京江面作为震慑，主力则招降周围各县。

七

　　城防空虚，南京清军的确已失肝胆。七月初四，张煌言驶近浦口，清军百余骑立即从北门望风而逃，张军七人则由南门入城。次日，姗姗来迟的郑成功终于抵达南京城下的七里洲。张煌言本来颇有怨气，但看看连天蔽日的雄壮舟师，情绪立时好转。恰在此时，芜湖官绅归正的消息传来。身为先锋，他又要前去接应。

　　出发之前，张煌言一再提醒郑成功迅速攻城，不可贻误战机。等部队起航，他便在船舱中考虑对策。己方势单力薄，肯定不能只靠刀枪。在微微摇晃的舟中，他奋笔疾书，草拟檄文，当然是以延平郡王郑成功的名义。七月初七抵达芜湖，便传檄各地，要求他们"或先机革面，或临敌改图"，声称"先机者有不次之赏，后至者有不测之诛"。南北朝时期，南朝便蔑称北朝为"索虏"，这个索，便是其脑后的辫子。北方的冬天极其寒冷，他们之所以还要这样，是怕头发披散开来影响视线，无法骑射。在没有马镫的年代，这一点尤为关键。中国是多民族国家，少数民族统治全国或者局部都不罕见，但强制改变其他民族风俗习惯的只有清廷。若非如此，未必会有江阴那样惨烈的抵抗。尽管十多年过去，文化源远流长的江南对这一套肯定还是厌恶不已，张煌言对此颇为自信。果然，檄文一发，各地便蜂起响应。他兵不血刃，迅速获得四府、三州、二十四县。其间不断有清军归正、义勇投效，兵员持续增加，"水陆兵至万余"。

那是张煌言人生的高光时刻，他感受到了前所未有的欢乐。五百年后再读他当时的诗作，依旧能感受到那种强烈的喜悦情绪。比方《枞阳谣》的第二首：

沿湖下网荡湖船，网内纤鳞锦样鲜。

灯火湖边儿女笑，鱼秧种得不须田。

谁能看出这是战事间歇？完全就是田园牧歌气象。他当然应该兴奋，因自己尚未率军抵达，偏师便已收复三百里外的池州府。于是在提醒部下"前驱要识王师意，剑跃弓鸣亦漫夸"，切勿志得意满的同时，又凭着想象，勾勒出这样的安乐生活。

偏师出征能获此成功，跟张煌言治军严格不无关联。他所过"秋毫无犯，经郡县，入谒孔子庙，坐明伦堂，进长吏，考察黜陟，略如巡按行部故事，远近响应"。这一点郑成功就未能做到。这次北征，劫掠事件还是有的。说到底，郑军是海盗的底子，而"海盗"一词在此只是事实判断，并非价值判断或者道德判断。

张煌言办事严谨，郑成功劳师无功。忽一日，张煌言面对使者皱起眉头，满脸焦急，赶紧提笔写信，劝郑成功迅速分遣诸将，拿下畿辅诸城。因为使者告诉张煌言，郑军久屯坚城之下，一味等待投降而不发起攻击，甚至有官兵穷极无聊，到河边打鱼。这怎么能行？前一个使者尚未抵达，下一个使者再度出发，主题无一例外，都是催促郑成功快、要快。

又是一个胜利的日子，张煌言满脸喜色地在宁国府（今安徽宣城）接受新安县的来降。他与使者交谈甚欢，即席写成《师入宁国府时徽郡来降留都尚未克复》：

> 千骑东方出上游，天声今喜到宣州。
> 威仪此日惊司隶，勋业何人愧彻侯。
> 旧阙烽烟须荡靖，新都版籍已全收。
> 遗民莫道来苏好，犹恐疮痍未可瘳。

使者不断夸赞其好诗好字，张煌言也颇为自得。正在此时，忽有探子报告紧急军情，他便起身到另外的房间接待。得到清兵援军抵达、郑成功战败的消息，他双眼猛地一瞪，忽地一下站起身来，旋即又缓缓坐下。略一思忖，匆匆修书一封，令人迅速送给郑成功，表示胜败乃兵家之常，首战虽然失利，但全军主力犹存，上游郡县也在控制之中，若能派战船百艘前来接应，"天下事尚可图也"，万不可就此退兵。

叮咛嘱咐一番，张煌言不动声色地再度出来，送走新安县的洽降使者，便迅速返回芜湖，准备应战。虽然使者往返需要时间，但他坚信郑成功不会登舟避敌，即便后撤，极限也顶多是镇江："即登舟，未必遽扬帆；即扬帆，必且据守镇江。"因而他没有撤退，"弹压上流不少动"，稳如泰山。

八

张煌言到底是诗人本色，考虑问题相对简单，有诸多前置条件。所谓"秀才造反，三年不成"，很大程度上就是因为他们不够狠。但郑成功不同，他不仅转身就跑，连镇江也顺手丢掉，最要命的是，始终没有通知张煌言。史书上都说郑成功与张煌言志同道合，《清史稿》就有这样的记载：

> 煌言尝谓成功曰："招讨始终为唐，真纯臣也！"成功亦曰："侍郎始终为鲁，与吾岂异趋哉？"故与成功所事不同，而其交能固……

张煌言始终忠于鲁王朱以海毋庸置疑，但郑成功对待唐王朱聿键是否真心，则大可商榷。大军撤退竟不通知派遣出去的盟军将领，"其交能固"，是不是有些一厢情愿？

得到消息，张煌言既遗憾又愤怒。他使劲捏住座椅扶手，简直要将它捏断。下游的江南江西总督郎廷佐一面集结战船布置截击，一面派人招降；上游的清军八月初已从荆州抵达安庆，临时收复的池州府丝毫没起到作用。然而虽面临夹击，张煌言并未被自己的情绪控制，依旧牢牢地控制着情绪。他良久不语，再度开口时已在冷静地发布命令：全军即刻沿江西上，先击破荆州来的缺乏水战经验的清军，然后进入鄱阳湖，另图大局。

主帅有主意，军中不慌张。八月初七，部队抵达荻港（今安徽繁昌西），与清军正好碰头。一场混战，不分高下。当天夜里，张煌言乘着月色，忍住疲劳，巡视已安歇的队伍。半圆的月亮惨淡如水，沮丧的部队鼾声如雷，忽有号炮破空传来。张煌言以为清军劫营，赶紧喝令部队起身御敌，结果却发现局面迅速混乱。临时投效的到底是乌合之众，得知后路已断本来就悬着心，闻听炮响更无斗志，随即解缆四散。其实这股清军并不知道郑成功已经败退，急于为南京解围，发炮只是起航，并非劫营。

天亮之后，张煌言点检部众，只有残兵数百。虽然心知大势已去，但依旧面不改色。向当地人打听后，决定焚毁船只，取道桐城前往鄂皖交界的大别山区。英山、霍山一带有大量的山寨，士绅长期据守，既抗匪又抗清，可以落脚。

部队立刻穿越平原奔向西北山区。他的部下习于水战，而今突然步行，又有家眷，自然狼狈。平原地带还好，进入山区越发步履蹒跚，平均一天只能走三四十里。八月十七，霍山县的阳山寨终于遥遥在望。"寨在山巅，可容万人，饶水泉，故义师所据"，大家不觉长出一口气，个个面带喜色。然而派人一打听，寨主已接受招抚。

靠主将镇定镇住的士气，终于耗尽。部队全面溃散，只有两个贴身侍从还跟着张煌言。危急时刻，有人认出他来，将他藏在家中数日，然后改装易服，带着他抄小路进入皖南，翻山越岭，取道安庆、祁门、休宁，沿新安江进入淳安，最终由义乌、天台、宁海抵达海滨。

历时半年、行程两千，总算龙归大海。

当时整个江南兵力空虚，顺治一度要"御驾亲征"，漕运总督亢得时被迫增援途中更是吓得跳水自尽。如果郑成功不携带家眷，不一直株守水路，不被郎廷佐诈降愚弄而迅速攻击，定能拿下南京。痛定思痛，张煌言对这次劳师动众但功败垂成的北伐感觉还是心痛：

> 痛定悲畴昔，江皋满阵云。
> 飞熊先失律，骑虎竟孤军。
> 卤莽焚舟计，虺隤汗马勋。
> 至今频扼腕，野哭不堪闻。

西伯梦见飞熊来到殿前，周公解梦说必得贤人，最终果然有了姜尚。以飞熊比喻郑成功可谓恭敬，但对其"失律"和"焚舟"导致自己骑虎难下的孤军绝境态势，依旧耿耿于怀，直接斥为"卤莽"，为之"扼腕"。

旧部重新集结，驻扎于长亭乡（今浙江宁海长街镇）。刚刚安顿下来，疲劳尚未消解，张煌言便带领他们施工建设，筑塘御潮，干得一头泥半身汗，热火朝天。这里的百姓真是厚道，闻听他平安归来，很多人箪食壶浆迎接。在他看来，仅有"衣冠不改秦时俗，鸡黍相遗晋代风。正觉渔樵多厚道，不将白眼看途穷"这样的纸面赞誉终觉空洞，不足以回报，

230

必须要干点实事。最终他修筑的海塘，果然让当地百姓代代受益。

身体的劳累可以有效地缓解精神压力，完工之后，张煌言睡得安稳又放松。直到那一天，接到被抄家的凶信。

应当承认，此前清廷对张煌言一直心存幻想。或者说，他们对张煌言尚未引起足够重视。南京的狼狈终于让他们意识到了张煌言的重要价值，或曰巨大危害，随即撕去最后一张面具，派人到鄞县抄家，将其妻儿老小投入监狱。得到消息，张煌言既没有怒骂，也没有号哭，甚至连意外都没有。他呆坐片刻，便默默地展纸写诗。"家破原因我"，这几个字像泪珠一般滴在纸上。随即泪珠越来越密，诗句越来越长。他内心一定很爱自己的妻子，而人们通常会有一种不自觉的潜意识，会将自己所爱之人的形象，按照自己的期望或者理想去重新塑造。因而在《代内人狱中有寄》中，其妻董氏都是深明大义的："知君驱汗马，岂敢怨红颜"，只恨"难将妾巾帼，来佐君羽纶"。

是的，我们应当记住，张煌言的妻子姓董，最终"瘐死"于狱中。既然她的名字未能留存，至少姓氏不应该湮灭。这是个平凡的妻子与母亲，也是个值得尊敬的妻子与母亲。她内心曾经承担的压力，未必比张煌言这样的英雄小。

九

"王小二过年，一年不如一年。"1661年除夕，沙关突然来了一队无精打采的疲惫兵马，领头的便是屡败屡战的张煌言。沙关即浙闽交界处的沙埕（今福建福鼎），鲁王曾短暂地驻跸于此。这已是张煌言第三次经行此地。噼里啪啦的鞭炮声中，战乱期间难得的年味扑面而来，却也无法化解他的满腔心事，他只得提笔写成七律《辛丑除夕行营沙关》和五律《三过沙关》。他具体有何心事？《三过沙关》的结尾可为揭晓："包胥洵国士，复郢便辞侯。"

申包胥哭秦廷借救兵，张煌言这次南下也是要向郑成功求援，希望他举兵北上，而不是后撤到台湾。用申包胥的典故，足以说明他始终视郑成功为盟友，而非上司。

南京兵败后，郑成功决意经营台湾。从郑芝龙开始，郑氏家族跟盘踞台湾的荷兰人便藕断丝连，既有矛盾，也有共同利益驱动下的合作。此刻郑成功清醒地意识到，维持东南半壁已是泡影，必须占领台湾，作为十万大军的基地。尽管事后看来这是个英明举措，但当时却是反对声一片。台湾毕竟未经开发，荒凉落后，战略价值在农业文明时期不可能得到重视。张煌言对此也持异议，理由倒不是台湾不重要，而是在永历危急、顺治新丧的紧要关头，应当积极进取，不该大步后退。

但郑成功不为所动，毅然率领主力渡海，向台湾进发。

庞大的船队一点点消失于海天尽头，张煌言呆立原地，任海风将他吹得里外冰凉，依旧不肯死心，此后又派幕僚罗伦渡海赴台给郑成功送信，声称"使殿下奄有台湾，亦不免为退步，孰若早返思明，别图所以进步哉？"与此同时，还派人前往郧阳联系大顺军余部，郝永忠、刘体纯等夔东十三家，希望他们牵制湖广的清军。

自然，均无结果。

郑成功在台湾问题上的眼界比张煌言开阔。这是海洋思维与大陆思维的区别，也是商业文明与农业文明的较量。郑成功的成功是现实主义者的成功，张煌言的失言则是理想主义者的失言。

一〇

一年之后，永历帝、郑成功和李定国先后辞世，曾跟张煌言同样纪律严明的李长祥与姚淑平安逃离南京。即便瞎子也能看得见，复兴大明已失去最后一丝希望，但张煌言依旧要跟历史犯倔。不仅不后退，反倒有所进取，希望奉鲁王再度出山。他并不愚忠，曾在《鸿门歌》中指责刘邦"俎上老翁不相顾。既无父子况君臣，三军缟素为何人"，可见他对君主是有要求或者标准的。之所以对鲁王能全始终，很大程度上是因为朱以海监国期间表现不错，经常领兵到一线作战。而他为之尽忠竭力的不只是明朝，更是保全服发的文化。所可惜者，驻守厦门的郑经对此事比乃父更加冷淡，甚至停发了鲁王的"宗禄"。鲁王的健康状况也很糟糕，当年年底"中痰"去世。

消息传到军中，张煌言不觉恸哭："孤臣栖栖海上，与部曲相依不去者，以吾主尚存也。今更何望？"

"年年难过年年过。"又坚持了一年，1663年十月，厦门、金门相继失陷，郑经和部队走了，浙江招抚使王尔禄和总督赵廷臣的劝降使者来了。张煌言语调不高，但语气坚定。从牙缝里挤出的这段话，在秋风中似有熠熠光彩："执事为新朝佐命，仆为明室孤臣，时地不同，志趣亦异，功名富贵既付之浮云，成败利钝亦听之天命。"

甲申国难二十年后的那个六月，海边腥咸的空气炎热而又沉闷，简直令人无法喘息。简陋的幕府之中，幕僚和部将都看着正在挥笔写诗的主将张煌言。鸟是大自然的精灵，有着超乎想象的美。张煌言此刻的主题便是鸟，类似八哥，叫秦吉了。"生为汉禽死汉鸟"，"生当为凤友，死不作雁奴"。铁画银钩的字句迥异于往日的风格，笔画如刀锋般锐利，大家都感觉有些惊异。诗成之后，张煌言将笔一丢，解散军队的命令随即像从笔尖上溅开的墨点儿，在众人心中晕染开来。

征战二十年，就此解散？虽在意料之中，大家却还是有些不敢相信，如同那越来越大也越来越淡的墨点。张煌言环顾四周，凄然一笑，与大家拱手作别。等官兵们挥泪而去，往日喧闹的军营就像被蜜蜂抛弃的蜂巢，陷入死一般的寂静，张煌言心里也空落落的。如此关头，谁离开都能理解，唯独一个仆人的离去令他颇有感触。这个仆人跟随自己实在太久，已有如同亲人的感觉。他当然没有阻拦，更没有责难，只是暗叹一声，便带着几个亲信，连同书籍和那只养了很久的猴子，登上离舟山和普陀山都不远的荒凉小岛悬山花岙。军务虽去，但他似乎更加紧张，不断地写诗填补巨大的时空空白。尚未安顿完毕，便写了《入山》，希望"大隐从兹始，悠然见古心"。刚刚安顿下来，赶上他的生日，幕僚罗伦写诗致贺，他又以同韵相和，自嘲"自非和扁难医国，谁似巢由易买山"。

虽然未能复国，但他一介文人，已尽了毕生的努力。

谢幕前夕总有无尽的悲凉，那只原本有些病恹恹的猴子忽然来了精神，灵巧地爬上树便不肯下来。大家都以为它已恢复健康，纷纷嬉笑指点，再一看，猴子却已抱树而死。狐死首丘，树才是猴子栖息的家园，最后关头，它也要回家，无论跟人多么熟稔。那个瞬间，张煌言不觉肝肠寸断，但他想起的不只是宁波府鄞县的小家，还有大明江山这个大家。所以对刚刚建好又突然失火的茅屋，他还能笑出声来。

面对迅速化为灰烬的茅屋，仆从们哭丧着脸，面面相觑。将它建成并不容易，在此期间，三十天内他们只吃了九顿热饭。然而张煌言丝毫不以为意。对于屡败屡战的他来说，这实在是小事一桩。兵败尚能卷土重来，茅屋难道就不能再建？"荒洲小筑笑焚余，结构新茆再卜居"嘛。他期待在重建的房子里"寒芦瑟瑟秋张乐，宿火荧荧夜读书"。仿佛上苍感动于他的坚持，那个仆人又突然回归，他不胜欣慰，在诗中将之比喻为颜真卿的家童银鹿，言语间满是"犹胜形影单"的喜悦。

但这喜悦，注定是回光返照的海面残阳。

一一

一个月后，即 1664 年七月，禁海之后空荡荡的舟山海面上突然出现一艘赶缯船。赶缯船体形较大，那时广泛作为战船使用，因而立即引起清军瞭望哨的注意。他们赶紧派船堵截，将驾船人拿住。原来这是为张煌言买米的船只。审出张煌言的去处，清军大为惊喜，迅速派兵从后岛悄悄登陆，准备乘夜行动。

那是个月圆之夜，海浪冲击礁石的声音遥遥传来，带着丝丝秋凉，如同心潮一般敲击在张煌言的耳际。当这安谧的声音被房前屋后的嘈杂喧闹击破，仆从们一跃而起，本能地抓起武器，但张煌言悬了二十年的心却在瞬间彻底放松。他明白，等待已久的结局已经到来，再不可逆转。那是一种真相大白、水落石出后的轻松。他再也不必为渺茫的期望而焦心，他如释重负。此前他必须为江山社稷谋划，殚精竭虑；从那时开始，事情简单很多，殉国即可。

虽已成俘房，但传奇色彩并未消淡。昔日的对手个个心怀尊敬，都想抵近观察这个硬汉。提督张杰要设宴招待，在岛上没吃过几顿热饭的张煌言淡淡地拱手婉拒："父死不能葬，国亡不能救，死有余辜。今日之事，速死而已。"

彻底放松的张煌言诗笔不停。七月十七被抓入定海时，他自信"到来晚节同松柏，此去清风笑蕨薇"，至于身后事则"青史他年任是非"。囚车抵达老家宁波，诗句依旧铿锵有力，如同对三军发号施令，做战前动员："人生七尺躯，百岁宁复延。所贵一寸丹，可踰金石坚。求仁而得仁，抑又何怨焉。"八月里，他由宁波被解往省城杭州，心绪依旧是"生比鸿毛犹负国，死留碧血欲支天。忠贞自是孤臣事，敢望千秋青史传"。

死是必然的，张煌言从来未曾逃避，只看是何种死法——壮烈、平淡还是屈辱。尚未抵达杭州，他已这样回忆西湖：

> 梦里相逢西子湖，谁知梦醒却模糊。
> 高坟武穆连忠肃，参得新祠一座无。

这哪里是回忆，明明是期望。目标很明确，就是葬身西湖周边，跟岳飞和于谦同列。等抵达曾经盘马弯弓的杭州，激情更是无可抑制，《甲辰八月辞故里》喷发出来便成经典，完全不需要茫茫时间的酿造、淘洗、打磨：

> …………
> 国亡家破欲何之，西子湖头有我师。

日月双悬于氏墓，乾坤半壁岳家祠。

惭将素手分三席，拟为丹心借一枝。

他日素车东浙路，怒涛岂必属鸱夷。

彼时埋葬其同志和战友的三忠墓虽已建好，但他不可能知道。无论如何，他发誓要效法伍子胥，死后也要看着清廷败亡。

一二

在囚车里尚可四望，高墙则遮蔽一切。然而张煌言并未被囚室的阴郁控制，这阴郁反倒激发起他内心更加澎湃的诗情，步岳飞韵写了两首《满江红》都不能释怀，突然又抓起毛笔，在墙壁上写下《放歌》。词句令人血脉偾张，箭一般穿透高墙，刻入历史的记忆深处：

    …………

    予生则中华兮，死则大明。寸丹为重兮，七尺为轻。

    …………

    予之浩气兮，化为风霆。予之精魂兮，变为日星。

    尚足留纲常于万祀兮，垂节义于千龄。

    …………

那个瞬间是将军复活的瞬间，仿佛醉酒一般。然而激情总会平复，被死神拉长又搓短的那几天里，他清醒而且冷静。提审途中，他突然停下脚步，对着墙脚揉了揉眼睛。没错，真是一株红梅，已经开放，在刚刚入秋的九月里不动声色地开放，简直就像给他壮行一般。张煌言大为惊异，也大为感动，进入阴暗的牢房，眼前依旧一派红亮。这感觉让他无法忘怀，便以"盐"为韵，写了四首诗。语气闲淡，如果不读诗题，仅看内容，恐怕谁也不相信出自死囚之笔。

　　无论经历如何，有无意义，生命终究是个奇迹。而终结生命的死亡，说来也有神奇的一面，只是国人忌讳这个话题。对于1664年九月里的张煌言，对于这位已被死神的黑影牢牢笼罩的将军诗人，我内心充满了什么呢——这个字眼可能有失庄严，却无比真实，那就是"好奇"。我好奇的是，在黑暗潮湿的狱室，他心里究竟在想些什么。读他的诗作越多、越深，这个好奇也就越发强烈。我本俗人，实在无法想象一个人真正看淡死亡，内心毫无感觉。从我有限的、曾在战场擦边而过的经历，这实在不可思议。

　　张煌言内心始终弥漫着浓厚的孤独情绪。主将撤军时收不到通知的先锋，比没有人给他写信的上校还要悲凉。故而在他诗中，孤字很常见：孤城、孤岛、孤舟、孤洲、孤雁、孤鸿、孤燕、孤鹤、孤竹、孤影、孤军、孤忠、孤掌、孤踪、孤情、孤剑……但无论如何孤独，他始终坚持如一。在孤独中坚持，在坚持中孤独，比"独钓寒江雪"还要决绝。

　　终其一生，除了反对攻打台湾失策，张煌言几乎无可指摘，简直就是道德完人。但"人无癖，不可与之交"，这样的人时刻都被内心的远大目标驱使，有时不免显得无趣。他是这样吗？还真不是。

张煌言不仅喜欢猴子，也喜欢菊花、梅花。山里人穷困，没啥好送的，采了一些菊花送来，他高兴地写成《野人馈菊有感》四首，声言"尝言爱菊耐霜威，晚节都甘与世违"。兵败之后在海岛闷闷不乐，童子折梅来献，他也"喜而有赋"。这情绪多么强烈呢？"一枝瞥见慰离魂"。即便枝条萧疏，花蕊冰冷，他也舍不得丢弃，放在身旁欣赏把玩。《江上闻笛》尤其可见情趣，是他的诗作中被忽视和低估的一篇。作者起初情绪一般，但"忽闻笛韵横江来，金山数峰尽青簇"，被夕阳照得金黄的山峰顿时变得可爱起来。寥寥数句，正是"曲中人不见，江上数峰青"的意蕴。

如果仅知道《甲辰八月辞故里》，那只看到了张煌言人格钱币的正面，不免遗憾。其背面《柳梢青》，不可不知：

> 锦样江山，何人坏了，雨瘴烟峦。故苑莺花，旧家燕子，一例阑珊。
>
> 此身付与天顽，休更问秦关汉关。白发镜中，青萍匣里，和泪相看。

这应当是他晚年的作品。如果盖住作者，放在纳兰性德的集中，有多少人能辨别出来？

一三

最后的日子是九月初七，地点在杭州弼教坊的刑场。张煌言举目看看吴山，叹道："大好江山，可惜沦于腥膻！"（《清史稿》记载仅有"好河山"三字）随即要来纸笔，赋《绝命诗》一首：

> 我年适五九，复逢九月七。
>
> 大厦已不支，成仁万事毕。

诗成掷笔，拒绝下跪，"坐而受刃"，年仅四十五岁。遵照他在诗中表达的愿望，众人将他葬于杭州南屏山北麓的荔枝峰下，随即与岳飞、于谦并称为"西湖三杰"。有意思的是，清国史馆为其立传，也为洪承畴、钱谦益立传，只是后二人在《贰臣》系列之中。

叛变这事儿，轻易还真是干不得。

（刊于《作品》2022 年第 2 期）

宗泽：
老卒有勇难过河

一

　　1117 年是北宋政和七年，全国一片安乐祥和。虽是安乐
死之前的祥和，但丝毫不妨碍鲜花着锦、烈火烹油的外表繁
盛。高俅由殿前都指挥使除官太尉，童贯领枢密院，宋徽宗
则跻身为教主道君皇帝。太尉是宋代武阶官的顶峰，枢密院
则是最高军事决策机构。按照英雄不问出身的原则，我们完
全不必纠结高俅曾为苏轼的小吏，童贯是不折不扣的宦官：
既然教主道君皇帝的名义都可以由群臣和道录院在深切领会
皇帝意图后形成一致意见册封，还有什么事不能办？

　　当年六月，猛烈的海风将两艘难民船从辽国苏州（今辽
宁大连金州区）吹到了北宋的登州（今山东蓬莱）。由于家
园被金兵攻占，难民原打算到高丽避乱，不料到了海的另一
边。他们是阴差阳错，北宋却要将错就错：朝廷命令登州知
州王师中选择合适人手，跟随他们以买马的名义渡海联系金

人，探讨联手攻辽的可行性。

得知此事，一声带着浙东口音的叹息从登州通判厅内悠长地漾起："天下自是多事矣！"

发出这声叹息的官员看起来已年近花甲，满脸的沧桑和倔强。这个年纪还敢对大政方针发表悲观预期，没几分倔强还真是不行。此人是谁？登州通判、婺州义乌（今浙江义乌）人宗泽。

宗泽是两年前履新登州的。北宋边防分为极边、次边、近里三个等级，登州临海，可以很方便地浮海辽东、高丽，因而朝廷将之升为次边，选择干练臣子前来加强领导。弄巧成拙的联金灭辽盟约之所以被称为"海上之盟"，便是因为在此起步。此事宗泽一开始就很清楚，也明确反对。

二

此事的萌芽六年前已经发端，那是政和元年（1111），宗泽还只是知县。童贯出使辽国时，马植在卢沟桥求见，建议联金灭辽，旋即被采纳，只因道路不通，迟迟未能破局。从辽国来的两艘难民船简直就是指路的天使。几经周折，北宋和金国初步达成协议：宋军攻辽南京幽州，金军攻辽中京大同。战后以幽州为中心、位居燕山之南的山前诸州归宋，每年的岁币则转移支付给金国。关于以大同为中心的山后诸州，金太祖完颜阿骨打可能口头答应归宋，但没有白纸黑字写下来。燕山之南还有后唐丢失的营州（今河北昌黎）、平州（今河北卢龙）和滦州（今河北滦县），北宋也希望一并拿回，但被金坚决拒绝，因其不在十六州之列。

双方还约定，必须同时进兵。当宋军需要金军夹击幽州时，双方必须沿约定路线推进。完颜阿骨打特别强调，只有宋军按时抵达，合约才算成立。然而对于同样的文本，双方的理解却各自不同。北宋强调同时攻击，意思是即便金军先期抵达也不能独自动手，更不能越界，免得摘了北宋的桃子；金国的意思则是如果宋军逾期，那么合约彻底作废，金军可以放手攻击，山前诸州也是他们的战利品。

但第二批金使抵达登州后，因方腊在江南起事，北宋担心家丑外扬，将他们晾了好几个月。由于联金灭辽已非急务，朝廷内部分歧加剧，最终只给了他们一封模棱两可的信，含糊地表示同意最初的讨论，但没有明确究竟是哪些讨论，更没有派出使团。完颜阿骨打对此颇为失望，但他原本就没指望北宋，事实上，开战前他根本不知道北宋的存在。既然如此，他便放下这件事，按计划攻击辽中京。闻听辽中京易手，童贯赶紧率军杀奔幽州，结果吃了败仗。好在宋军此行虽未如约知会金国，完颜阿骨打却还是希望推进合作，以便拿到北宋的岁币。山前诸州他自信可以攻克，但固定资产终究不好折现。且他刚刚打完一仗，并不想立刻跟北宋交恶。最终决定，双方互不追究以前的失约，继续推进合作。

然而使节刚刚出发，北宋又改了主意。因为辽国大将郭药师投降，易州和涿州不战而得。只是很遗憾，郭药师虽然顺利攻入幽州，但十五万违约抢跑的宋军还是以崩溃而告终。等金军应童贯之请拿下幽州，此前合约的前置条件已完全失效。北宋本可以五十万岁币的价格买回山前诸州，最终却价码翻番，且幽州家产在一百五十贯以上的富人也被全部带走，作为无法将北方逃人一一遣送回金的补偿。

无论从军事、政治还是外交的角度衡量，这都是彻头彻尾的失败。尽管可以将之艺术化为盛世大捷，百官争上贺表，但"哑巴吃饺子——心里有数"，教主道君皇帝还是觉得憋屈，因而闻听平州守将张觉有意转投北宋，他不顾朝臣反对，硬生生吞下了这颗滚烫的山芋。最终偷鸡不成，张觉很快便被金军端了老窝，宋徽宗赐给他的诏书随即成为背盟铁证。北宋虽能杀掉张觉暂时平息事态，却又埋下了郭药师降金的伏笔：即便瞎子也能看出来，北宋靠不住。一波未平，一波又起，关于山后诸州的谈判正火星四溅，宋徽宗再度背盟，令童贯悄悄招降逃亡中的辽天祚帝，而人证物证都被金国捕获。

具有讽刺意义的是，使节明明发现沿途金军都在调动集结，归来后却不敢实说，因为被边事弄得心烦意乱的宋徽宗有令：妄言边事者流三千里，罚三千贯，遇赦不还。报告喜讯获得提升，反之则倒霉。"花剌子模信使"的尴尬，原来是北宋使节的延续。

三

从海上之盟发端到宋金战争开始，持续了八年时间。这八年里，宗泽只是短暂的旁观者。因为他在宣和元年（1119）就被迫离开了使者往返必须经过的登州。事情的缘由，则要从政和八年（1118）说起。当年二月，已升任知州的宗泽看见一道朝命，不觉心头火起，立即想起刚刚履新时的官田风波。登州有宗室官田数百顷，都出租给农人耕种。时间一长，这些官田逐渐沙化，已沦为不毛之地，但他们依旧索求田租。州府不敢得罪，只得将租税转嫁给百姓，结果登州百姓每年不知不觉增加了一万多缗的负担。宗泽履新时，此事已流弊经年，历任官员全都忍气吞声，可见他们得罪不起那些宗室。作为通判，宗泽原本可以装聋作哑当太平官，但他没有，立即奏请改正。最终虽然获准，但毫无疑问得罪了当事人。

那时可以为民请命，这回却不大好办。因为那道朝命直接来自皇帝：各地都要将万寿观改为神霄宫，小的州、军、监若无道观，则用佛寺改建，不隶州的县新建。宗泽很清楚，这所谓的改建其实跟新修无异，肯定会有一场劳民伤财的大折腾。在道士林灵素的撺掇下，宋徽宗崇道抑佛完全走火入魔，诏令"佛改号大觉金仙，余为仙人、大士。僧为德士，易服饰，称姓氏"，且"诏天下知宫观道士与监司、郡县官以客礼相见"。他最推崇所谓的神霄派，因而各地都必须有神霄宫。

宗泽的判断不错，这场折腾果然声势浩大。尽管各处已赐田千亩，但道士们依旧索求无度，肆意扩张。百姓怨声载道，官员无计可施。毕竟这是皇帝亲自抓的重点工程，样式形制执行国家标准，有统一规格，还要派监察官严格验收。宗泽对于联金灭辽兴趣冷淡，对这件事兴趣更加冷淡。他内心是亲近佛家的，留存至今的三十多首诗作中便有六七首谈及佛禅。道士以"客礼"相见已令他不快，更何况那些无理要求。于是他能顶就顶，不能顶就拖。而执行"国策"不力，当然没好果子吃。一年之后，诏命从天而降，他以"建神霄宫不虔"的罪名，被除名编管于镇江军。有胆量的当然不止他自己，仅宣和元年二三月间便有知州四人、知县二人被处罚，但宗泽的处罚最重。别人不过降级降职，他直接从命官沦为罪犯。巧合的是，就在同一年，比他年轻二十三岁的福建邵武人、起居郎李纲也被贬出京师，回到福建"监沙县税务"。因当年京师大水，李纲居然说是"阴气太盛"，"当以盗贼外患为忧"，完全看不见"主流"，看不见"天下太平"的事实。

中国最古老的城市都能带动交通，次生古城则是被交通带动的结果。因古老的邗沟在此沟通江水，一个古称为"宜"的地方逐渐熠熠发光，并在宋代得名镇江。江边的金山、焦山、北固山个个大名鼎鼎，相形之下，东郊的京岘山远离大江，非迎送之地，很少被文人吟咏，无甚名气，但景致亦佳。此山连同南边的龙目湖，甚至引起过秦始皇的注意。他第五次东巡时，曾派三千赭衣囚徒以修驰道的名义劈山伐木，将龙目湖中的长岗凿断，"令水北注江"。看似是水利工程，实则有政治意图，跟秦淮河一样都是要破坏龙脉。这还不算，他还将地名改为丹徒，即红衣囚徒。只是他能凿瞎龙眼，梁武帝萧衍也能为龙眼"点睛"：梁武帝凿开了龙目二湖。

风景配合典故，自然符合文人的口味。那些日子里，宗泽经常徜徉于京岘山里、龙目湖畔。他骑着瘦驴，带着仆人随意闲逛。极目远眺，大江横流，沃野平阔，对面连接运河的瓜洲渡帆樯林立，百姓熙熙攘攘，看似繁华安然，其实山雨欲来，他心里不觉暗暗感慨。

宗泽当时的心情自然一片灰暗，已将这里选定为自己的"吉壤"，不仅在此安葬夫人陈氏，还在湖边结庐生活。安排就绪，他赋诗一首：

> 一对龙湖青眼开，乾坤倚剑独徘徊。
> 白云是处堪埋骨，京岘山头梦未回。

对于逝去的老妻，宗泽满怀悼念。那是"头白鸳鸯失伴飞"的疼痛与悲伤。只是他并不知道，倚剑徘徊的孤独不止此刻，此后在抗金前线还会更甚。此时的孤独只是"四海无人对夕阳"的孤独，此后的孤独则是"人海茫茫皆是敌"的孤独。

宣和六年（1124）注定不会平静。闰三月里京师、河东、陕西地震，兰州遭受的破坏尤其严重。党禁持续推进，苏轼、黄庭坚还在黑名单上，十月，"诏：有收藏习用苏、黄之文者，并令焚毁，犯者以大不恭论"，与此同时，六十四岁的宗泽奉命前往巴河流域的巴州（今四川巴中）担任通判。自从元祐六年（1091）考中进士，从馆陶尉起家，他先后在衢州龙游、晋州赵城、莱州掖县（今山东莱州）担任县令，当了多年的地方官。按照时人的观念，巴州是最为偏远的一处，地位远不如登州重要，而且还只是通判。朝廷这样安置宗泽，言外之意再明显不过：编管虽已解除，贬谪阴影未散。

复出江湖的宗泽匆匆赶往巴州，沿途所见，自然是民不聊生。宋徽宗被蔡京"丰亨豫大"的鬼话迷惑，极尽奢靡，府库空虚，只能加紧勒索民间，这才"培养"出方腊和宋江。而以高昂的成本买回燕地之后，"悉出河北、河东、山东之力以往馈官军，率十数石致一石，才一年，三路皆困"。宗泽赴任期间，诏命"西京、淮、浙、江、湖、四川、闽、广措置调夫各数十万，并约免夫钱，每夫三十贯，委漕臣限督之，违者从军法"。无论边疆还是内部，都已危机四伏。

巴州通判就是在这样的心绪中发现并读懂古城南郊光福寺中的那棵古楠木的。尚未抵达，远远便看见耸天巨木如战旗般立于寺后，张开的树冠如同伞盖，笼罩着脚下的佛殿。进去一看，枝干婆娑，树影足以覆盖十余亩地。他摩挲树身，在树下走来走去，恍惚之中已视接前朝。这棵树据说是从豫章（今江西南昌）移栽来的，唐朝时已经"耸干摩天"。杜甫的幕主严武在巴州刺史任上曾为之题诗。树高人老，但壮志不衰，尤其在国家多故的时刻。那个瞬间，宗泽推己及树，激情难耐，立即展纸泼墨，挥笔写成《古楠赋》，抒发壮志。"包坚根而下蟠兮，贯顽石而澈沉渊"的古树张开巨大的伞庇佑周围，"雨露不吾遗，霜雪不吾欺"，这不就是地方官的职责所系吗？尽管因此遭遇贬谪，但他并不后悔。他依旧相信甚至迷信这棵古树，认定用它做栋梁可以"建九重之明堂"，用它造舟楫则可以"济巨川之汪洋"。

文章写成，宗泽迟迟没有放下手中的笔。他长时间沉醉于"老当益壮，自任以天下之重"的精神之中，直到寺僧与随从的喝彩将他惊醒。

四

宗泽在巴州过了一年安生日子，他预判的"多事"便成为现实。

神霄派宣称可以"役鬼神，致雷雨"的五雷符并未能保佑教主道君皇帝。靖康元年（1126）一月底，以降将郭药师为先锋，斡离不率领的东路金军不过历时两月，便兵临开封城下。金之所以敢于侵略宋，无非三个诱因：轻松灭辽后信心或曰野心膨胀；深知北宋内情的辽国降臣在燕地有很多财富，希望夺回，不断怂恿；北宋连续背约且军队腐朽不能战。可见不仅仅落后就要挨打，即便你有一骑绝尘的先进和富庶，如果多事且不守信，一样跑不掉。

宋徽宗无奈，赶紧下罪己诏并退位，传位于太子赵桓。

这不仅仅是逃避责任，他连续失信，确实已无跟侵略军讨价还价的资本。危急时刻，早已回到京师的李纲挺身而出，以兵部侍郎的身份组织防御，击退第一波攻击，将局面暂时稳定。在火速调兵勤王的同时，巴州通判宗泽也奉召进京。经御史中丞陈过庭推荐，朝廷要他以宗正少卿的名义充当和议使。

古楠在四川的冬天依旧郁郁葱葱，绿叶映衬着通判发白的须发。那种"老当益壮，自任以天下之重"的激情，不断在宗泽心头澎湃，伴随着焦急兴奋。焦急的是兵薄京师、君父蒙尘，兴奋的是走出贬谪、创建伟业。来不及辞别古楠，他匆匆为旁边的松楸赋诗一首便上了路。

从巴州回开封，要先出蜀道翻越巴山秦岭进入关中，然后再一路向东，由潼关入函谷至洛阳。这段旅程的前半部分简直就是愉快的公费旅行。"马头迎雾色，诗句日边寻"，走到华阴时，他写成《华阴道中》三首，第一首最引人注目：

> 烟遮晃白初疑雪，日映斓斑却是花。
> 马渡急流行小崦，柳丝如织映人家。

已经立春，路边繁花如星、麦苗似海。虽说春雨贵如油，但还是会增加行人的不便。雨后的函谷关溪涧突然涨水，驿兵只得徒涉扶他渡过，他觉得很不好意思：

> 小雨疏风转薄寒，驼裘貂帽过秦关。

道逢一涧兵徒涉，赤胫相扶独厚颜。

马蹄嘚嘚，走着走着，宗泽忽然勒住马缰，停了下来。"全节铺"，这地名实在令人喜爱。他驻马徘徊了很久，到底还是赋诗一首方才离去。离京师越来越近，离战场也越来越近，他的心情自然急迫起来，"不辞关路远，辛苦向都城"。盘豆古镇虽已淹没于三门峡水库，但当时位于豫陕要道上，格外繁华。古镇南部有一处李姓人家的园子，中午时分，老翁关着柴门，宗泽想象他卧在床上，被风雨惊醒，以为勤王兵马已经杀到：

> 李翁卧亭午，春深掩柴荆，
> 忽闻风雨响，疑是勤王兵。

不在其位，不谋其政。农家老翁肯定不会为此操心，这只能是宗泽"忧国心如奔马"的心境再现。正着急呢，迎面忽然来了一群士卒。他们披甲执戈，却不成队列，如同败兵。宗泽以为前方战败，赶紧打听，得知他们是被遣散的队伍，说是朝廷已经与金人讲和，他们再无用处。宗泽闻听心忧如焚，立即写成《道逢散遣之卒云讲和退师无所用之矣辄以二十六句道胸臆》，同时上疏指出这并非平等和谈，而是贿赂甚至投降，有损国威。他愤怒彻骨，毫不掩饰地批评朝中大臣"肉食之谋殊未臧"，语气颇为激切。即便冷静下来，依旧质疑所谓的和谈：

> 罢兵洵上策，试问可诚然。
> 竟弃三军力，空抛半壁天。
> 上林无旅雁，绝哉有啼鹃。
> 羞见龙泉剑，飞光牛斗前。

联金之前，宗泽是反对"多事"的。但敌军既已兵临城下，那就不能屈服。跟一般的清流只会空发议论不同，宗泽有真儒风范。事前不惹事，事来不怕事。兵凶战危，罢兵确实应该，但对方哪有诚意？当时的他并不知道，李纲虽然试图力挽狂澜，但终究独木难支。

五

当激于义愤的李纲初次出现于宰执会议的会场时，与会者都有些惊愕。这个被火线提拔的兵部侍郎并无参与国务会议的资格，来此作甚？放炮。李纲明白宰相、执政都主张南逃襄阳，最终果然如此，而这意见迅速淹没本无定见的钦宗。情势紧急，李纲不顾自己连列席旁听的资格都没有，便大声疾呼："请问陛下，禁军士兵多是北方人，他们愿意抛下妻儿，跟随您退向南方吗？如果途中哗变，岂不是更加危险？"

这个冷静的反问扳动了历史的道岔，毕竟唐玄宗的马嵬之变已有教训。钦宗问道："宰执职位还有空缺吗？"宰相道："尚书右丞尚缺一员。"钦宗随即对李纲道："即日起，卿以尚书右丞的身份兼兵部侍郎，以便参与方略机宜讨论。"

金军出战，官方并不提供后勤支援和军饷，一切都靠就地劫掠，因而他们急于拿到快钱，装进腰包。斡离不据此开出高昂的价码：黄金五百万、白银五千万，双方以黄河为界。李纲赞同增加岁币、提供一次性犒军，但坚决反对割地。然而他升迁太快，资望不够，无人支持。那时的北宋，全无"关西大汉，手持铁板，唱大江东去"的豪情，只有"日日花间常病酒"的颓废。处处防范武将、单纯崇尚文官的体制让他们全无武略，根本无法准确判断形势。金军号称十万，其实五万都不到，哪里围得住城墙周围八十多里的开封？城墙高固，粮食丰富，出战不足但防守有余，完全可以争取时间，等待勤王大军完成集结。和谈是必然的，但所有的和谈都得以实力作为依托。如果没有金戈铁马的配合，哪里能立得起一张谈判桌？

然而主持大计的宰执，连同钦宗在内，全都被吓破了胆，匆匆应允割让太原、中山、河间三府，黄金白银的数目保持不变。

宫殿内争辩得口沫飞溅，都城外援军的烟尘不绝。那段时间，勤王兵马从四面八方赶来，旌旗招展，枪明刀亮，种家将的代表种师道、折家将的代表折彦质相继抵达，营寨跟金军遥遥相对。"麻秆儿打狼——两头害怕"，至少在斡离不看来，宋军颇有些哀兵必胜的气势，他心中不免开始打鼓。

然而宋军系统复杂，指挥并不统一。靖康元年（1126）二月初一，最荒唐的一幕上演：白天黄白之物耀了百姓的眼，文臣押着五十一万七千两黄金、一千四百三十万两白银、四十多万匹表缎以及无数珠宝玉器、犀角象牙送往金军大帐；夜晚无数火把又耀了百姓的眼，姚平仲发动夜袭，但被金军包围，如同被光亮锁定的兔子。

反击的策略是宿将种师道等人抵达后，正月二十七经宰执会议确立的。李纲判断双方兵力已有十比三的优势，建议采取周亚夫平定七国之乱的策略，守住黄河渡口，分兵收复河北失地，断绝金军粮道，让他们"路遥归梦难成"，逼他们交还和约誓书，最终半渡而击，一举歼灭。种师道对此无不赞同，但因种师中和姚古的兵马尚未赶到，建议八天之后即二月初六行动。然而这个决议虽然通过，但钦宗和李纲不甚满意。当时的他们见大军源源而至，有些乐观过头，不免急于求成。因而次日钦宗虽然依旧搜刮城内金银珠宝，但同时又跟李纲商定提前行动，由猛将姚平仲负责执行。

姚平仲用术士占卜确定出兵日期时消息已经泄露，周围的百姓都知道二月初一要打仗，准备好了要看热闹，结果如何自然可想而知。

急于抢功的姚平仲虽然战败逃跑，但这对斡离不依然是个巨大的警示，可以说是敦促他迅速撤军的最后推手。此役宋军的损失不过千余人，先前的战略完全可以继续推进，但宋钦宗最后的一点点斗志已被葬送干净。

六

十几个人的队伍迎着朝阳向东出发，正中间是骑在马上的宗泽。瘦马溅起的灰尘在风中旋起旋灭，他身后的老弱兵卒脸上更增添了尘色。他们赶早从京城出发，先向东后向北过黄河，但目标并非金国，而是磁州（今河北磁县）。过了河便是战地，新败之后的兵卒难免垂头丧气，宗泽却依旧满怀豪情。风吹起他发白的须发，也吹起他的诗兴。《蚤发》当是这种心境的再现：

> 伞幄垂垂马踏沙，水长山远路多花。
>
> 眼中形势胸中策，缓步徐行静不哗。

朝廷之所以起用宗泽，很大程度上是因为他反对惹是生非的海上之盟。而今见他的态度如此强硬，又不敢让他出面和谈，便改派他为磁州知州。也多亏这个临时变动，否则他和大宋的命运很可能全部转向：他本人多半会殒命北国，像推荐他的御史中丞陈过庭那样；至于南宋，很可能无法立国，即便建立，也没有赵构的戏份。

当时太原已经失陷，河北、河东的官员纷纷借故不赴任，宗泽却不。他受命之后立即出发，哪怕身边只有十几个老弱兵卒。"眼中形势胸中策"，他的冷静可不仅仅出于一腔热情，而是有根据的。素来沉毅知兵的他深知大金立国不久，夺来的辽国地盘立足未稳。朝廷此前虽在开封吃了大亏，但完全是宰执应对乖方，河北失地更有人心所向。瘦死的骆驼比马大，只要上下一心，完全可以击退侵略军。

磁州在今天河北省的最南端，虽处于平原地带，却也是开封的遥远屏障。下马伊始，宗泽立即加固城池、整理战具、编练人马，同时上书朝廷，建议邢州（今河北邢台）、洺州（今河北邯郸市永年区东南）、赵州（今河北赵县）、相州（今河南安阳）与磁州全都编练两万精兵，一方受敌，四方应援。建议迅速获批，他随即又有了河北义军都总管的名分。

钦宗和大臣们仓皇接受的城下之盟，完全超出自身的承受能力。黄金白银的数量即便挖地三尺也凑不齐，割让三镇更无可能。即便皇帝愿意，地方官也不肯执行。既然如此，金国便有了再次兴兵的借口。尤其是斡离不的东路军一夜暴富，而粘罕的西路军几乎空手而归，怎能不眼红？既然北宋如此虚胖，再挖一勺又有何妨。

今天的河北一片平原，无险可守，但在古代并非如此。汉唐时期，河北有许多天然湖泊。以古白洋淀为中心的塘泊号称水长城，是天然的防御设施。北宋在此基础上又开挖连接了许多塘泊，在没有塘泊的太行山山前大道以及东部的乾宁军（今河北青县）以东直到海边的泥泞地带，设置军事防护林。其中太行山山前大道是防御重点。北宋初期在河北设置四路安抚使，真定府路、定州（当时已被升为中山府）路和高阳关（今河北河间）路自西向东排列，大名府路在后为它们提供依托，算是有两道防线。真定府路西邻井陉、北接飞狐陉，都可以沟通太行山，更是重中之重。

十月的朔风吹过华北平原，也将一股人马吹到戒备森严的磁州北门。不是南侵的金兵，而是使节、刑部尚书王云。闻听使节归来，宗泽赶紧出来迎接。王云的老家四川西充离巴州不远。"君自故乡来，应知故乡事"，而今君自敌国来，自然也应知敌国事，因而宗泽对王云充满期待，期待他能带来喜讯，期待他能告知敌情。结果期望越大，失望越大。王云刚一落座便大倒苦水、散布失败情绪。无非是金兵强大、无法抵挡之类。原来他回国途中正巧碰到南下的东路金军，受其主帅斡离不邀请，参观了攻陷真定的全过程。上一次名将刘韐在此应对得当，真定岿然不动，如今刘韐已经调走，虽然城墙高固，但城池很快便陷落。

重镇真定的陷落对王云造成了强烈的心理打击，全然不知已被斡离不悄然利用，成了免费的"活广告"。他陷在失败情绪的泥淖中无法自拔，完全没注意宗泽脸上的微笑已逐渐变成严霜。是的，那时的宗泽已从失望转为愤怒。巴州古楠"老当益壮，自任以天下之重"的精神，在这个曾以文辞受知于黄庭坚的西充尚书身上，居然不见分毫。大战在即，只能鼓舞士气，岂能沮丧人心？宗泽果断开口，逐一驳斥。王云随即醒过神来，讪讪地自下台阶，请宗泽迅速坚壁清野，将城外的百姓和粮草全部撤进城内，以免资敌。

这个建议倒跟宗泽不谋而合，他立即安排部署。当黑压压的金军分成严整的阵势出现在城下，宗泽不慌不忙地披甲操戈，缓步登楼，指挥抵抗。神臂弓矢如雨下，金军一时无法得手。他们的目标是开封，并非磁州。在这里的攻击只是顺带着捏软柿子。既然宗泽是硬骨头，他们便就此收手，绕道南下。

　　未能阻止金兵南下没什么好遗憾的，这并非宗泽的历史责任。他的历史责任是胆大妄为，阻止康王北上，留存帝室一脉。他究竟如何胆大妄为？默许磁州百姓，将力主和议的王云打死。

七

　　王云是顶着十一月的凛冽北风前来的，跟在康王赵构身后。开南门迎接的宗泽闻听他们要北上议和，立即梗着脖子反对："怎么能信任他们呢？上回撤军，他们要求派亲王为人质，以免受到攻击，但肃王护送他们过了河北，直到今天还没回来。大王您还要去，岂不是自投罗网？"他一边说，一边朝王云瞪眼。

　　这问题还真是难住了康王。事实上，自从金兵退走，朝臣便普遍反对交割三镇。他们努力从金军的行为中寻找借口，试图证明金已违约在先。尽管都知道这不能成立，但谁又敢公开指责是皇帝和宰执一时吓破了胆，接受了根本无法兑现的条件？内部阻力重重，外部鼙鼓隐隐。几天之前，即十一月初八，宋钦宗不得不在延和殿召集官员开展现场辩论，要求他们正式回答究竟该不该交割三镇。最终统计：三十六人反对，包括御史中丞秦桧——你没有看错，就是那个秦桧；范宗尹等七十人则表示赞同。尽管如此，在宰相何㮚的强烈建议下，宋钦宗还是决定硬顶；直到东西两路金军全都渡过黄河，价码升格为河北山西全境，宋钦宗方才无奈地派康王赵构出使，希望以交割三镇为限。

康王赵构是个看起来很勇武的汉子，当过很长时间的人质，金军对他的不卑不亢印象深刻。在王云、耿延禧和高世则等人的陪同下，十一月十六，赵构一行离开首都北上，但刚出城门，便看见眼前跪着黑压压的百姓。他们不想被再度搜刮，都反对和议。走到相州，知州汪伯彦也不同意；而今抵达磁州，宗泽的反对尤其强烈。

王云对道："虏众锋锐，势不可当，只能推进和议。否则战端一开，宗庙社稷不保，岂不误国？"王云这个态度其实很正常，大战之前，文人多会本能地反对。这更大程度是职业局限，并非道德缺陷。

宗泽是文人中的另类，有真儒风范，因而格外可贵。宗泽闻听此言，怒气几乎要逆风吹动他雪白的胡须。他立即撑道："战场上拿不到的条件，谈判桌上能拿到吗？不打赢一仗，用什么作为谈判筹码？城下之盟，必定误国！"

吵吵嚷嚷，计议不定，康王便没有立即北上。随即磁州内外传言纷纷，说王云是金国奸细，要诱骗康王北上。究竟去不去呢？康王拿不定主意。宗泽狡黠地飞速一笑："那就请大王去崔府君祠占一卦吧。那里的卦很灵验。"

崔府君祠纪念的是东汉人崔子玉，当地人叫嘉应侯庙。他们刚一出城，便有百姓阻拦。王云立即出来解释说康王不是北行，只是拜庙。上个月王云建议坚壁清野，周围百姓因之损失巨大，但金兵又是浅尝辄止，很多人便把这个账记在了他的头上。此刻他如此活跃，自然更招人厌，王云是奸细的传言也就越来越像是真的。人们翻检他的行李，正好又发现了女真式样的"皂裘"，如同铁证，进一步激化了百姓的情绪。人声喧哗，群议汹汹，宗泽赶紧簇拥康王进了庙。等他们占卜拜庙完毕，王云已被愤怒的百姓打死，刺目的血肉就像速冻剂，让场面迅速冷静下来。

正在此时，相州知州汪伯彦派人传来金兵正在追捕康王的消息。金国灭掉敌国后是一定要把其国王及宗室全部带走的。带走并不意味着羞辱折磨，不优待也不虐待，只是为了永绝后患。而除了已到北方的肃王，北宋皇室唯独康王不在金国掌握之中，偏偏他的表现又最为坚定，怎能放过。康王闻听消息，终于下定决心，掉头回到相州，随即收获此后最重要的将领岳飞。

宗泽的事迹自然主要参看《宋史》本传。但本传的资料，很多出自私史家传性质的《宗泽遗事》。既是家传，就必然会有隐讳和谀美，就像岳珂给祖父岳飞编订的《金佗稡编》。关于王云的死因，《宋史》本传和《高宗纪》以及《宗泽遗事》

的记载，与耿延禧的《建炎中兴记》、汪伯彦的《中兴日历》完全相反。《宋史》认为宗泽与王云之死毫不相干，《宗泽遗事》更是强调王云有诸多可疑之处，后面两本书则直接指控宗泽出于私愤而怂恿百姓行凶。耿延禧和汪伯彦向来跟宗泽议论不合，其说法自然跟《宗泽遗事》一样不可偏信。可以想象，宗泽素有主见，治郡有方，且履新磁州后编练士卒，定有军事化管理倾向，属下百姓怎敢擅自打死朝廷命官？且他还是亲王的随从。此后宋高宗批准在四川西充为王云立祠祭祀，也是旁证。由于掩护刘邦逃命的纪信跟王云都是西充县紫岩乡人，明代已有人将他们视为同类。也就是说，他们认为百姓的怒气实际是冲着康王或者和议去的，王云只不过是个替死鬼。

由此可见，宗泽对此即便没有安排怂恿，至少也是知情默许。只是此举绝非出于私愤，他对王云这样的人没有私愤，只有公愤。对他而言，为了江山社稷，此举不过是事急从权，是臣子的担当，谈不上肆意妄为。

"泥马渡康王"荒诞不经，崔府君显灵更是不值一驳。如果说真有谁瞬间开了天眼类似显灵，那也只能是宗泽本人。

八

马蹄踏在雪后的土地上，发出迟钝的噗噗声。声音惊动了正在尸体上啄食腐肉的鸟儿，它们扑棱棱地飞上旁边的树木。树上枯枝条条而无片叶，显得格外瘦弱，带着天然的寒意。循声看去，这是一支看不见尾的庞大队伍，苍老的指挥官在军旗后面骑行着。他身量魁梧，目光机警，不时左右观察，头鍪顶上的红色绒球不停摇动，被漫天雪光衬托得越发醒目。

这位年老的指挥官便是河北兵马副元帅宗泽。他们的目标是重要的黄河渡口李固渡。两路金兵在开封城下会师后，钦宗立即传令赵构为河北兵马大元帅，宗泽为副元帅，组织义兵勤王。接到任命，宗泽便主张会兵占领李固渡，断敌退路。然而建议一出，反对一片。都说李固渡"城小而固，胜之不武，弗胜为笑"，即便拿下也起不到截断金兵退路的效果。

宗泽闻听怒发冲冠，既然无人响应，那他就独自起舞。宗泽于是将州务委托出去，自己率领秦光弼和张德二将，指挥磁州兵马越过相州，在风雪中杀奔距今河南滑县沙店南约三里的李固渡。渡口自然有防御设施，通常情况下也是税关。宗泽抵达后，指挥部队东西夹击，斩首金军数百级，并乘夜攻破三十多个营寨。

我们虽不知道年近七旬的宗泽的星座，但他一定是个多血质的人，垂垂老矣还激情澎湃。相形之下，刚刚年满二十的赵构却要冷静或曰冷血许多。尽管君父有急，他还是北上大名，在那里设置了大元帅府。他这样做当然有充分的理由。大名府不仅仅是当初河北四路安抚使的总基地，更是北京所在。河北兵马大元帅驻跸北京，借口充分，并无不当。

副元帅自然要到大元帅府会合。宗泽踏冰过河抵达大名，席不暇暖，便力主救援开封。这个主张政治正确，副元帅汪伯彦等人——大约也包括赵构——既厌烦又无法反驳，干脆釜底抽薪，劝康王派宗泽率部先行。

可以想象宗泽当时的表情。那张苍老的脸上没有沮丧，只有坚毅。已跟金兵交战数次的他不是不知道敌军的强大，即便是率领孤军他也要深入，即便是假戏他也要真做。虽然从此再不能参与大元帅府的具体谋议，但幸运的是此时岳飞到了他的麾下。宗泽并非一味蛮勇，指挥部队白跳火坑，他心里还是有主意的。他利用头顶的副元帅官帽，移书北道总管赵野、河东北路宣抚使范讷、兴仁府（今山东曹县）知府曾懋，令他们合兵入援。只是他们都认为宗泽狂妄，一笑置之，宗泽最终还是孤军。

倚剑虽孤独，但宗泽并未徘徊，毅然南下。《宋史》本传和《宗泽遗事》都记载他进抵开德府（今河南濮阳）后连胜十三场，并在卫南（今河南滑县东）有一次奋勇的以少胜多、巧妙的乘夜撤军。这些战斗跟上面的李固渡之战一样，并未能从总体上有效扭转战场态势，从军事和政治角度而言都是细枝末节，并不值得深究，但各种史料记述的歧义，却甚有细说的必要。

宋代是中国历史上第一个经济与文化的双重高峰。尽管也有文字狱，并率先确立出版审查制度，但远不像明清那样严苛，因而史学也是高峰，私史流传甚多，以李心传的《建炎以来系年要录》和徐梦莘的《三朝北盟会编》为最。参阅各种史料，我强烈地感受到哪怕过了千百年，哪怕宗泽的躯体早已还原为基本化学元素，两种历史观依旧在无声地厮杀。

关于李固渡之战，耿延禧的《建炎中兴记》不仅说宗泽大败，仅以身免，且直言他们是"乌合之众"。至于卫南之战，《中兴日历》和《建炎中兴记》都说宗泽大败，最终易服逃走。按常理推断，这两场战役宗泽很可能都吃了败仗，尤其是卫南之战，因为《中兴遗史》也是这个口径。《中兴遗史》的作者赵甡之是南宋初期战败被杀的边帅赵哲之子，他对军事记载尤为详尽，也曾有理有据地质疑过虞允文描述的采石矶大捷。但问题在于，一个年近七旬的文官，此前从未有过军事指挥经验，在此危亡关头孤军深入，战败是耻辱吗？如果屡败屡战，岂不是更值得敬重？

将宗泽所部定义为"乌合之众"令人鄙夷，虚夸其战功，也不值得效仿。当时作为战场宣传可以理解，事后作为历史记载则大可不必。真正的自信者从来都是素面朝天，何须粉饰。

九

金兵再度南下是必然的，但废黜赵氏则充满着偶然。那时的金国远没有吞并北宋的胃口，自然更无废黜赵氏的想法。但问题在于，钦宗居然也有其父那样的艺术妙想，试图利用被扣押的金国使者招降辽国大将。这比拒绝交割三镇的性质更加恶劣。金国上下由此达成共识：北宋尽管换了皇帝，但同样不可信。

中华文化博大精深，儒、释、道、法、墨、兵各擅胜场，事急从权之下，什么话都可以说，就像"回头我请你吃饭"的表态一样，我们自己不当回事，对方也习以为常，但文化落后的金国却不这么看。你可以说他们不开窍，也可以说他们讲信誉，反正他们决心要换人。

然而金太宗并不遥控决断。虽有废黜钦宗的明诏，暗地里还是请东、西两路主帅便宜行事。鉴于康王在外，且素来不卑不亢，粘罕本打算留存赵氏，不幸的是又发生了两个偶然事件。首先是认定开封府搜刮金银不力。因为金银缺口太大，那时金军已开始要人，各种人才，包括宫女、乐手，都可以折价充账。其间两位医官闻听要被带到北方，便请求回家挖出埋藏的金银。金兵闻听展开搜查，居然又有大量的发现。除此之外，相对温和的斡离不跟钦宗关系向来不错，此时又偷偷将茂德帝姬据为己有，粘罕认为他有被收买的嫌疑。两相叠加，赵氏的命运终于确定。

被李纲和宗泽视为可杀的伪楚皇帝张邦昌其实真比窦娥还冤。评书话本里的他是个不折不扣的丑角，类似汉奸卖国贼，这种论调完全站错了立场。这是皇帝的感受，不可能是平民百姓的，更不符合历史事实。张邦昌确实是主和派，但粉墨登场完全是被逼无奈。金兵以屠城相威胁，要求城内官员赶紧推举一位新皇帝，推举书上还得有百姓和僧道代表签字。选谁呢？大家觉得少宰（尚书右仆射）张邦昌比较受金兵欢迎，便趁他在金营而不在现场，让他当了出头的椽子。金兵以立太子为帝、请张邦昌回去辅佐为由将他骗回开封时，这样跟城内官员交割：我们送回来的可是活着的张相公，他如果有了意外，你们要负责。张邦昌得知原委，试图拔刀自杀，立即被人坚决拦住。他们哭着说："相公，你真要死，为什么不死在城外？死在城内，岂不连累全城？"

话说到这个份上，张邦昌还有什么选择？除了金国册封时必须走的过场，他不乘御辇、不登大殿、不坐龙椅、不受朝拜、不用圣旨、不称朕，自然，也不入大内。大内门口贴着这样的封条："臣张邦昌谨封。"

在此之前，张邦昌是俘虏或者人质，金兵对他吆五喝六；在此之后，金兵上下都对他客客气气，用对国君或曰谈判对手的礼节对待他。刚开始张邦昌还不适应，回过神来立即仗着胆子提条件：要求金军停止搜刮，为新政府留点家底；保留赵氏宗庙；不要破坏开封的城防设施；既然命令迁都金陵，请等建设完毕，三年后搬迁；金兵五日内班师；新政府要犒赏功臣，但府库空虚，需要接济。

张邦昌大概也没想到金兵居然全部答应了。他又顺势列举长长的名单，索要被扣押的官员、技工，除了坚决反对废黜赵氏的宰相何桌、张叔夜与秦桧（没错，秦桧对此是坚决反对的。秦桧本来只是御史中丞，没资格当俘虏，此后立即被带走）等五人，金兵居然再度全部答应，最终放回来上千人，且退兵之前又给张邦昌发了大红包：岁币只要三十万。要知道宋金协议的底价便是五十万，此前更是增加到一百五十万。因此缘故，南宋得以用三十万作为底价跟金国和谈，负担减轻了不少。

在国家竞争间侈谈道德自然失之迂腐。金军此举并非良心发现，而是他们需要一个友好的邻邦、温顺的对手。所以当得知张邦昌下台，立即卷土重来。可无论如何，张邦昌的确为开封做了许多事。他虽然不大不小地冒犯了一下皇权，但实与平民百姓无干，或者说，造福过平民以及百官。

帝王专制下的张邦昌当然是没有活路的。尽管他保护孟皇后又积极拥戴赵构，还是只能自缢于潭州。罪名是他动过太上皇的女人。这个罪证倒是真有实情。徽宗的华国靖恭夫人李氏不愿去荒寒的北国，一直想抱张邦昌的粗腿，有次趁着酒劲将他一把搂住："大家，事已至此，尚何言？"

赵构内心一定很感谢这个华国靖恭夫人，否则还真不好挑张邦昌的毛病。

一〇

重回开封，宗泽满眼都是战火后的混乱。徽宗举全国之力，耗时六年建成世界园林史上的奇迹艮岳，里面的奇石被当作武器投向金军，名木也被当作柴火烧掉。当年多么壮观辉煌，而今就有多么破败凄凉。城垣残破，砖石遍地，随处可见漏顶的房屋以及无家可归的流民。街巷行人稀疏，偶有一人，也面带惊惧之色。

宗泽是经宰相李纲推荐而以知府的名义回到开封的。开封知府的地位远非一般知府所能比拟。宋朝的执政（即副宰相）多从三司使、翰林学士、知开封府和御史中丞进，所谓"四入头"，故而通常情况下都以"权知开封府"的名义。流风所及，甚至西夏都置有"知开封府"这个官衔。

当时开封城内军民杂处、盗贼丛生，而黄河岸边还有残留的金兵。治乱世用重典，宗泽刚一到任，立即发布命令：凡有盗贼，无论赃物多寡，一律就地正法。号令一出，市面立即肃静。

"窃钩者诛，窃国者侯"，小贼可以杀头，但拥兵数万的大盗王善怎么办？忽一日，白发苍苍的东京留守、开封知府宗泽只身匹马抵达王善的大营，对他晓之以理、动之以情："朝廷当危难之时，使有如公一二辈，岂复有敌患乎。今日乃汝立功之秋，不可失也。"说到最后，他已老泪纵横。

屡败屡战的文人身上自有强大的气场。王善随即泣下，决定归顺。他一破题，王再兴、李贵、王大郎等贼寇自然也会顺势做文章。按道理，王善属于敌对的一方，李纲则属于同志的一方，事实却正好相反。宗泽极力团结王善，却明里暗里怼推荐过他的李纲。为什么？

李纲并非我们印象中的主战派，只是防守派。他认为"今欲战则不足，欲和则不可，莫若先自治，专以守为策"。他建议用三年时间休养生息，然后力图恢复。尽管承认开封是天下根本，但也不主张高宗立即回銮，而是"礼当一到"，然后巡狩四方，以长安、襄阳和建康为巡幸之地。一句话，打游击。

宗泽当然不能苟同。当时金军只占领了河北、山西的十多个州府，剩余地区都由宋军掌握，还有诸多山寨义兵。如不迅速恢复失地，金军阵脚一稳，便难以再图。"卿士辱多垒，天王愤蒙尘，御戎要虎将，谋国须隽臣。"《感时》诗中的隽臣，指的肯定不是李纲，却充满对李纲的失望。"百战取封侯，未必亡其身"，宗泽不信邪，坚信可以战胜立功。故而对于李纲的匆匆罢相，他没有丝毫的援助同情之语，只有不点名的批评。宗泽连续二十多次上疏请求高宗回京，只有皇帝回京才能有效激励士卒、大张恢复之气。不仅如此，王善那样的大盗所部绝对不能闲着，闲久了必然生事，必须尽快把他们驱入战场。这点儿苦衷史书没有记载，宗泽也没有明说，但读史者岂能不察？

身为宰相，李纲的态度并不是秘密。不仅宗泽对他不满，基层小军官岳飞也坚决反对，指名道姓地上书批评"李纲黄潜善汪伯彦辈，不能承陛下之意"。他虽因"小臣越职，非所宜言"而被剥夺军籍，却也埋下了再投宗泽的伏笔。

那是建炎元年（1127）的冬天。宗泽履新开封不到半年，生命历程也只剩下约半年。寒风凛冽，年迈的开封知府宗泽感觉格外冷，也格外为难。他不知道应当如何处置这员跪在面前的勇武小将，这匹要吃回头草的骏马。原来岳飞到河北投奔张所后，奉命进入八字军统帅王彦的指挥序列，因擅自出战失败，无路可走，只得南下投奔老上司。"军中非大将令，副将下，辄出号令，及改易旌旗军号者，斩""背军走者，斩"。按照军法，岳飞死罪难逃，但在原则问题上从不含糊的宗泽却在那个瞬间心软。局面危急、用人之际，既然这个小伙子不畏战，那就发挥他的长处吧。

沉默良久，宗泽终于开口。他训诫岳飞几句，然后给他一支人马，让他去救援氾水。岳飞大喜过望，抬起头时，眼中已有泪光。他迅速点齐人马，杀奔氾水，击退贼兵。捷报传到开封，宗泽顺水推舟，提升他为统制。统制是一军的主官，岳飞由此逐渐独立，然后知名。在宗泽麾下，他东征西讨，立下许多战功。

岳飞就像一柄用敌血淬炼的锋利战刀，越发亮光闪闪。宗泽虽已老眼昏花、死期将至，对岳飞的认识却越发强烈。他确信岳飞有大将之才，但一味勇武又非大将之道，便特意将岳飞招来面授机宜。等岳飞来到府衙，宗泽递给他一份阵图，提醒他注意排兵布阵："尔勇智才艺，古良将不能过，然好野战，非万全计。"

所谓野战，就是自由拼杀。指挥小股部队作战不妨这样，甚至必须这样，但假如兵力规模较大，就不便如此。作战毕竟并非评书话本中的主将对决，必须发挥全军的作战效能，这就离不开阵法。

那个瞬间，宗泽的语气是温和的，动作是慈祥的，神情却又不乏肃穆，充满托付衣钵的庄严。最终东京留守司系统的军队里，的确只有岳飞脱颖而出。然而岳飞毕竟年轻，血气方刚，更兼屡立战功，无法品味全部的意义，自然会有少壮派本能的争辩，在军事史上亮光闪闪的本能争辩："阵而后战，兵法之常，运用之妙，存乎一心。"

少壮派年轻气盛，对元老不以为意在所难免。可以想象，宗泽并未生气。他脸上一定会漾起宽厚、包容的微笑，充满世事洞明的通透，完全就是父辈对待子侄的神态。那种神态定格于建炎二年（1128）四月十二，即宗泽死前三个多月，跟以阵图传授岳飞差不多同时，记录在他的书札中。书札中对自己的儿子，干办京城留守机宜文字宗颖，宗泽是这样说的：

> 得汝三月二十九日邵伯书，知在路一向平善，尤慰远怀。今天气正难将息，而汝在路，不胜思忆。……十一日，叶茂见人，说五三新妇已般入汴，此月二十前后可到京，遂得见三孙子及七二一房矣。汝若从驾回，尤幸，尤幸！未相见间，切好将息……

五三是宗颖的家族排行，七二则是宗泽某一侄子的家族排行。宗泽决心抗战到底，因而让眷属前往京师。当时宗颖奉派到扬州行在所传递消息，宗泽盼望他能"从驾回"，即跟随宋高宗的銮驾回京。这些我们都能想象，但他对儿子的惦念，盼望见到三个孙子的急切，则全无大帅的威严，只有爷爷的慈爱，不免出人意料。

在给侄子宗民师的信中，宗泽甚至有点婆婆妈妈：

> 婆婆坟头，柴山与田地，亦买些，所有价钱，老叔自还。翁翁坟，已托观民，为买四面山，种松也。投老了得这些事，死亦瞑目……

三个多月后，壮志未酬的宗泽含恨而死，即便对他不甚了解的人，也知道他临终时无一句言及家事，只是连喊三声："过河！过河！过河！"当岳飞得知这个消息，一定会对阵图的重要性产生全新的认识。故而岳飞厚待张所的后人，也在镇江宗泽墓旁的云台寺创建"宗忠简公功德院"（即纪念堂），无声地祭祀恩公。

（除《宋史》《续资治通鉴》《三朝北盟会编》等古代典籍，本文还参考了郭建龙先生的《汴京之围》，谨致谢忱。）

（刊于《江南》2022 年第 3 期）

种家将：
百年六朝三代将门

种家将一代：种世衡

一

童年的记忆星星点点，年岁越长印象反倒越发深刻，就像水位下降后裸露于河床上的石头。比如对老种经略相公的印象。

"洒家始投老种经略相公，做到关西五路廉访使，也不枉了叫做镇关西。你是个卖肉的操刀屠户，狗一般的人，也叫做镇关西！"学过课文《鲁提辖拳打镇关西》再读《水浒传》，对鲁提辖的豪勇已有充分领教，但对两个字眼的好奇却多年未曾泯灭：老种经略相公，关西五路廉访使。老种经略相公是谁？鲁达对他如此敬重，他会是何等英雄？关西五路廉访使，看来是个不小的官，否则鲁达也不会以此自夸，这些都让我十分好奇。

晚生的好奇必定在施耐庵先生的意料之外。但一千个读者便会有一千个哈姆雷特，这本是文学的魅力所在。多年之后，我终于明白廉访使也称"走马承受"。以宋代制度论，是监察官，也可以说是特务，品级和品位都比较低。《水浒传》里参与迫害武松的人中有个带兵官张都监，都监其实本为监军，并不直接统兵，后期监军责任逐渐移交给走马承受即廉访使，都监便成了统兵官。

关西五路廉访使的谜底揭开，那么老种经略相公呢？他的来头确实不小。《水浒传》里的老种经略相公应该是指种谔，小种经略相公则是其侄种师道，这两人并非如《水浒传》里说的是父子关系，而是叔侄关系。他们出自庞大的将门世家，历仁宗、英宗、神宗、哲宗、徽宗、钦宗六朝，百年间三代为将，种师道只是最后的代表。这个将门的奇特之处在于，他们出自典型的文人之家，种师道还曾名列"元祐党人碑"；而由种世衡、种谔到种师道、种师中，功业或者历史口碑之所以不断下降，实际上是从文臣统兵到宦官与文臣共同辖制武将的必然结果。

二

北宋中期的某一天，河南府渑池县的大街上人头攒动，几个剃着光头的力士几乎起到了万人空巷的效果。他们个个膀大腰圆、脑门发亮、精气神十足，后面还跟着高大的马队。

县太爷让他们在旁边山上的庙中表演相扑，你想想场面会有多么精彩？

县城无故事，日子寡淡，这事儿便成了节日活动。到了那天，庙前挤得水泄不通，但戏台还是空的，正在大修的庙宇尚未上梁。此时知县大人出来道："良辰吉日，适合上梁。请各位先帮着搬运梁木，然后观看表演。"

人多力量大，乡亲们一起动手，很快就将梁木运到了大殿之前。原来所谓的相扑表演，都是知县的套路。因梁木太多太重，无法顺利运上山来，知县便想出了这一招。这个知县，便是种世衡。

种世衡，字仲平，年轻时便崇尚气节、轻财仗义。得知有兄弟想分其家财，竟全部奉送，只留下藏书。他没有考取进士，用叔父种放的恩荫入官，担任将作监主簿。种放以隐士面目引起朝廷重视而获得官身，晚年却一边违规使用驿乘、叱骂驿卒，一边算计田赋的数目，当时的舆论渐渐看不起他。尽管如此，这条终南捷径给他的侄子们打开了命运之门，所幸其中有种世衡这样的干练之才。

种世衡担任泾阳知县时，里胥王知谦非法获取利益，败露后逃亡。"国之大事，在祀与戎。"皇帝每三年举办一次隆重的郊祀，其间要封官荫子，更要大赦天下。王知谦懂得政策，会钻空子，便趁郊赦投案自首。他本当判处徒刑，但如果径直送到州府，只能无罪释放。种世衡不管不顾，下令将其杖脊（杖刑中最重的一种），然后再向州府请罪。虽然当时获得谅解，最终还是因此获罪：种世衡得罪过的权贵唆使王知谦控告，弄掉了他凤州（今陕西凤县东北凤州镇）通判的官帽。

从渑池知县、泾阳知县、凤州通判、孟州司马、卫尉寺丞、随州监酒直到同州（今陕西大荔）签书、鄜州（今陕西富县）判官事，种世衡的事业注定要在西北边陲。那时西北烽烟四起，在刚刚落幕的三川口之战中，宋军更是全军覆没，主将刘平和石元孙双双被俘，朝野震动。刘平虽有进士出身，但无甚名气，儿子刘季孙（字景文）则因苏轼的赠诗而光耀史册：

> 荷尽已无擎雨盖，菊残犹有傲霜枝。
> 一年好景君须记，最是橙黄橘绿时。

能跟苏轼唱和，自然是名士。刘季孙任饶州酒务时疏于公事，前来巡察的提点江东刑狱王安石很不满，本想找他的麻烦，但看到他留在屏风上的这首诗，立即决定高抬贵手：

> 呢喃燕子语梁间，底事来惊梦里闲。
> 说与旁人浑不解，杖藜携酒看芝山。

三川口之战的失败直接决定了刘平父子的命运，也不经意地改变了很多人的人生轨迹。包括范仲淹，更包括种世衡、狄青、滕宗谅（字子京）以及大儒张载。因为这次惨败，范仲淹奉命到前线救火，履新陕西经略安抚招讨副使，兼延州（今陕西延安）知州。他刚刚到任，便接到种世衡的一封书札，建议修复古宽州城。宽州治所在延州东北二百里，即今天陕西清涧县的宽州镇。因字形相近，很多史书传抄出错，误记为宥州，而今天的一些研究者也以讹传讹。其实宥州治所延恩县远在数百公里之北的内蒙古鄂托克旗南部，是西夏的传统地盘。

修复宽州城的好处是向左可以很方便地取得河东的粮食，向右可以缓解延州局势。宋夏交界的北部有一组山脉横峙，所谓山界，本为天然屏障。横山以西茫茫大漠，行军困难，东部主要被大宋控制，但不巧的是有绥州（今陕西绥德）这根芒刺。西夏起家的根本便是夏（今陕西靖边东北白城子）、绥、银（今陕西榆林市横山区东）、宥四州节度使，即定难军节度使，绥州自是西夏起家的根本，横山的防御功能只能失效。三川口之战，夏军之所以能三天杀到延州，便是有绥州作为跳板。如果修复宽州城，在那里驻扎军队，等于在延州和绥州之间再建屏障，能有效扩大防御纵深。

这个建议令范仲淹眼前一亮。他抵达边疆之后仔细分析敌我态势，便觉得应当改弦更张，实施持久防御。因承平日久，"上下安于无事，武备废而不修，庙堂无谋臣，边鄙无勇将，将愚不识干戈，兵骄不知战阵"。大宋表面虽繁荣，军队战斗力却在不断减弱。二十几万对四五万的兵力优势不过纸老虎，当不得真。持久防御不是消极防御，向外筑城逐步扩张，

282

便是有效手段。

痛感"边鄙无勇将"的范仲淹立即意识到种世衡是个将才，将种世衡的书札转奏朝廷获准后，令他具体施行。以此为开端，两人结下深厚友谊。当然，从种世衡的角度出发，是他感受到了巨大的知遇之恩。范仲淹在西北提拔重用了一批人，其中以狄青、种世衡和滕宗谅最为知名。狄青起自卒伍而入职枢密，滕宗谅重修的岳阳楼尽管范仲淹并未亲见，但依旧在感怀之下写出浩浩荡荡的《岳阳楼记》，立起千古精神标杆。至于种世衡，则开启了百年六朝三代将门的美谈。后来范仲淹不仅为种世衡写了祭文，还写了墓志铭。这篇墓志铭长达三千七百字，是范仲淹留下来的墓志铭中最长的一篇，由此可见两人的关系之深。

有意思的是，还有一个人未被范仲淹重用却名垂千古，此人便是大儒张载。范仲淹抵达延州后，这个"少喜谈兵"的二十一岁的小伙子慕名拜见，上《边议九条》，并表示打算组织民团攻击西夏。虽然边情紧急，正处用人之际，范仲淹却没有顺势起用张载，反倒劝他多读《中庸》："儒者自有名教可乐，何事于兵？"最终张载果然以创立关学而名垂青史。"为天地立心，为生民立命，为往圣继绝学，为万世开太平。"可以说，横渠四句是"先天下之忧而忧，后天下之乐而乐"在思想文化领域内的具体版，范仲淹的知人善任也由此可见一斑。

三

宽州古城已完全废弃，种世衡率军抵达后，毫无屏障可资掩护。西夏方面当然知道事关利害，不时派兵前来争夺。种世衡命令部队做好两手准备，敌人来了就与之战，敌人退后再继续干。

修城容易找水难，城池修复后，里面没有水源，只能挖井。而挖了一百五十尺（即五十米）深，依旧不见水，只有能将镐头碰出火星的石头，大家不免泄气。怎么办？种世衡牙关一咬，命令工匠道：继续挖！每挖出一畚箕石头，赏钱一百！

几十米深的井下光线昏暗，工匠们埋头猛挖，在获得一百又一百的赏钱之后，终于挖出汩汩清泉。钱之所以也被称为泉，还真不是虚言。

种世衡将门事业的源头活水，为这个城池赢得了流传至今的地名——清涧。这是康定元年（1040）的事情。对于种世衡而言，这一年是其人生转折的重要时期：当年九月，他从大理寺丞、签书定国军节度判官厅公事，改为内殿承制、知延州清涧城。这可不是简单的工作变动，从此以后，他正式由文臣变为武官，升迁渠道全然改变。在右文抑武的宋代，这可不是轻易之事。总体而言，尽管有"换官"制度，但希望从武臣换文资的更多，因而朝廷的限制与条规也更加详细。宋代武官主要以阶官衡量，类似今天的军衔，从最低的殿侍

284

到最高的太尉共五十三阶。其传统是重阶不重品，尽管也有官品。内殿承制即后来的敦武郎，是其中之一阶，当时为正七品。

有了立足之地，种世衡立即组织部队营田，同时招募商人，向他们提供本钱，鼓励他们开展贸易，以便活跃城市。延安本来便与少数民族地区接近，汉唐以来，朝廷又习惯于沿边安置内附的异族，因而当地少数民族不少，被通称为羌人，以对朝廷的态度而有熟户与生户之分。强龙不压地头蛇，比起远来的宋军，他们肯定更熟悉山川道路，更了解西夏内情，必须争取他们的支持，因而种世衡对他们尽力怀柔："间出行部族，慰劳酋长，或解与所服带。尝会客饮，有得敌情来告者，即以饮器予之，繇是属羌皆乐为用。"

两宋三百多年，先后遭遇辽、西夏、金、蒙四个少数民族政权的竞争。这些少数民族都有各自的重甲骑兵部队，辽有铁林军，西夏有铁鹞子，金有铁浮图，蒙古的重装骑兵没有单独命名。大宋缺乏良马，很难与之抗衡。宋太宗亲自组建的静塞军早已成为历史，而当时摆在范仲淹和种世衡面前的铁鹞子，非常令人头疼。种世衡决定以夷制夷，招募蕃兵对抗西夏，很快便组建起一支五千人规模的队伍。

光练蕃兵肯定不是办法，它们就像是配菜，并非主菜。主菜还得靠禁军。如何提高禁军的战斗力？种世衡很有一套：他想办法让清涧城的军民人人都自发地热爱射箭。

喜欢射箭的风潮最先开始于军中。将士们突然发现，用于训练考核的普通箭靶突然变成了银两。知城大人宣称谁射中归谁。消息刚出来时，大家自然都不敢相信，直到有人射中，顺利拿到银两。

从此以后，以银两作为箭靶的政策便固定了下来。虽然射中者越来越多，银两的数量也并不减少，只是距离越来越远。也就是说，你的箭术要越来越高才行。

操枪弄棒是军人的事情，平民百姓为什么也喜欢射箭？因为箭术会决定你徭役的轻重。同等条件下，谁准头好谁的徭役就轻。假若有人犯了小过，种世衡也现场考验箭术，成绩好的就免予处罚。因此缘故，清涧城中虽"僧道妇人"也广泛学习射箭，很有点全民皆兵的意思。

与此同时，种世衡的号令也严。犯错要被责打者，必须站在砖上受罚，从一开始数，一旦脚沾地便从头再来。总是严格，从无人情吗？当然也不是。每当军将士卒生病，种世衡必定派他的一个儿子前去探望照料。

然而种世衡正干得风生水起，弹劾状却从天而降。没别的原因，就是经济问题。

无论发展商旅，还是编练蕃兵、收买细作，都需要大量的经费。而种世衡在这些问题上向来出手阔绰。他知道财聚人散、财散人聚的道理。像以银两作为箭靶这样的举措，既然没有政策依据，那就必然会造成亏空。这些把柄，立即就被言官抓住。

关键时刻，种世衡得到了顶头上司鄜延路经略安抚使兼延州知州庞籍的鼎力支持。庞籍辩称"若一一拘以文法，则边将无所措手足"，种世衡这才没有因此获罪。他格外感激庞籍，为之落泪。

范仲淹提拔重用过的狄青、种世衡和滕宗谅，都曾陷入大宋的制度困境。跟环州（今甘肃环县）知州种世衡一样，庆州（今甘肃庆阳）知州滕宗谅也因类似的罪名被弹劾，涉案金额十六万缗（一千文为一缗）。这些钱主要用于抚恤阵亡将士遗属，估计在标准和范围上都有突破，滕宗谅担心累及无辜，便烧掉了账本。还好，范仲淹跟庞籍一样极力为部属开脱，滕宗谅最终"谪守巴陵郡"，否则"先天下之忧而忧，后天下之乐而乐"的精神虽然还会阐发出来，却肯定不会在《岳阳楼记》中，大概率也不会有这篇文章。种世衡与滕宗谅都是幸运的，狄青就要悲惨很多。可以说他完全是被迫害致死的，而参与迫害的居然还有欧阳修那样的一代文豪。什么罪名都没有，仅仅因为狄青起自卒伍而跻身枢密，便被视为不祥。

四

范仲淹对种世衡在清涧城的那些举措格外赞赏，随即请求调任他为环州知州。那是庆历二年（1042）三月的事情，种世衡在清涧任职七品官还不到两年。范仲淹巡边到环州时，发现当地的羌人暗通西夏，局势复杂，他坚信只有种世衡才能镇住局面。只是他想调人，庞籍却不肯放人。民间记忆中，庞太师是包青天的对手，庞籍此举是不是要跟范仲淹作对？还真不是。

庞籍也是一代名臣，与范仲淹、韩琦颇有交情。只因《七侠五义》中包公的死对头叫庞吉，民众记忆随之混淆。庞籍不肯放种世衡，是因为舍不得。但在范仲淹的坚持下，种世衡最终还是履新环州。

种世衡在羌人中确实有威信。环州羌人有个牛家族，首领叫牛奴讹，脾气倔强，从来不肯面见州官，却郊迎种世衡。来而不往非礼也。种世衡约定次日回访，但很不巧，当夜天降大雪，左右都劝他不要去，因为"奴讹凶诈难信，且道险"，但种世衡不为所动，坚决上路，抵达时牛奴讹还在床上。多少年来，汉官从来不敢涉足羌地，而种世衡居然如此守信，牛奴讹二话不说，立即"帅部落罗拜，皆感激心服"。

自然，对于异族，还需要利益的浸润。

当地势力最强的部落酋长叫苏慕恩，已被种世衡招抚任用。有天晚上，种世衡请他吃饭，让侍姬出来陪酒；其间他借故离开，等到苏慕恩趁酒兴动手动脚时又突然出现。苏慕恩赶紧请罪，可种世衡不但没找他麻烦，反将美人拱手相让。从此以后，苏慕恩死心塌地，种世衡指哪儿他打哪儿。不肯服从的羌人，都由他出面平定。

短暂的"庆历新政"无疾而终，庆历四年（1044）秋天，范仲淹以参知政事即副宰相的头衔再度出巡边地，担任陕西、河东宣抚使，环州知州种世衡再度成为其部下。尽管当时种世衡已染病在身，但接到范仲淹筑细腰城的命令，庞籍还是迅速出发。环州与原州（今甘肃镇原）之间有三个大家族，"素号横猾，抚之则骄不可制，攻之则险不可入，常为原州患"。三大家族的栖息地北面有两条河可以沟通西夏，河流之间有古细腰城。范仲淹命令种世衡重修这座城的目的很简单，就是断绝他们跟西夏的联系。

修筑清涧，种世衡是"且城且战"，虽然成功，但不免辛苦。这次力疾前往，他先派人诱骗西夏，西夏还没反应过来，他已出重金募战士，"昼夜板筑，旬月而成"。生米做成熟饭后，再派人晓谕三大家族，说修筑此城的目的是帮助他们"御寇"。眼见西夏的援路已经断绝，他们也只好服从。

　　塞下秋来风景异，衡阳雁去无留意。四面边声连角起。千嶂里，长烟落日孤城闭。
　　浊酒一杯家万里，燕然未勒归无计。羌管悠悠霜满地。人不寐，将军白发征夫泪！

《岳阳楼记》光芒四射，再明亮的诗词与之相比也会黯然失色。尽管如此，不以诗词见长、留下词作极少的范仲淹写于西北边境任上的这首《渔家傲》，依旧不失为宋词长廊上的一颗明珠。作为边塞词作的正声，它有豪爽侠气，更有回肠曲折，而此时再读，竟像是对种世衡一生的总结。他确实"归无计"。

细腰城筑好不久，便卒于任上，死后"人皆画像祀之"。

将二代：种谔

一

皇祐元年（1049），御史台忽然接到一封控告枢密使庞籍的诉状。这份诉状来自种世衡的长子种诂（亦作古）。好端端的，种诂为何要控告对自己父亲有知遇之恩的庞籍？因为种诂认为庞籍侵吞了他们父子设计招抚西夏的功绩。

无论是阴谋还是阳谋，谋略始终为国人津津乐道。宋夏和议或曰西夏"请服"，不少史书记载是反间的结果。这就是所谓的"越境设祭"：反间西夏，让元昊对野利遇乞兄弟产生怀疑，最终将之杀掉。

种世衡生有八子，其中五子为将，种诂（亦作古）、种诊、种谔更被合称"三种"。种诂起初像种放那样"抗志不仕"，也不接受恩荫。但演戏的人太多，观众难免审美疲劳，终南捷径便不再那么便捷，他始终未能引起注意。也许这是他控告庞籍最大的动力。然而庞籍的辩解似乎很有道理，最终获信于朝廷。

种世衡的确习惯于用间，经常向西夏派出间谍，僧人王嵩便是其中之一。但此举对和议最终达成有无帮助，宋人的记载却莫衷一是。庞籍辩称王嵩其实入夏即被囚禁，直到和议达成，元昊依旧信任野利旺荣，且自己跻身枢密并非因为这个招怀之功。最终朝廷没有怪罪庞籍，但同时又追赠种世衡刺史，并"录其子之未仕者"。宋代对官员的优待由此可见。

种诂却不肯罢休，"复上书诉赏薄"。结果朝廷依旧和稀泥，一边将种诂"特授"为天兴县尉，一边又"令御史台押出城，趣使之官"。

被御史台押送出城是个很有意思的细节。之所以如此，原因无非是朝廷对种诂的不断"上访"心生厌烦，担心他不赴任而继续"缠访"。庞籍罢职之后，种诂果然三度"上访"，但朝廷没有理睬。种诂不仅告庞籍的状，也告范仲淹之子范纯仁的状。如果说告庞籍多少还有点由头，那么告范纯仁就毫无道理，种诂因此被降官。范纯仁倒是不念旧恶，听说种诂因此被冷落，便再度举荐。庞籍与范仲淹对种世衡皆有知遇之恩，因而种诂这种行为不免令人齿冷。

不过种家与范家的恩怨尚未了结，还有下文。

二

控诉庞籍十多年后，种诂与种诊、种谔全部换为武官，其中老五种谔在延州知州陆诜的推荐下担任清涧城守将。清涧是种家的发迹之地，对种谔的人生似乎有强烈的暗示意味，故而种诂、种诊、种谔虽然合称"三种"，但在军事舞台上最为活跃的却是种谔。然而战争只是政治斗争的结果与延续，无法独立于政治而存在。在这个大前提下，影响将领命运的最大因素并非军事，而是政治。种谔的人生轨迹便是再明白不过的注解。

治平四年（1067）正月，宋神宗即位。在冗官、冗兵和冗费的压力之下，北宋财政亏空已高达一千七百五十余万。年轻的宋神宗锐意革新，希望变法图强，摆脱对西夏岁赐的负担便是其中的重要内容。西夏累年用兵、国力削弱、人心离贰，被他视为机遇。然而主政的宰相积极赞同，主兵的枢密使却力主不可。

少壮派最讨厌老成持重。在他们眼里，这是懦弱无为。宋神宗随即绕开两府和边帅，直接以手诏指挥陕西转运使薛向，准备打仗。这个积极信息第一时间便传递到了种谔耳边。

招抚蕃人是种家的家传秘法，自幼成长于军中的种谔自然不会陌生，抵达清涧后便如法炮制，且颇有成效，横山的西夏人酋长朱令陵已被招致幕下。横山与绥州是宋夏之间的咽喉之地，范仲淹与种世衡早有收复计划，最终由种谔实施，突破口则是戍守绥州的酋长嵬名山。

嵬名山有心归附早已不是秘密。宋神宗令薛向跟种谔讨论具体方案，薛向随即跟陆诜、种谔会商于延州，最终上了三策，决定招抚嵬名山。只是陆诜态度消极，虽然附议，但预期却是朝廷会否决。方案获准后，考虑到陆诜的态度，立功心切的种谔担心他从中阻挠，干脆不请示便带领本部人马，连同折家将中的第七代折继世所部，北上接受嵬名山的投降，在绥州筑城驻扎。虽然顺利收复绥州，但两国战端再开，种谔立即遭遇弹劾，最终"贬秩四等"，于随州安置。

种谔之所以如此大胆，毫无疑问是因为他将皇帝视为靠山。只是北宋的帝权远不如明清那样极端，皇帝有时也不得不向臣子屈服。熙宁三年（1070），韩绛经略陕西，起用种谔以鄜延路都监的身份知清涧城，计划再度用兵。此时的种谔已成为鹰派的代表，虽被韩绛看重，却被顶头上司鄜延路经略安抚使郭逵视为"狂生"。郭逵是当时的名将，与狄青齐名。他很有战略眼光，曾准确预测任福的好水川之败与葛怀敏的定川寨之败。今天我们视种谔为战将，但在战将郭逵眼中种谔还是个书生。看来种谔换官只是换了官身，并未有效改变形象。

种谔的计划是"进城横山"，筑啰兀城（今陕西榆林镇川镇境内）和抚宁城（今陕西米脂县西），打通绥州与麟州（今陕西神木北）、府州（今陕西府谷）的联系。麟州是杨家将的故乡，府州则是折家将的故乡，其中折家将的源流最长，据说本源是匈奴的折兰王，从唐末五代开始为将，流传十余代。话本戏曲中的佘太君，本源便是折家将。打通麟州、府州当然与杨家将、折家将无关，主要目的是沟通鄜延路与河东，成"辅车之势，足以制贼"。

但这个计划遭到很多人的反对。除了郭逵，还有个廉访使，名叫李宪。他是宦官，奉命跟随韩绛监军。他们认为啰兀城离绥州太远，粮草馈运不及。此时分兵，一旦有事，各处都难以自保。抚宁地平城小，根本无法坚守，而它一旦丢失，啰兀城肯定也不保。

从某种意义而言，这场争论是宋代一项国策更改的伏笔。宦官"不典兵预政"，本为大宋国策。北宋灭亡自然有宦官童贯典兵之祸的原因，但童贯并非始作俑者，只是集大成者。始作俑者便是这位廉访使李宪，童贯即出自其门下。李宪之所以能率先获得统兵机会，跟这次准确预见不无关联。

然而韩绛力排众议。他将郭逵调开，令种谔在前线节制诸将。种谔随即率领步骑两万，往返三十五日，在啰兀城击败夏军，"大小四战，斩首一千二百，降口一千四百"。在此期间，用二十九天筑好啰兀城，又派都监赵璞、燕达修筑抚宁城，然后留下部分人马分别驻守，便回师绥州。

果然，夏军迅速反击，攻下顺宁砦（今陕西志丹西北）后又围攻抚宁城。宋夏双方在沿边地区都设有许多堡寨以维系交通、加强防御，这些堡寨要么建于河谷，要么建于悬崖，或者建于河山之间，希望"扼要据险"。但问题在于，扼要与据险相互矛盾，扼要便不能据险，据险便不能扼要。这个在雪中新建成的抚宁城矗立于无定河谷中，虽在交通要道上，却无险可守。单独的堡寨力量微弱，如何能当大兵一击？抚宁城一下，刚刚筑好的啰兀城与后方的联系立告中断，只能放弃。消息传到绥州，种谔茫然失措，垂泪不能下笔。最终他被责授汝州团练副使、潭州（今湖南长沙）安置，韩绛则被贬为许州（今河南许昌）知州。

三

种世衡在文学家麾下作战，种谔则要在科学家麾下作战。这个科学家，便是很可能打过苏轼小报告的沈括。元丰四年（1081），沈括任鄜延路经略安抚使，种谔则是其麾下的马步军副都总管。当时传言西夏国主李秉常被国母杀掉，已经五十六岁的种谔极力主张立即出兵。他先请求在鄜延九将的兵力之外增派援军，"止裹十数日之粮，卷甲以趋。乘其君长未定，仓猝之间，大兵直捣兴、灵"。考虑到此举规模大、阻力也大，随后种谔又表示无需援军，"止发本路九将兵，裹粮出塞，直趋巢穴"。

宋代禁军的编制本来是厢、军、营（指挥）、都四级。每都百人，营辖五都，军辖五营，厢辖十军，共两万五千人，营为基本战术单元。范仲淹主持西北防务时，发现这个编组不符合实战需要，便做了调整，以"将"作为基本战术单元，每将两千五百人。宋神宗元丰改制时，每将的兵马从三千到一万人不等。鄜延路当时共有九将兵马，都在副都总管种谔麾下。种谔为何如此急不可耐？年龄不饶人，他实在太想立功，太想要一次酣畅淋漓的胜利。远在朝堂的宋神宗感受到了这种积极情绪，立即提升他为经略安抚副使，负责本路作战。考虑到他先前轻举妄动，又令宦官王中正前往节制。

这就是所谓的元丰西讨，五路伐夏。王中正直接指挥麟州路，种谔指挥鄜延路，环庆路、熙河路与泾原路分别由高遵裕、李宪和刘昌祚指挥，当年九月下旬出动。这是北宋宦官直接统兵的开始。王中正和李宪都是宦官。九月二十二，种谔率军出发，两天后包围西夏的米脂寨。米脂寨的规模虽然不大，但依山傍水，地形险要，种谔连续攻击三天都未能得手，只好命令部队积土为闉，即堆积土山，以便登高破敌。连日猛攻，然后又艰苦施工，士卒皆有疲惫之色，种谔自然要巡视慰问部队。正在此时，忽然接到谍报：数万夏军已沿着无定河谷赶来。米脂寨前面的这条河现在叫银河，古称圁水，统称无定河。西夏援军可以沿着河谷开到米脂寨下，与守军形成夹击之势。种谔听后心里一惊，但丝毫没有表现出来。他命令部队大肆鼓乐，然后在鼓乐声中缓辔徐行，回到幕府。将士们一见，这才放下心来。

种谔是外松内紧，大脑高速运转，不断算计。等进入幕府，计谋立即变成作战命令：后军在米脂寨列阵，不再堆积土山，而是开挖壕沟，断敌出援的道路。前军和早已归顺的当地武装沿着两山埋伏在山谷之间，中军和左右两军则在河谷严阵以待。等西夏大军赶到，种谔擂响战鼓，指挥部队发起攻击。宋军正面齐头并进，两侧伏兵突袭，将西夏大军截为两段。在宋军居高临下的持续冲击之下，夏军大败，伏尸数十里，种谔斩获五千余级，缴获战马五千匹，牲畜和盔甲数以万计。

闻听援军已败，守军的作战意志随之大去。种谔顺势劝降，保证秋毫无犯。六天之后，米脂寨投降。种谔点检人口，获得老幼一万四百二十一人，全部给他们发放了宋式的衣服头巾，成年男人臂上都刺下"归汉"字样。

宋军内战说不上内行，外战更是一直外行。神宗召集大臣研究对辽和战时，张方平曾经提供过一个统计数据：双方大战小战八十一次，只有张齐贤的太原一战获胜。此前对夏连续战败，不得不"招抚"，神宗重开战端之后，战绩也一直拿不出手，因而米脂寨的捷报简直震惊朝野。李清照的外祖父王珪时任宰相，立即写下《闻种谔米脂川大捷》：

> 神兵十万忽乘秋，西碛妖氛一夕收。
> 匹马不嘶榆塞外，长城自起玉关头。
> 君王别绘凌烟阁，将帅今轻定远侯。
> 莫道无人能报国，红旗行去取凉州。

被贬谪到黄州的苏轼算是王珪的政敌。但他从友人陈季常的信中得知此事，也兴奋地"饮一巨觥"，然后写成《闻捷》：

> 闻说官军取乞阃，将军旗鼓捷如神。
> 故知无定河边柳，得共中原雪絮春。

那时米脂这个地名尚未叫开，王珪应当是在诗文中首次使用，故而苏轼还沿用古称"乞阃"。宋神宗当然更加兴奋，立即决定让种谔脱离王中正的指挥。种谔得令后迅速行动，十三天内兵不血刃占领石（今陕西横山东北）、银、夏三州，然后挥师西进。

当时的命令是合攻灵州。种谔西进途中,军粮便发生问题。王中正本来就指望鄜延路接济军粮,种谔一走,他没了指望,只能退军入塞。而种谔一军因后方粮食馈运不及,随行粮草越来越少,抵达盐州(今陕西定边)时又赶上大雪,士卒冻饿之下,折损十之二三,最终全军溃败。

另外三路的进展也不如意。李宪虽然指挥熙河军攻取兰州,高遵裕和刘昌祚也在灵州城下会师,但二将不和,又被西夏放水攻破,五路伐夏草草收场。

四

半年之后,沈括与种谔再度上奏,要求向前筑城,攻占横山。横山以西虽属西夏,却是茫茫大漠。谁能占据横山,获得山界的人口、牲畜与粮秣,便有了前进基地。种谔最初主张重修乌延古城(今陕西榆林横山区南),前后上章十一次,遂被宋神宗召见。面圣时其观点微调,建议先修复银州故城,然后再修复乌延古城,但核心意思一样,就是恢复银州、夏州和宥州。

就在种谔入京的同时,给事中徐禧和内侍省押班李舜举奉命来到鄜延路"调查研究"。徐禧认为"银州故城不便",理由是银、夏、宥三州陷没百年,重新恢复耗费太大,而且银州东南角已被无定河吞没。有鉴于此,他建议先分散设立堡寨，从东南十余里的永乐埠开始，直到乌延古城，筑大小十二城占据山界。大者九百步，小者五百步。种谔的主张是集中兵力，徐禧则要分散防御。两人的主张完全不同，但沈括突然改变态度，转而支持徐禧。

种谔当然要坚持己见。而那时"种谔不死，边事不已"的说法甚嚣尘上，看来徐禧也赞同此言。见种谔不肯就范，徐禧干脆旧事重提，再度劾奏他半年前"舍直就迂"，没有直捣兴、庆，耽误了很多时间，导致军粮供应不上。当时朝廷已经责问过种谔，种谔解释说横山周围有西夏重兵，如果不把他们消灭，则会有后顾之忧。这个辩解被朝廷采信，他未被追究。但此一时彼一时，而今徐禧的奏疏一上，种谔立即由凤州团练使降为文州刺史。

自然，朝廷也决定修筑永乐城。徐禧上奏种谔"跋扈异议，不可与偕行"，只让他驻守延州，自己跟沈括率军北上，二十多天后筑好永乐城，共有六堡六寨，神宗赐名为银川寨。但完工之后不久，徐禧和沈括刚刚回到米脂，西夏即派大军前来攻击。徐禧得到消息，迅速率军三万回援永乐城，让沈括率军一万驻守米脂。

郭逵批评种谔是狂生，但从结果看真正的狂生是徐禧。回援永乐城本来并非他的责任，他果断率军前去可以解释为勇于担当，也可解释为轻狂，想要捞取功名富贵，他甚至将沈括排除在外。他跟五路伐夏时指挥麟州路军马的王中正一样，摆着钦差大臣的架子颐指气使。王中正指挥各地，甚至不出正式公文，只派人口头传话。徐禧在军中完全不听宿将高永能、高永亨和曲珍等人的建议，经常说"用此精兵，破彼羸虏"，"一步可取三级"，简直比李白作诗还要夸张，李白诗兴上来也不过"十步杀一人"。他还下令，军中不以斩级论功，破敌后平均赏赐。应该说，再没有比这更加荒唐的作战命令，平均赏赐，谁肯拼死杀敌？

西夏大军尚未列好阵势，高永能请求出击，理由是先到的都是精兵，如果将他们击败，气势一去，即便后面大军抵达也无济于事。然而徐禧不肯，因为"王师不鼓不成列"。宋军初战失败后，曲珍退到城下，建议立即攻击西夏相对薄弱的后军，扭转形势，但徐禧闭门不应，曲珍只得收拾败兵，退回城内。

永乐城是据险而不能扼要的堡垒。虽然靠近无定河，但城中没有水源，只好挖掘十四口井，建成水寨拱卫。水寨被攻破后，城中绞马粪汁喝，甚至吃死人脑，最终全军覆没，徐禧本人和李舜举战死，士卒逃生者不过十之一二。有人认为《涑水记闻》和《续资治通鉴长编》有丑化徐禧的嫌疑，但我觉得应当采信。无论如何徐禧总是死于国事，死者为大，若非大奸大恶，谁忍如此落笔？

远在延州的种谔得到这个噩耗，内心一定悲伤不已。折损的都是他调教过的精兵强将，对于大将而言，再没有比损兵折将更加难过的事情。此战过后，沈括去位，种谔得以代领延州，但次年即元丰六年（1083），即因"背部痈疽发而卒"。

种谔病危时，范仲淹之子范纯粹已奉命前来延州权管勾经略司公事，等他死后，朝廷忽然发觉不对："前死数日，陈奏尤多，未知出于何人裁处。"于是命令范纯粹调查，最终发现是其手下徐勋"盗用经略使印"所为。

士卒士卒，都说士兵是卒子，只能向前而不能退后，但在政治的大棋盘上，威震四方的将军又何尝不是如此。种谔的确胆大妄为，或曰饶有主见，他之所以能够在战场屡屡表现，无非因为神宗改变国策，想在边疆有所作为，因而在此之前两落两起。然而此事一发，神宗的态度完全改变，将种谔的胆大妄为跟徐勋的胆大妄为联系了起来："其属有徐勋者，盗用经略使印，调发兵马，奏举官吏，几何而不为乱也。"立即下令五路伐夏有功的刘昌祚由泾原路总管调任鄜延路，接替种谔，要他清除种谔在延州的"弊政"，诏刘昌祚："鄜延小大政事，为种谔所坏……"

还是王安石对种谔的评价精当："是所谓事成而卿，不成而烹者也。"

将三代：种师道兄弟

一

范纯粹调查徐勋时，牵扯到了种谔的儿子种朴。当然，严格说来这并非两家的私怨，范纯粹只是公事公办。最终种世衡的孙子种建中极力辩解，这才为大宋保住一个烈士，让种朴有了十六年后殉国的机会。这个种建中就是后来大名鼎鼎的种师道，为避"建中靖国"的年号而改名师极，最终被赐名师道。

当年未被范仲淹重用的张载，后来客居眉县横渠镇讲学，种师道曾受其教导。张载的学生自然而然以文官身份出现。"元祐党人碑"现在看来更像纪念碑，但种师道名列其中时可没有这么浪漫。他对免役法不满，蔡京便对他不满，给了他一个"诋毁先烈"的罪名，列入罪籍。不过你在碑上找不到种师道或者种建中，只有种师极。五年后脱去罪籍，才被宋徽宗赐名师道。这是大观二年（1108），种师道五十八岁。已从文官换为武官的他以武功大夫、忠州刺史的身份，担任泾原都钤辖兼知怀德军。

在西北带兵十年后，种师道以席苇平之战崭露头角。当时宋夏疆界犬牙交错，双方都想在对方境内扎钉子、掺沙子，具体办法就是筑城。席苇平在甘肃平凉境内，具体位置说法不一。从地名看，应该是难得的像席苇一样平坦的地势。政和八年（1118）六月，种师道奉命带领诸路人马在此筑城，西夏方面知道后派兵前来攻击。根据折彦质撰写的《种师道行状》，西夏大军在渭河支流葫芦河的河谷设立壁垒，打算疲敝宋军。

种师道命令部队在河浒列阵，摆出要决战的架势，同时派偏将曲充率军"径出横岭"，并让间谍故意散布消息说援兵已到。夏军得知宋军要抄袭后路，正迟疑时，猛将杨可世"潜军军其后"，姚平仲则指挥精锐骑兵正面攻击。夏军大溃，种师道"斩首五十级，获橐驼、马牛万计"，夏军主将阿山兆精仅以身免。

此后西夏在臧底筑城，设立成德军，屡屡为患，宋军多次征讨都未能得手。当年六月，刚刚立功的种师道奉命统领陕西、河东七路之师，"期以旬日必克"。然而他虽连续攻击，但对手防御充分，攻城进展缓慢，逐渐有师老兵疲的架势。种师道巡视部队鼓舞士气，希望寻找出问题，从而调整部署，正好发现有个军官擅自坐在胡床上休息，他立即下令将其斩首，尸体置于军门，然后号令诸将："今日城不下，视此。"

此言一出，局面立即生动。将士们没命地进攻，当天（第八日）便将城池攻破，猛将姚平仲斩获尤多。

种师道的名声地位比其伯父种谔高得多，但从宦官那里遭受到的屈辱也要重得多。因为这宦官不是李宪，而是李宪的门人童贯。

虽然朝廷重文轻武，但西北战事不断，偶尔还有武将为一路帅臣即经略安抚使的例子，郭逵即是代表；沈括去职后，种世衡也曾以副使身份临时主持鄜延路帅司，这才会有"老种经略相公"这样的称谓。但宣和初年（1516），朝廷特意下诏，令"西边武臣为经略使者改用文臣"。从此以后，武将只能"领兵马、号将官、受节制，出入战守，唯所指挥"，彻底制度化。与此同时，宦官典兵也习以为常，只是从李宪过渡到了童贯。童贯身材魁梧，相貌堂堂。虽然人们称蔡京"公相"，称童贯"媪相"，但童贯长得并不像个宦官，下巴上有胡须，且出手阔绰，很会笼络人。史载他在西北掌兵时，主将见了"皆旅拜"，即以军礼下拜，唯独种师道"长揖而已"。这恐怕有点夸张。当时的童贯是朝廷的代表，并非奸臣的代表。

从种世衡清涧立功起，种家将至师道、师中兄弟，已历三世，号称"山西名将"。这个山西当然指的是崤山以西。三代为将，种世衡、种诂、种谔都死于任所，种朴更是中伏战死，说是英烈家族并不为过。然而随着种师道的成长，他们拼命力保的皇朝已渐衰朽，他们兄弟俩必须见证其灭亡，种师道甚至还要亲身参与直接导致其灭亡的那场战争，真是令人唏嘘感慨。

这场战争就是联金灭辽。无论种师道对童贯的态度如何，他都必须在其麾下打这场他坚决反对的战争，战史上极其罕见的儿戏之战。

二

联金灭辽的动议发端于席苇平之战那一年，即 1118 年。真正开始行动，已是宣和四年（1122）。大宋首先对辽背盟，然后在与金结盟期间又有一系列的违约，最终被生吞活剥。

北上攻辽最大的推动者，内有宰相王黼，外有领兵多年的童贯。王黼撇开枢密院，在三省设置经抚房直接处理边境事务，"括天下丁夫，计口出算，得钱六千二百万缗"，作为特别军费。此二人之所以如此积极，很大程度上是为了邀功固宠。而且童贯以宦官身份出使辽国时还曾遭奚落，急于雪耻。宋徽宗完全生活在"丰亨豫大"的幻想之中，希望从一个辉煌走向另外一个辉煌，因而尽管多数大臣表示反对，十五万大军还是于四月十四陆续北上。他们都觉得辽国国事衰弱、军队腐朽，不堪一击，此举不是作战，而是领功，因而开战在即，蔡京的儿子蔡攸成了童贯的副手。徽宗同时给了童贯上、中、下三策：如果军民列队欢迎，就顺手拿下；如果天锡帝主动称臣，可以保留其藩王地位，燕京还由他们统治；如果天锡帝执迷不悟，那就只好动武，这样很可能陷入僵局。当然，虽有三策，徽宗内心还是充满自信。蔡京写诗给蔡攸送别，里面有"百年信誓当深念，三伏修涂好少休"之语，徽宗听后立即建议将"三伏修涂"改为"六月王师"。

蔡攸虽是蔡京的长子，但父子二人争权争宠，互相倾轧，早已闹得不可开交，被徽宗下令分府别居。从诗中可以看出，蔡京内心并不赞同此次出兵，却不敢明说。他很清楚皇帝的心思。蔡攸出发时已是盛夏的五月，而徽宗的预期是六月官军即可"少休"。

童贯决定兵分两路。西路军以广信军（今河北徐水县西遂城）为中心，进驻范村（今河北涿州西南），以涿州为第一目标。统帅辛兴宗也出自将门，其兄企宗、其弟永宗和道宗也都在军中带兵。东路军则由种师道指挥，以雄州（今河北雄县）为中心，进驻白沟（今河北高碑店东南）。东西两军各自完成集结后，童贯在雄州召集诸将会商作战方案。

种师道作为宿将，明确表示反对攻辽。直言"今日之事譬如盗入邻家不能救，又乘之而分其室"的缺德事，干不得。然而童贯的态度很坚决，说："这是皇帝的意思。我们兵力有碾压性优势，必然获胜，让您来只不过借重一下您的名声"。言外之意，您老看看就好，别多说话。

话说到这个份上，种师道只好闭嘴。

然而最终的决定简直令人瞠目结舌：童贯张榜申明"王者之师，有征无战，吊民伐罪，出于不得已而为之"。前线诸军"如敢杀一人一骑，并从军法"。

十五万大军前来，居然不能动手，杀一人一骑便要偿命，这打的是什么仗？

童贯绝非没有脑子的笨蛋。他的智商不知如何，但情商绝对不低。之所以要这样安排，是因为他想不战而胜，想冠冕堂皇地受降。不仅因为这是钦定的上策，更因为他得到的都是乐观的情报，而人们总是相信他们愿意相信的东西。那时金灭辽的战争已断断续续进行数年，辽国先后丢失上京、东京和中京，只剩下西京（今山西大同）和南京（今北京），也就是燕云十六州的核心地区、联金灭辽协议中大宋的核心利益。考虑到辽国已在打击下分裂，童贯的乐观情绪难免膨胀。

雄州知州和诜并非盲目乐观的代表，最终却起到了类似的作用。他驻守雄州经年，曾经创设过一种有效射程三百步的"制胜强远弓式"，人称凤凰弓。在此之前，鉴于辽国国事腐败、百姓不断起事，和诜多次建议用兵。但此时此刻，态度忽然转变，转而说师出无名，但大军已经抵达，箭在弦上，只能以招抚的名目，极力建议童贯严明纪律、杜绝抢掠杀戮，宣谕百姓这次出兵是迫不得已。辽将如果投降，立即封个节度使。

我们不知道和诜态度突然转变的根由何在。也许先前的鹰派言论只是为了引起朝廷的重视。但真要开战，雄州必然要承受巨大压力，率先付出代价。不管是鹰派还是鸽派，和诜都是地头蛇，熟悉风土人情，而这话又是童贯想要听到的，于是立即被采纳，并获得了给种师道当副手的任命，实际有监督之责。

这安排实在荒唐。种师道老成持重，不便再说，但他手下还有将领，比如杨可世。杨可世作战向来勇猛，深受童贯喜爱，因而反对意见很是直接："事起之由毫发未尝预，一旦临利害，若仓卒失计，我辈要领固不足惜，恐有不虞，辱国为重，愿熟计而后行。"什么意思？诸位将领事先并未参与作战计划的制订，就这样仓促临阵，一旦战败，我们的性命事小，辱国事大。

应该承认，种师道和杨可世的意见都很专业，没什么毛病，但和诜立即这样奚落威胁："公自谓有万人敌，胆气绝人，视堂堂之师如摧拉枯朽，今日观之，一懦夫耳……公欲扇衅败我事耶？"

这罪名如果确认，那就是杀头，杨可世也只能屈服。

燕云地区当时由辽天锡帝控制。天锡帝耶律淳是在天祚帝逃跑之后，被之后建立了西辽的耶律大石为首的大臣簇拥上位的。他即位后立即联络北宋，希望放弃岁币、重续旧好，但宋方拒绝，理由是天祚帝还在，不能承认其政权。当然，这只是借口。实际原因是宋军已开始集结。当时，虽然两拨要求天锡帝投降的使者均被砍头，但童贯受降的痴心不改，结果出现了荒诞的一幕：宋军的先头部队居然没有携带主战兵器。他们随身携带的是什么呢？谁都想象不到，真是烧火棍。当然，史书上的说法叫"梃"，即木棍，顶端可能包有铁皮。

携带烧火棍上阵肯定不是童贯的安排，他管不到那么具体。这种安排只能来自种师道。这员老将为何要这样？迫不得已。进军又不能放手打，杀一人一骑要偿命，怎么办？部队只能放弃主战兵器，携带木棍权且自卫。除了梃，他们还带有大量的白心旗，打算发给归附的辽民。

白沟是宋辽边境的重要地带。海河支流大清河的下游白沟河在此隔开宋辽，是双方的界河。杨可世作为先锋，不断向北，最终渡过白沟河，进入辽国地界。童贯与和诜的策略应当理解为以兵威压服辽军、不战而胜，但将领总想着立功。从史料中看，杨可世没有收到越境的明确命令，但还是过了界河。在那个瞬间，他一定相信了当地百姓都是"南望王师又一年"这种心境的鬼话，故而渡河之后立即劝降，结果辽军给了宋军一个响亮的耳光。童贯得到的辽军兵力不足的情报是准确的，耶律大石发起反击的骑兵只有区区两千名。然而宋军本来就没有作战的心理准备，自然也谈不上战斗意志，更何况连主战兵器都没带。杨可世的确是员猛将，被"铁蒺藜"所伤，战靴中满是血水，又中了流矢，两颗门牙脱落，依旧死战不退。当然，个人勇猛已无济于事。

没有携带主战兵器的先锋败退，后面的部队虽备有弓弩，可以远程打击，但也不敢轻举妄动，因为先前的命令来不及修改，依然有效："先是，既以招抚为名，贯下令中军不许妄杀人，及虏骑犯我师，皆不敢施放矢石，听其杀戮。故虽诸将亦愤然。"

毫无疑问，这是童贯瞎指挥的必然结果。"将在外，君命有所不受"，皇帝钦定的上策虽是招降，但毕竟还有中、下二策，有临机处置的空间，这样发布命令肯定不合适。不过这事儿从另一方面证明了童贯在军中还是有威信的。所以和诜建议种师道杀掉杨可世，理由是他擅自越境，挑起事端，这样可以"号令诸部以明宣抚司出旗榜本意","使虏人知朝廷无意用兵"。

种师道当然没有同意。十五万大军从西北开到白沟，至少情绪上会有惯性，不可能约束得那么精准，更何况杨可世还是童贯的爱将。正在此时，耶律大石派人过来责问突然败盟的原因。使者的理由格外充分：西夏犯上作乱，你们反感，金对我们，难道不也是一个道理吗？"今射一时之利，弃百年之好，结豺狼之邻，基他日之祸，谓为得计可乎？救灾恤邻，古今通义，惟大国图之。"

这话把童贯问得哑口无言，当时辛兴宗的西路军也吃了败仗，童贯没了主意，便让种师道跟诸将商议是否退兵。

和诜立即表示不可仓促退兵，他认为这样辽军必然追击，"事且不测"；杨可世同意退兵，但建议以进为退：乘夜先撤辎重，同时派精锐部队前趋，以进为退，若辽军追击，即与之战。但种师道都没有采纳。

宋军撤退时，辽军果然大举追击。此时宋军意志丧失，信心全无，一路败逃。风雨大作，士卒惊惶逃跑，互相践踏，非战斗减员很多："自雄州之南，莫州之北，塘泊之间及雄州之西保州真定一带，死尸相枕藉，不可胜计"。应该承认，这是宋军真实战斗力，或曰大宋真实国力的客观反映：金玉其外，败絮其中。

战后种师道被责令致仕，和诜被贬为亳州（今安徽亳州）团练副使、筠州安置。一般都认为这是给童贯当了替罪羊。

此说固然不无道理，但种师道确非完全无辜。撤退变成溃败，他身为主将是有责任的。他之所以没采纳杨可世的建议，坚持白天撤退，且没有安排足够的后卫部队，应当是认定辽军不会趁势追击。毕竟辽使前来是在做重修旧好的努力，并无鱼死网破之意。也就是说，他判断失误、处置不当。

不过，他还有再起的机会。

三

种放曾长期隐居终南山的豹林谷，那里有种家的房产。宣和七年（1125）的冬天，豹林谷内格外寒冷，七十四岁的种师道浑身冰凉。这倒不是因为气候，主要是因为诏命：金军已兵分两路南下河北山西，朝廷诏令各地勤王。他这个退休老将也以检校少保、静难军节度使、京畿河北制置使的身份被紧急征召。

虽已年老，但种师道片刻都不曾犹豫，立即顶风冒雪，下山东行。光杆司令没法打仗，他顺路先到部将姚平仲的驻地，带着姚平仲麾下的七千人马星夜兼程，直奔开封。

姚平仲是当时赫赫有名的西军将领，在席苇平和臧底城之战中都有上佳表现。种师道自然重视他，但无论如何也想象不到，最终恰恰是他坏了大事。

他们抵达洛阳时，开封已被金军包围。考虑到只有七千人马，有人便建议暂时屯驻汜水，以谋万全。汜水为天险，虎牢关便在此不远，有坚守的地利之便。种师道闻听连连摇头："吾兵少，若迟回不进，形见情露，只取辱焉。今鼓行而前，彼安能测我虚实？都人知吾来，士气自振，何忧贼哉！"不但大张旗鼓地开进，还沿途张贴公告，说种少保领西兵百万前来勤王，抵达后在开封城西扎营。

种师道的虚张声势效果明显。金兵赶紧略微后退，而开封城中人心稍安。刚刚即位的钦宗也很高兴，感觉多了个主心骨。在此之前，城内"软骨病"流行，李纲虽是擎天一柱，但他火线提拔、升迁太快，主和的宰执大臣看不顺眼，他不免独木难支，种师道的到来终于改变了力量对比。

种师道在雄州反战，此刻则坚决主战，因为此时和谈的唯一结果只能是签订城下之盟。他对敌我力量的变化格外敏感，判断格外专业：京城周长几十里，金军怎么能围得住？城高数十丈，粮食可支撑数年，他们怎么攻得下来？作战需要真正的士兵，至于防守，城内的数万百姓都可以参加。只要我们支撑下去，勤王大军集结完成，金军很快就会陷入困顿。

种师道的策略无论从军事还是政治的角度衡量都是正确的。金军在边境地区可谓强大，但深入千里抵达开封，便是强弩之末。不过要做出这种判断，仅仅深谙军事还不行，确实还需要胆量，即强烈的战斗意志。然而王朝一旦衰朽，就是全面性的，到处都是风险敞口，你根本无法预料哪里会出现"黑天鹅事件"。靖康元年（1126）正月的风险，恰恰不是因为主和派甚至投降派，而是因为鹰派或曰主战派。具体而言，就是姚平仲。

在此之前，李纲的亲征行营司统率全军，此刻勤王大军陆续赶到，向来对他不满的宰执便秘奏钦宗，要求分兵。这个建议看似合情合理，却是糊涂到顶。在短兵相接的危急时刻，最紧迫的肯定是集权以便提高效率，而非分权。但钦宗不明就里，居然同意，授种师道以"检校少傅、同知枢密院、京畿两河宣抚使"的身份，姚平仲为宣抚司都统制，指挥勤王大军，还将城外原本隶属行营司、由李纲节制的前后两军也划归种师道指挥。

钦宗原本已被金兵吓破胆，但随着各路大军的赶到，他的信心不断提升，又乐观过头。这也正常，天下是他的天下，他比任何人都希望快点赶走金兵。因而宰执会议上种师道的计划虽然获得首肯，但钦宗并不满意。种师道坚持要等姚古的熙河军、种师中的秦凤军赶到之后，二月初六行动。虽然只是八天之后，可钦宗已经无法等待。

这情绪被姚平仲看在眼里。他随即动了心思。作为西北名将姚古的养子，姚平仲屡立战功，在军中声望很高，人称"小太尉"，但因为对童贯不够恭顺，功劳一直被遮掩。剿方腊时他的功劳最大，却对童贯表示不要赏赐，见见皇帝即可，童贯听后更加疑心，结果刘光世等人都获得召见，唯独童贯没有。

此时此刻，姚平仲终于有了面圣的机会。种家和姚家都是西北将门，姚平仲也不希望功劳都被记在种家身上，决心抢功，便在钦宗跟前极力请战，要求独自出兵擒拿东路金军主将斡离不（完颜宗望），救回当人质的康王赵构。

这计划正好符合钦宗的愿望。种师道老成持重，钦宗知道无法说服他，便向李纲寻求支持，因为除了种师道，只有李纲手下有兵。分兵之初有严格规定，宣抚司与行营司"不得相紊"，李纲本来不该赞同此事，但最终没敢直谏，而是答应出兵策应。

在没有通知种师道的情况下，计划就此确定。

姚平仲的出兵日期是方士占卜选择的，二月初一夜间。计划确定的同时，消息便已泄露，百姓们都知道皇帝要开战。开宝寺前已经竖起三面大旗，上有"御前报捷"字样。外城北门封丘门离金营最近，门上提前搭建了阁楼，预备届时皇帝检阅俘虏。李纲还让属官方允迪以自己的名义撰写"露布"，预备广为张贴。这份"露布"本身便可以视为作战计划：

> 二月一日，计议已定，部分最严。是夜子时，遣范琼领二千骑，衔枚而西，斫营以入。致群贼之自扰，引大兵而夹攻，杀气干霄，呼声动地，臣于是时，躬帅禁旅，嗣承德音，出荣德门至班荆馆，既亲行阵而督战，亦度缓急以济师。……

以下说得很详细。子时出兵，三日卯时"围贼垒者数重"，午时解救康王，申时"某人手刃金贼太子"（即斡离不），生擒叛将郭药师。辽将郭药师降宋后立过战功，但此后大宋先接纳金国叛将张觉，后又在金国的压力下将之处死，郭药师见大宋靠不住，立即转投金国，成了南下侵宋的急先锋。

这份"露布"现在看来虽然是笑话，却可以看出钦宗当时的急迫，以及李纲在善良愿望下的书生意气。

杨可世的弟弟杨可胜当时在姚平仲麾下。他做了两手准备，写好一份奏报随身带着，上面显示这是姚平仲的自作主张，行动未经皇帝批准。消息早已泄露的劫营，结果如何不难想象。他们中了埋伏，杨可胜被俘。李纲的手下还没贴完"露布"，失败的消息就已经传来。

虽则如此，此战的损失并不大。金军习惯于正面交锋，很怕夜袭，因为这样他们高超的骑射技术完全无从发挥。这也是姚平仲主张夜袭而迅速获得首肯的原因。此战最终双方死伤相当，宋军只损失了千把人，完全可以继续推进反击战略。但钦宗误以为城外部队全部葬送，又从过度乐观转为极度悲观，一度准备拿李纲当替罪羊，将他绑送金营。姚平仲之所以潜逃，并非如史书所说是惧怕种师道问罪——毕竟此战是皇帝亲自批准的——而是他怕成为皇帝的替罪羊。如果没有太学生伏阙上书，几乎引起民变，李纲的替罪羊命运肯定无法更改。

人人都知道将要夜袭金军，种师道不可能不知道。但可以想象，他无力阻止。当李纲被罢免的消息传来，城内群情激愤，几个宣谕的宦官被愤怒的民众打死。等他们亲眼见到好端端的李纲以及白发苍苍的老将种师道，情绪这才平静下来。金军退去后，种师道请求退休，获得批准。

四

最具讽刺意义的是，前来勤王的种师中奉命护送金军北上。当然《宋史》记载为"斡离不退回，种师中追逐出境"。

那时种师中以河北制置使的身份驻扎北京大名府附近，河北制置使姚古已进驻长治。朝廷命令张灏（太原守将张孝纯的儿子）、姚古和种师中三路出兵，为太原解围。种师中所部进入山西后，先后克复寿阳和榆次，太原遥遥在望。但越前进，阻力越大，他并未继续推进，而是回到了真定（今河北正定）。史书语焉不详，没有记载具体原因，但我们可以推想，他知道这就是部队能够抵达的极限。可以肯定，在此期间他跟姚古之间没有有效的配合策应。按照当时的指挥体制，做到这一点几乎不可能。

正在此时，金将粘罕（完颜宗翰）退到云中（今山西大同）避暑，留守部队分别择地就牧。宋军的谍报认为金军已退，迅速报告朝廷。此时管理枢密院的是许翰。他得到消息，立即催促种师中出兵，语气极为严厉，用了"逗挠"这样的字眼，意思是逗留不前、阻挠兵机。这是可以杀头的重罪。种师中叹道："逗挠，兵家大戮也。吾结发从军，今老矣，忍受此为罪乎！"

种师中传令部队即刻出发，辎重赏犒之物都没来得及携带。当年五月，他抵达寿阳的石坑，遭遇金将完颜活女的袭

316

击，双方连续交战，种师中五战三胜，经榆次推进到杀熊岭，离太原不过百里之遥。但就在此时，统制焦安杰给姚古传递了错误的情报：粘罕已从北方回来。姚古闻听停军不前，种师中只能孤军奋战。

作战不是问题，问题是枢密院的命令过于严苛，他们为抢时间，粮草辎重携带得不多，已经吃完，军士靠每人每天一勺豆子坚持了三天。

第四天金军再度发起攻击，种师中的右军被击溃，前军也跟着逃走，但他指挥中军死战不退，终于借助神臂弓的力量稳住阵脚。按照规矩，士兵击退敌人马上就要犒赏，但他身边只有十几个银碗，根本不够用。

消息传开，军士们终于意识到物资供应已彻底中断，再打下去只有死路一条，纷纷逃跑。种师中率领身边的百十人坚持了一上午。他拒绝突围，最终"身被四创，力疾斗死"。

三代将门，就此凋零，而繁华无比的北宋也随之落幕。这不是个人或者家族的命运，而是时代的命运。当朝廷无理地将统军大权交给不谙军事的文臣与宦官，便注定有这么一天。南宋之所以能维持数百年，很大程度上是因为对这种制度有所改变：一线将领的自主权明显提高。如果拿北宋的标准衡量，南宋的中兴四将包括岳飞在内，都是不折不扣的军阀。

（刊于《江南》2022 年第 6 期）